When MARS WOMEN DATE
火星女人爱情能量课

活得越真 爱得越深 美国金牌爱情教练给优质女人的幸福指南

[美] 保奈特·库夫曼·谢尔曼博士（Dr. Paulette Kouffman Sherman）著
陈静宇 译

全国百佳图书出版单位
时代出版传媒股份有限公司
黄山书社
凤凰阿歇特
hachettephoenix

图书在版编目（CIP）数据
火星女人爱情能量课 /（美）保奈特·库夫曼·谢尔曼博士著；陈静宇译 . —合肥：黄山书社，2015. 1
ISBN 978-7-5461-3627-1
Ⅰ. ①火…　Ⅱ. ①保… ②陈…　Ⅲ. ①女性-爱情-通俗读物　Ⅳ. ① C913.1-49

中国版本图书馆 CIP 数据核字 (2014) 第 305368 号

著作权合同登记号　图字：12-1414-059

火星女人爱情能量课

［美］保奈特·库夫曼·谢尔曼博士　著　　陈静宇　译

出 品 人　任耕耘
总 策 划　张寓宇
特约编辑　张荣梅
责任编辑　司　雯
装帧设计　木马视觉
出版发行　时代出版传媒股份有限公司 (http://www.press-mart.com)
　　　　　黄山书社（http://www.hspress.cn）
　　　　　凤凰阿歇特文化发展（北京）有限公司
地址邮编　安徽省合肥市蜀山区翡翠路 1118 号出版传媒广场 7 层 230071
印　　刷　安徽联众印刷有限公司
版　　次　2015 年 3 月第 1 版
印　　次　2015 年 3 月第 1 次印刷
开　　本　700mm × 1000mm　1/16
字　　数　210 千
印　　张　17.25
书　　号　ISBN 978-7-5461-3627-1
定　　价　35.00 元

服务热线　0551-63533706
销售热线　0551-63533761
官方直营书店 (http://hsssbook.taobao.com)

本书

献给

我的母亲米里亚姆

她告诉我什么是女性的魄力

献给

我的女儿塞拉

请让我教会你如何爱得更有力量

献给

我的丈夫伊安

谢谢你给我鼓励，给我家，让我充满爱地一路前行

目录

contents

代 序

在人类的灵魂深处，两性的交织从未停止。男人和女人彼此欣赏、相互依存又永远对抗，这种互动自古而今，如同光明与黑暗，虚无与真实。这是宇宙中最基本的对立，它阴阳相济，点燃我们内心的激情，激发我们外在的欲望，让我们时而愤怒，时而狂喜。有人说，是两性的互动让世界“转动起来”。

在人类主要的发展时期里，男性和女性的心理原型一直作为互补的角色，在历史的舞台上交织辉映，成为一条故事主线。两性的互动和交织带着人类从蒙昧的童年期走到现在——青春的觉醒期，并仍然作为进步的力量，推动着我们继续向前，最终形成更加成熟的两性合作关系——男人和女人相互依存，彼此守望。这，需要我们一起去努力。

面对两性互动的历史，我们通常会选择站在其中一个性别的立场上看问题。这种做法，会将我们带入两性对立的谜团，并越陷越深。认识到这一点很重要，因为对自身性别的反思，有助于我们更好地认识自己。而对自己的认识越准确，越有利于在爱情交往中把握自我。不能坦然正视内心、从本质上认识自己的人，我们几乎无法指望他能够真正和别人分享亲密关系。而不能正视并理解对方内在情感的人，同样也不可能在爱情交往中取得好的进展。

只有建立起全景分析的观点，理性分析男女双方的声音，我们才能创造一个完整的世界，并在此基础上重新梳理、整合两性关系，以顺应来自时代的挑战。

在我们这个时代，爱情关系演化得更频繁，也更需要男女双方更高层次的相互融合。如何相对完整地保持两性不同的个性特征，同时又能进行有效互动，消除隔阂，是我们所面临的挑战。就算解决了这一点，我们还必须接受原有的两性心理原型及其产生的文化影响不断演变的现实。不管这些演变是否真的对我们的爱情生活（无论是对异性恋、双性恋还是同性恋而言）、工作关系或是政治立场产生了影响，一些陈旧的观点显然不再适应当代社会。对两性的认识，现在不再拘泥于社会规范的认可，更多侧重于我们对自己内在精神的探究。而至于神圣的婚姻，则并非只与浪漫的爱情有关。一个美好的婚姻，还需要平衡男女双方的基本价值观（无论好坏）：精神与肉体、光明与黑暗、个体与集体、理性与感性等。作为爱情关系更高层次的融合，婚姻的形成，既需要结合的双方存在差别，也需要拥有共性。没有个性差别，婚姻会变得如一团软泥，无滋无味；而没有共同之处，婚姻会充满对抗，让人感到陌生和孤独。

分析心理学的创始人卡尔·荣格说过，成熟就是拥有适应反向张力的能力。这也是密宗修行的精华所在——不断追求某种新的分化，然后通过更高层次的融合化解对立。这样的提升，能令我们到达神性的境界，甚至感受到更深层的心灵秘境——我们将一起发掘的世界。

我们很少思考，两人相遇并将对方视作神去爱意味着什么。这是可以理解的，毕竟人类经历了漫长的历史才从蒙昧的童年时代一路走到今天，进入青春的觉醒期，初尝“神性”境界的滋味。如同传说中被放入河中随波逐流的神的幼子，人类在漫漫历史长河中，也经历了从对自己的传奇身世和伟大使命一无所知到一步步向本源回溯，重新成为万物之灵的过程。事实上，如今我们已经能像神灵一样影响世界：我们可以改变气候，可以改造基因库，甚至可以毁灭自己。可是我们真的已足够成熟，真的能平衡自己所掌握的巨大力量了吗？

要做到彼此以神相待，首先要找出我们内心的神性。但是神性并不是一个静止不变的概念，随着人类社会的发展，它也在不断演化。

历史上，人类曾把自己视为神的儿女，像尊敬父母那样仰望着神灵。人类迄今所知最古老的神话中，都存在着一个作为人类共同母亲的女神原型。最初的人类，正是从这位自然之母的腹中诞生。在她宽广的怀中爬行嬉戏，度过衣食无忧的幼年；在她丰饶的花园中学习培育农作物，穷尽一生。这是母性时代——一个养育和扶持的时代。那个时候，时光仿佛停滞了，还处于婴孩期的人类对世界几乎没有了解，对自己的命运也没有掌控力。生命短暂，成长迟缓。那时的人类虽然是地球上唯一会使用火的生物，却不知道用它抵御严寒，创造光明。

时间流逝，人类终于逐渐成长，出现了性别之分的意识，这也是母性和父性分化的开始。美国文化人类学家蕾妮·艾斯勒推测，那是一个相互合作的社会，但合作的伙伴是充当着父母亲角色的神祇原型，而人类，仍然是神的孩子，仍然天真单纯，力量柔弱。自然依然一成不变，人们生活的中心，是向神祈祷，请求他们的赐予。因此，总体上讲，这个时期仍然算是相对静止的母性时代。

大约五千年前，崇尚母系、敬拜女神的文化开始遭遇决然的抛弃，人类进入了父系主导的时代。所有秩序被重新洗牌，一切都走向了原有的反面。在之后的千年之间，女性形象遭到刻意抑制，变为恭顺的女儿。与此同时，强有力的父亲原型开始出现。

这是一个严厉的父亲形象，他先是通过暴力和强制性，再通过法律、制度的确立和思维的推动逐渐固化男权统治，使得原来生气勃勃的人性变得顺从、合作。我们开始学习读写，培养理性思维，研究科学知识；开始发展工业，不断意识到人作为不同个体的区别。我们疏远了过去同大自然紧密的联系，把古代流传至今的对于神的信仰看作人类童年的神话传说。这个时期，人类不断获取新的知识和力量，日益拓宽眼界，得到了飞速的发展和成长。

如今，人类的童年已经结束，自然之母和她的孩子们主导一切的原始时期已离我们远去，专制父亲和恭顺女儿的千年舞台也已落幕，但我们依然在找寻自己的方向和目标，不断成长。如今的人类不再是神的孩子，而是逐渐成长为成年的神祇自身。

和青少年一样，这样的成长首先遭遇的就是爱情，这也是每个现代人最常经历的情感事件。也正如青少年一样，我们对自己的了解还非常有限，更谈不上两个人相遇相爱时如何甜蜜相处又能保持自我了。幸而，相爱相处尽管不如父母子女的关系那么基本，但也是成熟的心理原型之一。当然，在现代，我们需要共同赋予它创新的意义。比如说，当代成熟的相处，需要男性尊重女性，配合她们的节奏共同起舞。

当然，要实现这样的平等我们还有很漫长的路要走。目前在全世界范围内，女性总体还处于“第二性”的地位，在某些地区，甚至连开车或者享受基本教育的权利都没有。即使在发达国家，女性享有选举权也是近一百年的事。无论政治还是经济领域，男性都占据着主导地位。

但是，作为女性，我们一直在相互学习，并不断取得进步。我们的目标很明确，就是最终让两性关系进入活力的女性时代，其主要特征是女性能够主动行使权利，转变固化的绝对男权的社会思想，让两性回到平等包容、共同提升的螺旋式互动。这并非意味着让女性成为社会主导，而是着眼于人类全局，尽量顾及两性的共同发展。这种方式虽然没有直线发展那么快速，但由于表达了我们灵魂深处的意愿，所以具有蓬勃的创造力。

动静平衡和阴阳互补不仅成就更多的可能性，也使得它们各自更完整。而这种完整，正是成为我们找到生活方向、到达梦想之地的希望。解决这个问题的前提，就是和谐。

本书详细阐述了这种新型的两性互动模式，让你拥有更自由的思想，学会更智慧地表达，并为你提供更专业、可靠的建议。当代社会需要女性更加强大、更有活力，面对这种新变化，我们该如何经营自己的爱情？书中那些充满活力、了解自己并深知如何做出改变的女性将告诉你答案。

如果你是这样一位了不起的女性，或者你幸运地爱上了这样一位女子，本书将教会你如何在一段崭新健康的爱情里完美沟通。如今，追寻心灵之爱已逐渐替代追求外部发展成为世界趋势，而我们如何处理自己的情感，处理与爱人的关系，则决定着未来会怎样。当男性和女性都能充分发挥自己的力量和创造力时，人类的历史书，将有望打开崭新的一页。而那时，这本书将为我们继续导航。

阿诺蒂亚·莱迪斯 博士

代表作:《生命之轮》、《东方的主体》、

《西方思想录：带有目的去创造》、

《唤醒世界的心灵》

前　言

所谓“于是永远过上了幸福的生活”，其实根本没有一个确定标准，因为幸福本无定式。在我们耳边，常常回荡着一些程式化的教条、真真假假的传闻和循循善诱的教诲，告诉我们男女应当如何约会、相处和结婚。但其中大部分说法十分迂腐，听之百害而无一利。长久以来，大家都觉得一个女人不可能既获得事业的成功，又得到爱情和家庭的幸福，却认为男人能同时实现这些目标。因此，一般的婚恋指导书都会劝说女性隐藏男子气的性格，放弃对力量的追求，用可爱和女性化的姿态吸引异性，获取爱情及婚姻，进而生儿育女。可是生活中，很多女性并不适合这些传统的做法。因此，每当有人和传统设定不相匹配时，她们只能告诉自己：“我缺乏魅力，永远没有男人会喜欢我。”

我们需要这样一本爱情指导书：它既符合时代趋势，又鼓励女性同时代一起进步。在这本书里，我将主要关注渴望在生活中找到真爱的单身职业女性，以及欣赏这些女性的男士们。

在本书中，我将这些成功的职业女性称为“火星女人”，她们自信、可靠、勇敢、聪明又独立。她们知道自己需要什么样的生活和爱情，并有自己的原则。

在传统的恋爱模式里，女性总是被动的一方，她们永远需要耐心地等待男士前来示爱。若终于等来追求者，还必须刻意表现或假装表现出传统的女性气质，直到他宣称“你是我的人”。

传统经验中，女人必须得有显著的女性气质，才能与男性征服者的气质相匹配，也才能对男性产生吸引力。这些公认的女性气质包括被动接受、感情至上、不善言辞，以及对人际关系的依恋。

相反，男性被认为应当具有主动追求、事业为重、善于出击和给予的典型气质。

这种老旧的恋爱模式在今天显得极为过时。火星女人在生活中的各个方面都具有开拓精神，包括处理感情问题。她们希望在约会时能更主动地表达真实的自己，无论是男子气的部分还是女性特质，她们认为这才是完整而生动的自己。火星女人勇于表达自己的想法，追求自己想要的东西，而且也有很多资源可以给予对方。对如今的大部分男性而言，女人身上表现出这种传统意义上属于男性特质的东西，他们并不会难以接受。今天的男性在恋爱和婚姻中已十分愿意被对方认为是充满感性、诚恳和接受的类型。无论男女，大家似乎都愿意自由调和身上被认为是属于男性或女性特质的部分，以创造更加愉快、健康和完整的爱情生活。

即便如此，仍有许多爱情教条宣称聪明、成功又独立的女人会让男人望风而逃，她们永远嫁不出去。

在我作为心理医生和婚恋顾问的职业生涯中，曾遇到过不少单身职业女性，她们努力寻爱却难以成功。我本人的经历也是如此，直到最终遇见了我一生的挚爱。在与我的咨询者一起解决问题的过程中，我越来越意识到大家迫切需要一本书，来探讨这种新型的爱情模式，来鼓励那些职业女性好好珍视自己，同时也帮助她们找到相爱的人并获得对方的支持。

我还记得当年自己刚开始约会时的情形。那时，我高中时的初恋读完研究生回到家乡，我和他重新开始约会一段时间后，他便向我求婚了。但我拒绝了他，其中最主要的原因是他说自己想要一个传统的妻子，留在家里相夫教子。他是一位教师，成天和孩子们打交道，因此坚信孩子应该得到母亲最多的陪伴。而我的设想是，有了孩子之后，他作为父亲也应当承担起陪伴和抚育孩子的责任。对此他并不认同，甚至当我明确表示了自己的职业梦想和想尝试写作的愿望之后，他依然坚持自己的想法。记得结束这段感情时，我对他说，我今后八成会孤独终老，除了养的几只猫咪，别无陪伴。尽管他说他敢肯定我不会这样，但我当时真的很怀疑自己能不能找到这样的爱人，愿意同我一起分担家务、抚育子女，支持我的事业就像支持自己的工作那样。我也知道就理论而言，这样的人肯定存在。但当我从自己深爱的初恋身边走开时，还是不禁为自己的感情前途黯然神伤。难道是我要求太多、太难相处了吗？

我成年之后大部分时间是在校园中度过的，先是陆续完成了硕士和博士学位，之后又受训成为心理治疗师。我知道很大层面上自己愿意去帮助病人，愿意付出大量时间和精力，愿意为此出行奔波也许还需要出差。我热爱工作，但同时心里也知道，自己并不愿因此放弃结婚生子的人生经历。是的，我的确想要一个家庭，想当妈妈，想好好照顾孩子，好好爱他们。我想过好自己的生活，找到工作、孩子和爱情之间的平衡点，并且希望自己的另一半也能这样。

尽管很久以前有过暂时的动摇，但我对自己想要的生活还是很确定的。在之后的约会中，我也都表明了自己对未来生活的期望，好判断对方是否适合做自己的终身伴侣。最终，我很幸运地遇上了一个人，他说不论是平时还是在我出差的时候，都会分担照顾孩子的责任，全心全力支持我的梦想。我们结婚了，他也实现了自己的全部承诺，成为一位非常用心的好爸爸。事实上，本书的写作让我得以深入接触许多男士，了解到他们大多像我高中的初恋那样，更希望找一个传统型的妻子，这使得我更加珍惜我的丈夫。从这个意义上说，这本书就是写给他的情书。他是一位好丈夫，也是好爸爸。他给了我幸福的家庭，也支持我成为职业女性。所以，我爱你，伊安·谢尔曼……好吧，我跑题了。

我是专攻婚姻情感方向的心理咨询师，在进行约会培训和情感咨询时接触过不少事业成功、能力很强的来访者。她们中很多人渴望找到人生伴侣，成立自己的家庭，却因为年过三十的年龄压力，觉得不太可能再遇见合适的人结婚生子。还有些人希望找到跟自己一样事业有成的伴侣，以免男方因为事业不如女朋友出色而产生不安全感，但同时她们也不愿意放弃工作或独立的个性，属意迎合有上述担忧的男伴。

我帮助她们找到自己在婚姻和爱情关系中最需要和最想要的是什么，和她们一起分析现代社会中，不断变化的两性角色以及由于经济关系不平等引起的恋爱矛盾。我努力使她们相信自己的内心，而非盲从媒体对“浪漫爱情”的单一描述。

这本书从男女两性不同的视角，举例分析了火星女人面临的恋爱困境。在书中，我挑战了传统的约会建议，从已经找寻到美好恋情的火星女人身上提取成功经验，给出建立和谐、有力爱情关系的新建议。

本书书名为《火星女人爱情能量课》，这一提法是为了向约翰·格雷那本蜚声国内外的畅销书《男人来自火星，女人来自金星》说不。格雷的那本书的成功之处——在于他第一次将男女的性别特质进行划分和定性，并通过著名的隐喻将两性分属在不同的世界，隔离成两个星球。我的书则接起格雷和其他婚恋专家留下的话题，只是重点不再是男人和女人的性别差异，而在于约会人群中的重要一支——我称为“火星女人”的那些女性，如何能在新千年里成为接地气的地球公民，并超越教条的约会指导意见，建立更加稳固、亲密、健康和充满乐趣的爱情生活。

格雷指出，为了维护成功的恋情，男女双方都必须尊重传统意义上对性别角色的差异设定。

本书不同意上述观点。我认为火星女人约会时可以保持自己的星球本色，同时展示更多传统上偏男子气的特性。格雷的分类一味强调对男女性别差异的教条接受，也许对某些人而言情况的确如此，但很多现代的情侣和夫妻并不适合这样简单的角色二分法。就我做过咨询的单身职业女性而言，她们更需要一本实用型的约会指导书，来帮助她们的非传统型交往生长开花！

随着时代发展，许多传统的性别角色和界定已经或即将不再适用。约会和相处本身已经充满挑战，那些接踵而至并且未经探讨的角色概念只会让人迷惑。在接下来的篇章里，你将看到单身男女开诚布公地讨论权利分享、共同决策和求爱时所遇到的开心和挑战，他们还会和你分享如何相爱并建立稳固、健康的伴侣和家庭关系。

大多数约会指导书倾向于教读者在规定的时间内迅速搞定一个条件不错的约会对象，而这本书要谈的是如何清楚地确认心中的爱意，让它成长，成为对自己和配偶都可靠而持久的爱情。它讨论的是如何做出重大决定，比如你想成为什么样的人，你想和谁结婚，以及你们的孩子如何度过他们的人生。

在新千年里，我们每个人都有机会发展得更均衡，无论是身体、精神、情感还是灵魂。而情感方面要想变得更加均衡，则需要根据自己的情况选择正确的恋情。打个比方，假设站在一面镜子前，清楚地看着镜中自己的身影。你越是看到、接受并喜爱镜中健康可爱的自己，便越能吸引一位同样健康可爱的伴侣。类似这种吸引也会影响你的家庭环境和发展走向。我们每个人、每个家庭和每个社区都会回荡着人类集体意识的回音，若是更多伴侣能够温馨、健康地和睦相处，世界就会慢慢变得和谐美好。

我本人是个火星女人，完全不能想象去过违背自己意愿的生活。我肯定算是一个主动的人，无论是对外部世界还是对个人情感，我都倾向于完全表达出自己的意愿和想法。然而，由于最近被查出患有乳腺癌，我被迫放慢生活节奏，试图重新建立内在的自我平衡，也因此给家庭和生活方式带来变化。我的口头禅是“使命比癌症更强大”，但我现在的确会花更多时间放松自己，去信任本能，去反思情感和灵魂，去亲近自然，感受当下，同时也更注重保养身体。这些都使我获益匪浅，因此在本书中我也融入了一些均衡生活状态的内容，与亲爱的火星女人读者分享。

以我多年与火星女人型的来访者一起工作的经验，加之如今自己的亲身经历，我觉得无论对于男女，繁忙的工作虽然能让你的外部环境变得不一样，却容易让你疏于内省，失去平衡内心深处那些女性特质的机会，进而难以成功整合内在自我与外部世界。我希望你和我一样也能享受一下慢节奏，能有时间陪伴自己的内心，不用担心会因此失去激情或奋斗的方向。

我知道作为火星女人，你具有非凡的理解力，因此这本书会以你所理解的语言写成——我会提供详尽的研究数据、基于常识的客观思辨以及真实的案例，展示火星女人获得成功爱情的奥秘。

我们都知道学习的奥秘，知道完成不同的项目需要不同的技巧。工作与爱情也如此，它们使用的是不同的大脑分区。作为职业女性，我们需要认识到，爱情的成功需要付出不同于工作的努力。打个比方，你不可能让一位大提琴手去写微生物学的长篇报告。所以，如果要让我在书中针对爱情问题对你提出实用建议，我希望你首先找到正确的爱情触发点。

我相信人所创造的一切首先都发生在内心，然后才会经由意识逐渐影响到外在表现。我的第一本书叫《由内而外地恋爱》，它探讨了为什么我们旧恋情中的成见和包袱会成为拖累新恋情的因素，让我们重蹈覆辙。在这本书里，我会教职业女性如何将工作中的成功转化到爱情中来。

今天的女性需要在生活中扮演不同的角色，承担不同的责任，这使得我们有可能在不同的时间段表现得完全不同，而这些表现迥异的角色会让我们保持与更高的自我相通。一旦达到这样的境界，我们就能更清晰地平衡生活的各方面。在本书中，我将帮助各位读者一起探讨如何达到更高的自我境界。

为了把精力更多地放在事业上，有时我们会主动舍弃一部分自认为不是必要的内在需求，比方说对心灵、身体或情感的关注。我同意人的精力和时间都是有限的，但这样的舍弃和切割会关闭人生命中能量流动的阀门，把我们的发展卡在已经变窄的某一渠道里。若我们不再珍视自己的身体、思想、情感和心灵，一个显而易见的恶果就是会失去对自身全部可能性的把握和展望。思维的层次和境界有许多种，洞悉所有这些思想高度，我们才会变得更加强大，更有能力去实现自己的理想。

对我本人而言，仅仅教给智慧的火星女人完美的约会技巧显然不够。这本书还要帮助其他男性和女性发掘自己内心深处和感情生活中的阳刚和绵柔特质，使二者和谐平衡。为了自身发展得更加完整，你得努力吸收来自全方位的有用信息，再整合出全新的印象。为了你在阅读本书时能更方便地进行信息整合，我在书中归纳了每章节的主要内容，由你来决定如何将它与自己的灵魂、思想、身体和心灵结合。如果你并不习惯于订一个高于预期的目标，或者还不善于倾听心灵深处的智慧，这样做也许显得有点奇怪，但还是请尽量保持开放的态度，不要拒绝尝试。

这一过程比约会成功本身更重要，因为它能帮助你搞清楚自己是谁，并学会爱自己。它能帮你吸引适合自己的人，引导你们结合成为家庭，也许还会生下孩子。这一点意义重大，因为你的孩子还会有孩子，你的自省和自我完善会影响到好几代人。你的行为也许会激发地球上其他地方开出爱情之花。

所以，请务必参与到这本书的讨论中来。你可以给我写信，电子邮箱是 kpaulet@verizon.net。或者登录我的网站吧：www.whenmarswomendate.com。我们一起努力，就可以让这种适合火星女人的新型恋爱方式变得更美好。想象一下，相爱的人畅所欲言，在性格和经历方面可以相互支持，并且他们的孩子也会如此，这该是多么浪漫的事!

昨天，我在露台上发现一张卡片，是一位叫做朵琳·维图的女士寄来的。卡片上写着："你可以做到既强大又安全，因为你懂得怎样去爱，而这种爱于人于己都大有裨益。"我愿意把这段话分享给火星女人和她们的爱人。这本书寓意正在于此，让我们一起努力，在大爱中重拾力量。

爱你们的，

保奈特

1 带你认识火星女人

第1章　火星女人的模样

谁是火星女人

我所说的火星女人，是指那些事业成功的职业女性，她们性格坦率，通常直言不讳，而且非常能干。她们经济独立、生活优越、聪明机智。她们身上具有一些传统意义上的男性特质，如坚定自信、乐于主动采取行动。她们看重自己的思维能力，愿意在外面的世界留下自己努力的痕迹。她们喜欢受到赞赏和尊敬，遇到问题时希望能和伴侣一起分享决策过程。

火星与我们体内的第三轮穴有关。轮穴就是人体的能量中心，由于呈轮状而得名，不同的轮穴对应不同的性格特征。第三轮穴与意志、自信和行动力相关，这也正是火星女人的性格特点。她们具有非常旺盛的能量，在轮穴模型中对应的是热烈的黄色。

火星女人性格特点的形成，与她们的成长环境有很大关系。希尔薇娅·瑞姆博士在《看着简去赢》一书中提到，许多火星女人的父母对她们有着很高的期待，这种期待让她们从小就把大量时间花在功课上，学习比同龄人更努力，好胜心也更强。久而久之，便形成了较为独立和有原则的性格。

“男人来自火星、女人来自金星”的说法来源于约翰·格雷所著的经典畅销书《男人来自火星，女人来自金星》。在那本书中，格雷根据传统的约会模式，从反应、沟通能力和自身角色认定这几个方面出发，把恋爱中的男女特征按性别进行了分类。举个例子，格雷认为男性的倾诉是为了试图解决问题并找到答案，而女性的倾诉通常只是为了表达感受并且寻求理解。

比起格雷所说的金星女人，火星女人通常“女人味”较少，传统意义上的阳刚气质较多，她们更愿意通过主动沟通解决问题，而不仅仅是表达自己的感受。在对外交往中，虽然她们可能扮演领导者的角色，但在男性眼中，她们仍然是迷人而富有吸引力的。

历史赋予女性的传统角色是母亲和妻子，她们被认为是更感性的性别，注重人际关系，关注儿童，负责料理家务。作为对照，男性则偏向于行动，注重职业，关注经济，负责征服外面的世界。

统计数据表明，如今的单身人群不再看重传统赋予的这些性别象征符号。阿斯汀在2005年所做的一项研究表明，年轻男女中，愿意按照传统性别界定建立恋爱和婚姻关系的人数大大减少。还有证据表明，性别差异对沟通方式并没有实质性的影响。事实上，生物学差别几乎不影响人类的相互交流。贝姆性别角色量表也表明，男性和女性在成长过程中都拥有过两种性别域。

在多年的心理咨询和婚恋顾问的职业生涯中，我也注意到，传统的性别区分已严重过时，不切实际。如果你已注意到当代社会的社会意识和心理意识都发生了巨大变化，你会更认同这一点。

因此，在本书的第一部分，我将先简单说明约会模式是如何演变的，并对火星女人崭新的约会场景及恋爱模式进行解释与描述。你还会有机会进行小测试，以便弄清自己是不是火星女人，或者（如果你是男性）你的女友是不是火星女人。

约会的历史

约会的意义在于给男女双方提供社交空间，以便双方决定是否进一步发展为伴侣。通常，我们把订婚之前的那段相处时间统称为“约会期”。

据贝斯·柏立在其《从门廊到后座》一书中的记载，历史上，约会期被称为“求爱期”。当女孩长到特定年龄，家里就可以准备接待求爱者了。女孩的母亲或监护人会邀请合适的青年男子前来做客。男子如果有爱慕之意，便在约好的时间上门。因此，最初的求爱过程，事实上是女方主动的。后来随着社会发展，越来越多的女性开始接受更好的教育，并走出家门工作，求爱的习俗也随之发生了变化。渐渐地，求爱的男子不再受邀上门，而是与女方约定时间后，在剧院或餐馆见面。久而久之，约会便代替了求爱的仪式，而且向着男性主导的方向发展，形成男性主动邀约，并为花费买单的传统。

婚姻的目的也在发生变化。历史上家族的联姻主要是出于经济目的，对于贵族，还有出于政治结盟的考虑。但随着时代发展，男女在公众场合约会成为很平常的事。双方通过约会彼此了解，寻找共同点。一旦在这个过程中产生爱的化学反应，双方便有机会成为正式的情侣。

今天的约会，不但不像过去一样精心准备、隆重豪华，还有了许多新形式：网上约会、单身派对、相亲、速配、专业婚介等，逐渐发展成为一个很大的产业。2005年的美国皮尤研究报告显示，三百万美国人通过婚恋网站建立了长期的恋爱关系，或者走入婚姻殿堂。而随着避孕技术的发展，婚前性行为也变得越来越常见。很多人开始通过约会试婚或同居。天啊，世界真是变了！

我们知道，现在大部分人结婚是为了恒久的爱情，而非政治或经济利益。但即便如此，在很多情况下，约会还是会被当成用技巧来吸引异性爱慕的游戏。海伦·费舍尔是一位生物学家和人类学家，她写过许多阐述性别差异的书。费舍尔说，约会应当设计得能够提升人脑中的多巴胺水平，以便“吸引和捕获”人心。我知道很多女性喜欢玩欲擒故纵的游戏，同样的，不少男性也有自己的“把妹策略”。这使得他们过分专注于对异性的吸引，而不能展示出真实的自我。稍后我会讨论为什么会出现这样的情况。在我看来，这种把约会当游戏的做法实在不是开始一段恋爱关系的最好选择。

至于当代约会的目的，还真是五花八门：有人为了寻欢作乐，有人为了排遣寂寞，当然，依然有人是为了发展出一段长期的恋爱关系以至结婚。通常来说，单身人士愿意找和自己目标一致的人约会，而大多数25岁以上的单身人士约会，是为了建立长期的恋爱关系，我所说的火星女人基本都属于这一类型。她们受过良好教育，有着清晰的职业规划，想建立长期恋爱关系的终极目标也非常明确。

当然，现在什么年龄段的人都能够自由约会，这也充分说明了我们这个时代变化有多大。过去，三十多岁还没结婚的女人恐怕要不幸地被归为老处女，但在今天，她们可是正当盛年。约会不再是未婚年轻人的特权，不论你是十几岁、二十几岁还是人到中年甚至步入花甲，不论你是单身还是离婚，只要你愿意，都不会遭受非议。

选择在事业有成之后才开始约会的火星女人，通常会更关注由约会步入婚姻的可行性。我工作时遇到的火星女人一般处于二十多岁到五十出头的年龄段，她们虽然对事业非常专注，但也渴望找到互补的伴侣，一起分享人生、梦想和喜欢的生活方式。

在过去那些还需要“求爱”的年代，待嫁女性喜欢富有的男子，而男性则偏好生育能力较强的年轻女性。如今情况有所改变，男性更看重女性的教育程度和经济能力，女性则更加希望对方自信地表达自己的感情。新的研究结果表明，还有其他因素也影响着男女双方的择偶偏好。本书中，我们将深度发掘火星女人是否不太看重男方的经济能力，是否更加注重男方具备的其他优点这一问题。但首先，我们得充分了解什么是火星女人，以及属于她们的特质。

谁是火星女人

火星女人通常是成功的职业女性，她们具备传统意义上男性的某些特质。在我看来，她们非常自信，事业成功且对工作充满激情。火星女人一般野心勃勃，在提升自我的教育和培训课程上投资不少，非常看重自己的头脑和天分。她们愿意说出自己的想法，期望生活中的伴侣能仔细倾听她们的声音。和传统爱情模式不同，火星女人需要的是平等的爱情，但这并不表明她们就缺乏女性特质。火星女人可以幽默、俏皮，也能美丽、温柔、母性十足，但首先她们十分自信自立。

我做心理咨询时遇到过许多火星女人，她们有非常成功的事业，有良好的家庭出身，社会关系稳固健全。她们聪明能干，工作努力，做事有非常明确的规划，对工作投入了大量精力，直到有一天，她们突然意识到是时候认真打理自己的个人生活了。火星女人发现需要约会、婚姻、家庭，不能等到一切都来不及了再考虑这些事。她们不会为了经济基础或性生活去约会，也不会接受基于利害关系的权宜婚姻。她们有能力独立抚养小孩。这些火星女人真正需要的，是稳固的爱情关系所带来的亲密感，可以有一个人好好相爱，去欣赏他、尊重他——并从对方身上得到同样的欣赏和尊重。

这些女性自身已取得很多成就，因此也能给婚恋关系带来许多显而易见的优势，如智力出众、财务自由、教育精良、勇担责任，再加上良好的组织能力和领导力，互惠性巨大。她们本身具有出众的判断力，希望爱情能使人生更丰富，却并不希望因此牺牲自己的职业、独立性、决策力或领导力。她们知道感情需要维护、妥协，需要双方沟通，所以希望男友能一起为彼此的感情付出，一同维护，一同享受，或乐于分享外部资源以让两人的生活更加均衡美好。火星女人希望伴侣能尊重自己的意见和观点，当然，作为亲密伴侣，他们自身也得聪明出众、感情丰富。

火星女人在工作中一直是干练的领导者，若是要求她们约会时作为男伴被动的“追随者”，可能会让她感到莫名其妙。对许多火星女人而言，这样做非常虚伪，同时让她们感到受侮辱。她们被不同的婚恋专家反复告诫，约会时不要随便发表观点，不要主动约男伴，不要先给男伴打电话，不要主动付账，不要谈自己工作中取得的成绩，更不能给男人提出建议。这些建议简直让火星女人难以理解，而且也不符合她们的价值观和个性。

对超级忙碌的火星女人而言，她们的日程表已经排得很满，所以约会这件事本身就是挑战。她们每周都去几次健身房，预约不同的身体保养，如护发、美甲、理疗或私教，剩下为数不多的时间里还得排进去一次针灸。要想在这么满的时间表里再加一次约会真的很难了。

有些火星女人就明确地说，她们对自己现在的生活很满意，觉得很充实。她们很喜欢这样一个人轻轻松松过日子，干干脆脆做决定。因此，尽管火星女人也需要爱和陪伴，但这种需要没那么强烈，所以她们对找一个人安定下来并没有那么强烈的欲望，更不会为了取悦男伴牺牲自己的需要和愿望。火星女人约会的理由只可能是找到了真正欣赏自己的人，或者能完美切入她们现有生活并与之互补的人。

社会推动

随着人类社会的不断发展，爱情作为一种社会现象也发生了很大改变。在穴居的原始社会，生存是全体部落成员共同努力的方向。结果强壮的男子成为部落的战士，负责保卫部落的安全并集体狩猎。女人则聚在一起准备食物、照顾孩子。种族的生存是重中之重，所有人的角色都基于这一任务进行设定。

后来，性吸引力成为男女关系中的重要元素，性别差异被认为是天然导致的男性和女性相异的社会表现，因此浪漫的爱情被多数人描述为“异性之爱”。

随着社会继续进步，女性开始觉得受限于自己的性别角色，她们被社会抛弃了。于是，她们开始主张参与更多社会事务，与男性平权。妇女为自身争取地位和权利，使得两性之间的权力斗争接踵而至。斗争的结果是，男性和女性角色设定变得不那么明确，大家开始通过约会和日常相处考察对方。渐渐地，男性和女性开始重新定义他们的身份、角色和个人权利。

这就是我们今天面临的现状。让我们看一看这个社会今后将如何发展。性别差异将不再截然对立，无论是男性特质还是女性特质，都可以在一个人身上融合体现。这个融合过程（我在书中会不断提及）将促使男性和女性一起分担社会责任，共同创造更加和谐、亲近与协作的两性关系。随着人类进步，我们将不再因恐惧而强调个体差别，而更会因为爱而相互团结。我们会意识到，无论男女，不论黑白，不管犹太人还是清教徒，同性恋还是异性恋，我们都属于一个大家庭——人类。大部分人相信，连神的身上都融合了男女两性的力量。神的身上体现了一切，我们人类最终也会这样。今天，我们正行进在这条小路上，不过，这个话题首先还得回到一开始的约会问题上来。

如果说今天的人们身上男性和女性特质日益融为一体，那为什么还有很多火星女人表现出更加突出的男性特质呢？

从人类社会发展的角度来看，今天的女性整体上仍然处于弱势地位，需要通过不断抗争来争取男女平等，摆脱男权主导的传统局面。为了在外部世界赢得胜利，显示自己的力量，女性不得不在男权的语境中，按照对方的规则参与竞争。好消息是越来越多的女性参与到各种新的工作领域，进入政治和商业领域。在男性主宰的这些传统领域里，女性已确切标志了自身的存在，表明身为女人，也能制定某些游戏规则，她们是独立的群体。坏消息是，对许多职业女性来说，进入男性主宰的传统行业并获得成功，同时也意味着自己要做出牺牲。她们不得不在工作中尽量去除自身的女性特质，以融入男性主导的行业背景，并尽可能获得与男性同行平等的竞争机会，因此钟摆趋向另一个极端了。现在这个钟摆在往回走，更加趋向平衡，因为不论男性还是女性，都渴望重新认识并重构性格中的女性特质，使自己的人格更加健全完整。

女性劳动者

许多社会和心理因素综合在一起，促使今天这个社会的火星女人的数量不断增加，但其中最重要的原因，就是与任何历史时期相比，我们这个时代拥有数量最多的女性劳动者。预计到2018年，全美将有47%的在职员工为女性——数量几乎和男性平分秋色。这项统计数据有力地证明了女性在各行各业中的平等存在。

同时，女性生育的年龄也大大推后，这将女性大大解放出来，可以有更充裕的时间追求自身的教育、职业提升和发展兴趣爱好。一项研究表明，67%的职业女性希望能得到管理职位，而88%的女性希望得到高薪。如今的女性更期盼自己职业的成功，而不是待在家里操持家务，等待着白衣骑士前来拯救。现在全职妈妈也更少了。2007年的一项调查记录表明，只有17.76%的女性选择做全职妈妈，心甘情愿让丈夫的收入成为家庭经济的唯一来源。

女性出来工作的另一个原因是因为工作让她们快乐。研究表明，既有工作又有家庭的女性最满足。一个意料之中的结论是非全日制工作的兼职女性满足度最高，因为这样她们既可以参与工作，又有时间陪伴孩子，同时还有自我独立空间。我想如果情况许可，可能很多男性也愿意做出同样的选择，每天在外兼职几个小时，同时有更多的时间留给家人和自己。

教育

教育方面的统计数据有所不同。如今拥有学士学位的人当中，女性数量要多于男性。2008年的数据显示，超过59%的本科学位由女性获得；2009年的数据是52.7%的博士学位获得者是女性。女性所受的教育程度越高，她们为其他姐妹所创造的教育和就业机会也就越多。随着更多女性走上教育岗位、从政或者成为CEO，社会对职业女性和职场妈妈的关注也更多，包括像托儿、病事假和远程办公等，影响女性工作生活的日常事务，也会得到更好的解决。

也有研究表明，教育程度不同的人，结婚年龄会有显著差异。双方都获得高等教育学位的夫妻，结婚年龄普遍会晚一些。教育拓宽了她们的眼界，让她们有机会经历更多事件，挑战自我；她们清楚自己的目标，懂得自己最想要的是什么，也知道如何引领世界和自己的生活；她们了解自己，知道什么对自己最重要。在恋爱和约会中，她们会做出精确的判断和取舍。

女性和收入

在商贸、新闻出版、政治和法律行业，有20%的领导岗位由女性担任。但在世界500强公司中，这个数字降到了3%。过去这些年来，女性的收入有一些提高，但是职场中男女同工不同酬的现象仍然比较普遍。女性员工的收入只有同等职位男性员工的78%。然而，来自市场调研公司的一份新的数据表明，目前全职工作的年轻女性中，中位工资水平要高于其男性对照组8%！但请记住这一数据只适用于生活在城市中、30岁以下、未婚、无孩的女性。换言之，对于年长的已婚女性来说，要想获得与男性平等的收入，还需继续奋斗。所幸的是，这种性别差异在不断缩小。

女性和消费

在美国，女性已成为最主要的消费力量，她们决定了95%的商品及服务的销售。女性每年花费3.7万亿美元购买消费品，另加1.5万亿用于购买商业项目。她们甚至购买了超过半数的传统上属于男性专用的产品，如汽车、电子产品和计算机。女性的购买力在不断增长，她们对商品的需求在不断拓宽。基于女性对商品的需求和购买的决策力，未来产品的生产设计和营销会越来越考虑女性的影响因素。

女性与政治

今天的政界，16%的议会席位被女性占据，但一般社会公众对于女性参政的意见仍是比较保守的。有调查报告表明，四分之一的美国公众认为：男性多数情况下会比女性更善于应对情感波动，因此也比女性更适合从政。美利坚大学政治系副教授詹妮弗·洛丽斯在一篇文章中论述了女性出任公职的比例比较低的原因。她采访了一些各方面条件不错的政坛职业女性，发现她们之中愿意去竞选公职的，要比条件相当的男性同事少三分之一。洛丽斯认为，与男性相比，女性候选人更可能面对与配偶（或者没有配偶）和孩子相关的询问并做出解释，并被要求对各种家庭和育儿方面出现的问题进行回应。公共事务圈里的职业女性，单身、分居和离异的比例是平均值的两倍。这些因素都让女性在竞选公职时面临比男性竞争者更多的挑战，要付出更高的代价，所以必须有相当大的价值提升才会让女性排除各种困难去参选。不过，盖勒普民意测验表明，受调查者中，有85%的男性和89%的女性选民认为，他们会考虑投票给一位女性总统候选人。这至少表明，在女性参政的话题下，公众意见已经有了明显的改变。

职责共担及爱情关系中的女性主义

如今，越来越多的夫妻和情侣选择在恋爱和婚姻生活中共同承担家务和经济责任 。《每日科学》曾经发表过一篇文章，叫《陪你洗碗的爱人让家庭更幸福》。这篇文章讨论了渥太华大学主导的一项研究，结论是共同承担家务劳动和经济责任的夫妻和情侣，比那些不共同承担的幸福感更强，对爱情的满意度也更高。在接受调查的夫妻和情侣中，有25%的人选择双方各自分担40%~60%的家务劳动。研究表明，传统的男女互补型家庭——即男主外、女主内的分工模式正逐渐弱化，但目前仍然是数量最多的家庭类型。所幸的是，随着人们教育和认知水平不断提高，男性和女性都将意识到改变的重要性，在爱情生活和家庭事务上逐渐达到彼此合作、职责共担。

如今，和女性主义者（这里暂且把女性主义者定义为在政治、社会关系和经济领域追求两性平等的人）约会并建立起恋爱关系，对大部分男性已不再是不可接受的事，相反，很多人愿意与女性主义者交往。鲁德曼和费兰通过罗格斯大学的一项研究表明，女性主义事实上能增进异性恋的爱情质量。对女人而言，选择一位女性主义者作为伴侣，能建立更健康的两性关系；而对男人而言，选择一位女性主义者作为妻子或女友意味着爱情更稳固，性满意度也更高。

许多火星女人是女性主义者，因为她们在工作中需要突破玻璃天花板，争取自己的权利。但她们中的许多人并不会将工作中习惯的激烈竞争带到爱情关系里来。许多男性愿意和火星型的女性主义者约会，因为他们欣赏并尊敬充满力量的女性。

有报告认为，在恋爱中，今天的男性更容易被女性主义伴侣所影响。askmen.com 网站有一项调查，在被问到女性主义是否对恋爱双方有影响时，21% 的被调查男性认为：“是的，我很高兴现在任何事情我们都一起分担。”但也有 55% 的被调查者认为：“不，女性主义对我和妻子 / 女朋友的关系没有任何影响。”由此可见，如今，无论男女，认可女性主义的主张对男女双方的有益影响的人都不在少数。但是，要实现性别平等，我们还有很漫长的路要走。

askmen.com 网站上的这项针对男性的调查还表明，今天的男性已不再仅仅满足于支撑家庭经济来源，他们也希望在生活的其他方面获得满足。81% 的被调查者认为，个人发展和家庭幸福比金钱更重要。人们不再仅仅从工作表现评价一个男人，正如现在对女性的评价不再局限于看她恋爱和婚姻的质量。

心理变化

女性和情感

传统文化里，女性通常被认为是主动寻求情感联系的一方，女人善于发掘情感，进行深层的感性交流。今天的职业女性在这方面似乎有时会走向另一个极端。也许是因为职场的工作方式要求大家更多注重表征和逻辑，久而久之，这种惯性逐渐劫持了她们深入情感底层的意愿。相反，今天有不少男性愿意探究爱人内心深处的想法，尤其是发生矛盾时。当然，整个社会的大环境也对男人勇于检视、分享自己的情感更加宽容。这种情况下，男女双方都有机会去尝试过去只属于对方才能扮演的固定角色，而没有什么是一定要贴上性别标签的，每个人都可以自由地展示自己的不同方面，包括以前隐藏的心理意愿。这极大改变了人们在爱情中的面貌。

女性、男性和交往

现代恋爱模式的另一个变化是如今男性开始觉得感情交往比工作更重要。杜克医学中心的凯瑟琳·莫沙和奥尔巴尼大学的莎朗·达诺夫博格在2007年的一项研究中发现，现在的男性更愿意牺牲一些事业上的成就，以成全爱情方面的交往。研究者发现，大学校园里的男女对个人成就和亲密情感关系都有很高的追求。但当被要求在爱情和职业、教育及旅行中选其一时，61%的男性更倾向于把爱情放在第一位。事实上，只有51%的女性会这么选！有趣的是，以往女性经常抱怨男性对感情不够投入，最新的统计数据表明，男性实际上是爱情中更用心的一方！

我的来访者经常抱怨男人不配拥有成功的女性伴侣，因为他们不愿意分担家务，也不善于谈论情感，但是杜克医学中心的研究表明，这一现象正在不断改变。

现在，与传统模式不同，有越来越多的火星女人和金星男人相爱，这些拥有更多男性特质的女人和拥有更多女性特质的男人走到了一起。金星男人更注重情感交流，心思细腻，能给伴侣很好的情感支持。他们更居家，也很浪漫。这样的男性通常会爱上追求个人成就的前卫的火星女人，因为火星女人在各个方面都与他们形成有效互补。

看到这里，你也许会问，真有这么好的男人吗？在我看来，很多火星女人的问题是她们根本没有认真寻找适合自己的人，或者她们受到某种错误观点的误导，放弃了寻找，进而认为没有男人会喜欢自己这种类型。在本书后面的章节里，我们将一起探讨如何创造机会认识适合自己的人，不过现在，我只想肯定地告诉你：这样的金星男人肯定存在！

讲到这里，我已经大概介绍了改变当今恋爱交往模式的男女性别角色的变化。接下来，如果你是女人，你会学习判断自己是不是火星女人；如果你是男人，你将学习判断你的爱人是不是火星女人。让我们先来回答几份小问卷，看一下你是否理解我在本书中所表述的观点。

介绍性问卷：你是谁？

下面有4个小问卷，帮助你判断在读这本书的时候你是站在谁的立场上，以及你能从这本书中学到什么。

每个问卷有10个问题，每个问题答“是”，得分为1分。如果你对其中6个问题的答案都是肯定的，那么请标注下这个问卷所牵涉到的类型。例如，如果你对问卷2中的6个问题都是肯定回答，那就说明你在约会的就是一位火星女人。

如果你是女性，请回答问卷1；如果你是男性，请回答问卷2~4。

问卷1 你是火星女人吗?

♡ ♡ ♡

1. 工作对你而言重要吗? □
2. 你认为自己是独立、坚强而又成功的人吗? □
3. 在遇到工作、薪酬和家庭杂务时，你是否希望能和男人一样被平等地对待? □
4. 你希望在恋爱关系中拥有、行使和男性一样的决定权吗? □
5. 你能接受自己的收入超过男伴，事业上也比他更成功吗? □
6. 你是否为自己受过良好教育且职场前景良好而感到欣慰? □
7. 你是否认为男人和女人在性的问题上是平等的? 你是否认为男人和女人能平等地提议和讨论性生活? □
8. 你是否会拒绝放弃对自己很重要的东西，即使是为了维系爱情? □
9. 是否有人说过你作为女性不够传统，为人太直接? □
10. 是否有男人曾被你吓住过? □

♡ ♡ ♡

本问卷总得分（以1~10分计）：____________

问卷2　你约会的对象是火星女人吗？

♡　♡　♡

1. 你约会的女性是否工作上很成功？□
2. 她是否很独立，而且性格很要强？□
3. 她的收入状况如何？她是否经济独立？□
4. 她是否乐意为你们的约会做出安排，并且愿意尝试传统上由男人去做的事来增进感情？□
5. 她是否认为自己应该和你一样拥有平等的决定权？□
6. 她在性方面是否非常自信？□
7. 她是否希望在你们共处之外，能有自己独立的个人生活？□
8. 她是否希望在会议室、卧室和婴儿室里都能做到性别平等？□
9. 她是否习惯和男人竞争并且总是赢？□
10. 她是否自信并且清楚地知道自己要什么？□

♡　♡　♡

本问卷总得分（以1~10分计）：________

问卷3　你是约会火星女人的金星男人吗？

♡　♡　♡

1. 你约会的女伴收入是否比你本人高？□
2. 你约会的女伴工作上是否比你更成功？□
3. 周围的人是否认为你比她感情更细致、更会交流？□
4. 你是否也认为自己比女伴更居家？□
5. 你是否很喜欢孩子并且愿意多花时间陪伴他们，当个好爸爸？□
6. 你是否容易爱上强势女性并尊敬她们？□
7. 你的爱情生活比工作还重要吗？或者至少和工作一样重要？□
8. 周围的人是否觉得你细腻、感性又温柔，而不是强硬倔强？□
9. 传统中对男性性别角色的设定和要求是否让你感到有点儿不舒服？□
10. 你是否有不少女性朋友？□

♡　♡　♡

本问卷总得分（以1~10分计）：______________

问卷4　你是约会火星女人的火星男人吗?

♡　♡　♡

1. 你是否事业上比较成功? □
2. 工作对你来说非常重要吗? □
3. 你是不是很喜欢竞争，并且事事力求表现出色? □
4. 和女伴相处时，你是否习惯性地采取主导态度，喜欢自己做决定? □
5. 在恋爱中，你是控制欲比较强的人吗? □
6. 你是否认为个人的自由比爱情的亲密感更加重要? □
7. 在提及性别角色时，别人是否通常认为你比较传统? □
8. 你是一个行动甚于语言的人吗? □
9. 在性的方面你是否倾向于采取主导姿态? □
10. 你是否主张女性应当更专注于抚育子女和做家务? □

♡　♡　♡

本问卷总得分（以1~10分计）：＿＿＿＿＿＿＿＿

现在你已经做完了上面的问卷，知道自己到底属于哪一类型了。也许你是火星女人，慨叹着如何在传统性别设定所统治的茫茫人世间寻找自己的真爱。也许你是金星男人，希望更多地了解眼前深深吸引你的火星女子，单身而事业有成的她会如何追寻爱情中那充满光彩的答案呢？或许作为金星男人，你觉得自己身边同类难寻，所以想通过这本书找到和火星女友相处的奥秘，让自己的爱情新鲜美好。或者你就是传统的火星男人，只不过爱上了同一星球的女人，你想探询火星女人的秘密，让她如同爱工作一样爱你。

不论你为何要读这本书，我都希望它能对你的生活有所帮助，增进你对伴侣的了解。你要知道，选择与火星女人相爱并结婚，是在改变世界。因为你这样的选择会影响到未来的子女对男性和女性的看法。他们会通过你们的结合，知道爱情的基础是和谐相处，懂得尊重双方作为不同个体的完整和独立。

那么，单身而成功的火星女人要怎样去恋爱和约会呢？通常情况下，受过良好教育的女性会倾向于向某位婚恋专家寻求帮助，咨询约会的最佳方法。但我还是想让你首先考虑一下个人情况，对身处现代工作和人际交往中的你来说，主流的传统约会方案是否依然可行。我将在下一章节对这些约会模式进行梳理。

社会压力推动我成为了火星女人。我愿意和世界各地的火星姐妹一起努力，去获得成长，成就爱情！

第2章　如何约会：守传统还是要现代？

敬献本人约会建议

或许你并不认同传统对女性角色的界定，老一套的约会方式让人腻味又困惑不解，因此才想看看这本书里是怎么说的。你本人可能很聪明，受过良好教育，对自己不太擅长的领域遇到的问题，更习惯于请教专家。但在这么做之前，我希望你能先仔细分析一下，作为一名内心强大的女性，这类流行的约会宝典真能和你的思想与经历产生共鸣吗？考虑这个问题时不妨再问问自己："我真的希望在恋爱时变成这样吗？"不少约会指导书倾向于让女方收敛本性，表现得并不像日常生活中那样。

作为单身职业女性，我也有过这些经历。当年几乎没有哪本约会指导书适合我的个人情况：33岁，单身，刚念完研究生回到纽约，希望能遇见合适的人并安定下来。那时候常规的约会建议让我沮丧。还记得那时有本畅销书叫《恋爱准则》，里边提议女性约会时要善于运用心机，使用有效手段掌控对方，可我真的只想做回我自己。约会培训师给女性提出各种建议，如何穿得妩媚，如何有效地和男人调情。虽然我也喜欢自己看上去更美，但我更希望的是有人真正爱上我——爱上真实的我，而非我的美丽衣裳。

那时我住在位于布鲁克林的一间公寓里，经常在公寓边的沙滩上一边散步，一边思考适合自己的约会理念。我的想法渐渐成熟，并成功地运用到约会中。很自然地，我遇上了现在的丈夫，我们结婚了。作为心理咨询师，我有不少来访者，她们希望得到我的帮助，消除和异性交往的障碍，遇见美好的爱情。这些人需要我给出如何去选择与自己完美互补的伴侣的建议。这后来促成了我的第一本书《由内而外地恋爱》的出版。如果你读过这本书，就能注意到本章内容实际上触发了一段回忆，借此机会我顺便重新梳理以前曾记录过的旧式约会理论模式。

这里我将简单回顾过去十年里最流行的四本约会指导书，并证明它们为什么都不适合火星女人的恋爱生活。而要做这件事，首先得想清楚世界上先有鸡还是先有蛋，这非常重要。为什么直到今天，我们恋爱时还在遵循老一套制式化的性别角色约定？是因为受了传统约会指导书的影响，还是由于这些专家们所描述的性别模式真实存在？我相信是因为前者。

前面我提到过一本畅销书，约翰·格雷所著的《男人来自火星，女人来自金星》。这本书让无数遵循传统的男女朋友更加折服于老一套的性别差异设定，有助于人们了解两性之间存在的某些传统性别差异。这些了解能够帮助传统的夫妻或情侣更好地接受彼此的不同，教他们克服差异，从而更好地相处。

虽然如此，传统女性和现代女性并不处在一条统一的时间轴上。举个例子，格劳莉娅·斯泰纳早在20世纪60年代就成为女权运动的领袖，而另一些女性直到21世纪的今天，还选择过非常传统的生活，正因如此，格雷的书在今天依然适用于她们。关于两性关系，历来有诸多不同的声音。我这里所代表的是现代女性——我称之为火星女人，而传统的爱情模式和约会信条并不适合她们。

所以，读到这里你该相信，传统的恋爱专家可能针对传统的单身女性提出许多实用的宝贵建议，但这些建议不一定适用于你或者其他类型的女性。你得相信，选择不遵照这些“古老智慧”并不表明自己有什么不对劲的地方。接下来我会结合我本人的职业生涯和个人生活，逐条论证这些流行一时的“约会金条”为什么不正确，并且也无助于火星女人收获她们所憧憬、需要的爱情。

在本章节，我还将重点探讨格雷的另一本书《恋爱中的火星和金星》。我的职业生涯中遇到过很多独立而成功的女性，这本书中的某些观点一点儿也不适用于这些女性。以下我将详述原因。

在《恋爱中的火星和金星》一书中，格雷说恋爱时注重“谁是正确的”可不够，你还要考虑对方会怎么理解你的意思。他说有时候我们不能只考虑“做回自己”，无论男女都要考量对方会怎么想，说话时要想到男女差异，因为他们“来自不同的星球”。

格雷在书中描述了因为性别不同，就像“来自不同的星球”，恋爱中的男女会有多么不一样的表现。但是我遇到的火星女人，却对格雷倡导的传统的女性化金星行为模式感到很不自在（下面我会详细论述）。这些火星女人希望做回自己。

在谈及沟通模式时，格雷喜欢性别二分，宣称在恋爱关系中，男性谈论自己越多，就意味着他对彼此的交往越感兴趣。同时，他认为女方愿意假装自己在专注倾听，以赢得伴侣同样的回报。这的确不适用于所有情侣。（我本人就见过很多善于倾听的男性和不耐烦听人诉说的女性）

格雷同时宣称女性不应该抱怨，或约会时谈论种种不满，不然男方会觉得她们难以取悦。他建议女性只分享生活中积极愉快的一面，保持谈话内容轻松愉快。我的理解是，他不建议女性在约会时坦率地讨论工作中遇到的困难或是与室友间发生的矛盾，不然就会显得自己难以满足、不好相处。说实话，今天的火星女人可不再会认为让自己看起来轻松愉快、容易满足是什么高明的策略了。

格雷进一步解释道，男人会将约会时女人是否心情好当作女方对他们本人的评价。“男人比较容易构想女性拒绝自己的情况。如果女人批评餐厅的服务不好，男人就会觉得这位女士是在抱怨他自己。”

问题是女性应当这样压抑自己的感受吗？仅仅是为了不让约会的男伴感到不舒服，只想发表一下对某家餐馆的看法，并不是为了批评男伴选择不当，这样都不可以吗？难道男人只喜欢和自己一模一样的人约会吗？两人所喜欢的电影类型不一样也不能表达吗？

我不认为自己是约会楷模，但若是一天中遇到了什么压力，比如需要赶时间完成某项工作或者碰到了令人头疼的情况，我约会时的确会向男伴抱怨一下的。同时我也可以借机考察一下对方是不是理想的伴侣，能不能倾听并支持自己。所幸的是，我所遇到的男伴没有人因为听了我所说的负面情况或不同观点就感到恼怒。事实上，他们都对我流露出来的真实一面很感兴趣，并且尊重我有自己的想法。说实话，如果和男伴在一起时女性都不能表现出自己的真实想法，那她为什么还要和这个人在一起呢？依我的经历，这是大部分火星女人的想法。

格雷还说，对于约会时所谈论的一些个人信息，男女双方的反应会不一样。若是交谈中涉及太多私人或亲密的内容，如遇到的困难或个人的脆弱点，女性会倾向于寻求支持，而男人却只想早点抽身离开。但是，情况真是这样吗？这种抽身而去的想法正常吗？这其实表明这个男人性格上的某种不完整，他在刻意拒绝自己内心那些在传统上被认定为女性特质的情感，虽然这些情感其实每个人都会有，并借此保持自己内心和外在世界的和谐相处。难道说因为有这种情况，女性约会时就不应该再分享任何重要的个人情况吗？也许男性应当为此做出改变。当女伴敞开心扉时，如果男伴此时有任何抽身离开的冲动，他们应当意识到并且有意去调整。此时男人需要做的只是倾听，又没有人要他们立刻去结婚。金星型暖男（或者相对而言传统女性特质更重的男性）之所以更吸引火星女人，就是因为他们善于处理亲密关系，并且善于倾听。毕竟，哪有那么多真正轻松的话题可供约会时聊呢？天气和假期的话题两个人又能聊多久？

格雷还告诫女性，要注意约会时一定付出得比男性少一些。例如，他建议女性不要给男伴开车门，因为这样做会降低自己的吸引力，对男人是需要保持一定距离让他们来追的。格雷又说：“当然，如果女士这边正好有个开门的按钮，她也可以顺手摁一下。但如果需要费劲地扭着身子横过车座过来——尤其是当她穿得比较正式时，这么做无疑不体面，非常不得体。”

格雷还建议女性不要主动追求男性，这样做会降低自己的吸引力。但很多我采访过的单身男子却表示，事实上，他们非常喜欢有女性主动和自己说话并邀请他们外出约会。我们每个人身边都发生过不少女追男最终修成正果的故事吧。

许多男性都喜欢独立自信的女人。

格雷还说过，女人可以为了具体的实用目的约男性出去，只要不是出于浪漫的原因。例如，她可以请男友帮忙布置室外烧烤晚会的灯光，或者约他陪自己出席某个需要带男伴的场合。这样，男友就成为她的英雄，解决了她的问题。换言之，这种情况下，他们分别扮演的还是传统意义上设定好的男女角色。

格雷认为，约会时男人应是主动一方，女性则应该被动接受。具体表现为男伴负责拿到女伴的电话，打电话约她出来，制订约会计划，去接她，帮她开关车门，开车并负责指路，买票，陪她找到座位坐好，并且付账。在此过程中，他准确无误地履行了传统文化中所有男性应当为女伴做的事。不过，这更是一种履行自己传统意义上男性应尽的义务的做法，而不是为了满足女伴真实的想法吧。

格雷认为，约会中女伴不应当付账，不用计划行程，不用开车，也不能主动提出约会，否则男伴也许会觉得她缺乏魅力。因此她的工作就是等待，直到被邀请。其实，也有其他恋爱“专家”像格雷一样建议传统的约会方式，即女性必须想办法“吸引”男性爱上自己，可以调情、微笑、风情万种地巧妙触碰，随便什么招儿，但约会邀请得由男人发出。对于独立而自信的火星女人而言，为什么不可以主动约男伴呢？或者至少可以建议出来约会。这不就是她们想在自己的爱情生活中实现的吗？很显然，火星女人知道自己想要什么，而且也完全有能力去实现。

格雷建议，恋爱中应当由男性主导交往的节奏。他举了如下例子予以证明：如果约会后男方没有打电话，女方能做的最坏选择就是打回去询问男方是怎么想的，以及他对这段感情怎么看。格雷建议女方此时应当优雅地继续等待。如果约会过后两周，对方还没打电话来，女方则应当表现得云淡风轻，不用多想。但事实是如果女方就是感觉很不好呢？如果她觉得男方就是应当及时打电话过来呢？想要真实表达自己的挫折感和希望有什么不对吗？根据格雷的说法，女人此时应当记住男人是火星动物，他们很有可能是忘了打电话。但是，如果这个女人也同样来自火星，相信我，她是决不会忘记这件事的。

格雷认为，男人说话不应该多过女人，否则将严重影响他们的关系。他解释道，女人需要知道这个男人会在那儿守着她，这样她才有安全感，才能一心一意地守着爱情，不会迷失自我。而现在的事实是，无论有没有这个男人，许多女性都能独立而健全地生活。我敢肯定，很多女人都希望约会时和男友开诚布公地讨论问题，分享亲密话题，也希望男友同样能毫无保留。

格雷还警告女人，不要轻易给男友建议，他说："即使当女人坚信男友会因为自己某方面的建议获益匪浅，也应当十分谨慎，不要随便给对方未经请求的建议。当女性征求对方意见时，一定要认真对待，即使不同意或者不喜欢对方的看法，也要小心地给男友留足面子。"

读了这些建议，我不禁在想，为什么男人可以随便给女人提建议，而反过来就不行？如果女方在某方面了解深入，为什么不能给男友一个好建议？恋爱中的人难道不应该相互帮助吗？在健康的恋爱关系中，这样的情况会不会发生？根据很多婚恋专家的意见，通常只有男人会给女人提意见，但对火星女人而言，她希望和男友一样，相互分享观点并受到对方的珍视。

研究表明，格雷的许多有关两性的论述现在看来并不正确。普渡大学副教授艾瑞娜·麦克乔治抽样调查了男女对于对方建议的反应。结果表明，无论男女，只要是说到点子上的建议，以善意友好的方式提出来，总是很受对方赞赏，这样的意见总归是利大于弊。

格雷说，当有些女人意识到自己属于火星型而非金星型之后，立刻知道找不到心仪男友的问题出在哪儿。格雷的建议是让火星女人在约会时尽量照着金星女人的方式去做，这样会增加她们的女性魅力。可火星女人真的需要借用别人的方式吗？难道她们不想做回自己吗？也许，火星女人只是不同于传统女性的现代人，她们需要的是接受自己、适合自己的现代男性。

格雷还告诫女性，不要表现得太能干，因为他相信男人需要感觉自己被人需要。“简而言之，男人需要做点儿什么，而女人需要有人帮她们做点儿什么。男女相互需要，这才是完美组合。”难道为了这所谓柔弱气质的吸引力，女人就该放弃自己的独立去依附男人吗？

到目前为止，我们听到的经典建议，还包括女人不可以帮助男友，不能给他建议，不能主动追求他，无权批评餐馆或电影不好，不能讨论负面情绪，不能表现得能干。也许这才是如此多火星女人选择自己一个人生活的原因。她们不愿意违心去做这些事来取悦男伴，宁可不要爱情，养猫陪伴自己排遣寂寞。在我看来，爱情不是这样。爱是双方彼此深刻地欣赏，是毫无保留地接受爱人原本的样子。

我真的希望这本书能有不少男性读者，由他们亲口告诉自己心爱的女友，那些旧的、过时的观点并非他们所想，也非他们所要。

异质相吸的观点是否纠结

最近，一位单身的男性来访者告诉我，有本书叫做《直到想说“我愿意”》，作者是帕特·艾伦。这位来访者被这本书所激怒，他觉得书中所说是一派胡言。我这位来访者比较强势，他也希望交往气场强大的女性，建立对等的爱情关系。他不同意帕特·艾伦在书中假定的前提：相反特质的人才会相互吸引。而传统的男性特质和女性特质设定就属于艾伦所描述的异质相吸典型。进一步讨论这个问题，我们不禁惊讶，为什么几乎没有专家建议两个“完整特质”的人去约会和相处呢？其实，每个人身上都同时拥有被设定为男性特质和女性特质的表现，这种完整的特质才是最自然的人性。可为什么这样完整健全的两个人不能相爱呢？

我一直有这样的观点，在成熟的成年人身上，无论是传统的男性特质还是女性特质都会得到比较好的制衡，这样的人才会完整而健全，才能满足自己的内在和外在需求，在正式确定恋爱关系前做好各种准备。

和来访者的讨论让我对这本书产生了兴趣，于是我也去买了一本。作者帕特·艾伦把她这本书的理论源泉归于著名的分析心理学家卡尔·荣格的理论，即无论男女，我们每个人身上都带有属于异性的特质。艾伦声称，她的研究是为了帮助我们身边的男男女女，去找到方法来平衡自己所具有的异性特质，这样才能帮助他们更好地拓展自我发展的可能性。但是，读完书之后，我完全不明白她所说的这套约会系统究竟需要如何运转，才能平衡来自男性和女性的不同特质。相反，她的理论似乎完全依据传统的性别设定，生生把男性和女性的联系割裂开来，约会的男女双方只能拥有固定的性别设定，要么完全男性化，要么完全女性化，一个人身上没有任何不同特质的融合，恋爱只是异质相吸。

我觉得这本书的主题只是格雷那本书的翻版。在《直到想说“我愿意”》里，艾伦把人们在爱情中遭遇的困扰归结于他们不太清楚男性和女性的角色意味着什么。她认为爱情的吸引力来自恋爱双方所具有的异性特质。与格雷唯一不同的是，艾伦可以给女性一个单选：可以是女性化的女性选择男性化的男性，也可以是男性化的女性选择女性化的男性，总之金星火星需要混搭，因为异质才能相吸。在这一点上，她倒是具有一定原创性，因为过去的观点总是说女人在爱情交往中只能做那些设定给女性角色的事。但是艾伦仍然认为爱情发生的必要前提，是男女双方具有不同的性别特质。但在我看来，事情不总是这样的。

艾伦在她这本书开头的问卷里让读者选择，自己在爱情中属于哪个特质类型。一共有三个选项：女性类型、男性类型和自恋类型。

艾伦将女性类型描述为具备以下特征：被动、易于接受、感情丰富、对非语言行为比较敏感、易于沉浸在爱情中等。根据艾伦的看法，女性特质的人希望情感受到珍视，她们是爱的创造者和延续者，她们很享受爱情的过程。

而男性类型具有以下特征：积极、给予、注重工作，是恋爱关系中的追求者和思维的施予者。男性特质的人希望自己的想法得到尊重，希望在爱情交往中成为主导者和更具权威的一方。

第三种类型是艾伦所说的自恋型。这种类型的人不完全属于男性特质或女性特质中的一种，但两种特质都具备一些。艾伦认为自恋型的人无法建立亲密关系，因为他们身上感性与逻辑并存，无论遇到什么类型的伴侣，自己身上与对方相同的特质就与其产生竞争，爱情也随之戛然而止。对此我有一个疑问，只是因为恋爱双方都渴望尊重与珍惜，就一定会产生竞争吗？有谁不想得到伴侣的尊重和珍惜呢？双方就不能相互协调，作为一个整体和谐相处吗？所谓“自恋型”的人，不就是上文中提到的具有完整特质的人吗？

我本人也做了艾伦书里的问卷，结果在男性类型得了6分，女性类型得了4分，自恋类型上得了5分。我倒真希望在最后一个类型里我的得分能高一些，因为在我看来，这个自恋型实际上就是你内在的两个古老性别原型的融合互通，代表着人性的完整和健全。在我看来，这一点才是荣格那个著名理论的主旨。事实上，荣格还有一句名言：“智慧之所在，思想与情感将争斗无存。”

我所赞赏的爱情模式，需要男女双方共同完成，而他们能都达到荣格所说的内在“结合”，身上同时融合了男性和女性的力量，心理健全。这些人不需要借助别人让自己变得完备，对他们来说，爱情只是希望遇到一个人与之共享生命的旅程。让我们回到刚才艾伦的分类上来，请问你还能找到比他们更不自恋的人吗？

艾伦博士鼓励她的读者，首先认定好自己属于男性还是女性特质组，再根据这个认定选择相异特质的人进行交往。如果你选择加入女性特质组，艾伦博士的建议如下：要有女人味，永远不要先开口，不要先采取行动，不要和男伴争论，不要告诉他你在想什么，只说你有什么感觉，只给伴侣正面评价，而且在思维方面要比对方慢一拍。

她认为女性特质型的女人，应该在婚姻生活中的各个方面去追随丈夫。而她们的丈夫应当在育儿、家居装饰、经济以及其他方面都具有无可比拟的主导地位。她将婚姻和爱情比喻成经营一个公司，说拥有男性特质的一方如同公司的董事长，负责提出议案和制订计划，而女性特质的一方相当于公司副董事长，负责调节情绪，行使附议或否决权。根据艾伦的说法，婚姻中女性特质的一方应当永远屈居下位，即便智力和思辨能力更高，也不应当首先提出动议。对这一说法，很多火星女人显然不会同意。

关于职业生涯，艾伦建议女性首先要分清楚自己究竟是一位“有工作的女人”还是一位“职业女性”。如果是前者，与这位职业女性匹配的就应当是女性特质主导的男子。相反，女伴成为不容置疑的强势方，在恋爱中处于主导和给予的地位。而在这种恋爱关系中，男方负责对女伴进行情感支持，同时也表现得更加敏感、依恋，享受爱情。艾伦认为当两个职业男女相遇相恋，相互竞争将会纷至沓来，严重影响两人的相处。

那么，作为职业女性，当你遇到一位让你十分动心的职业男性时，就只有放手让他离去这一种选择吗？有没有夫妻双方都是成功的职业人士的先例？在本书稍后章节我会做一些访谈，用事实证明世界不只是非黑即白那么极端。

不仅如此，艾伦在书中还警告职业女性，说女人的事业越是成功，就越容易把男人吓跑，还会大大降低她们的女性吸引力。关于这些，我也会对男性进行采样访谈。即便上述假设成立，这本书究竟想向那些意欲开创美好爱情的女性传达什么信息？难道是要让她们在心仪的约会对象面前刻意掩饰自己事业的成功，来保全所谓的女性魅力吗？

从某些方面来讲，性格互补的情侣磨合起来的确相对容易，容易渐入佳境，婚姻美满。但生活中绝对不乏同性相吸的例子。爱就是爱。而且两个同样强大的事业型男女相遇相爱，见解相通，彼此支持对方的梦想，这是多么美好的事情，这样的两个人为什么不可以幸福地一起生活呢？

卡尔·荣格说过，第一次婚姻基于异质相吸，但在第二次婚姻中，无论男女都倾向于寻找跟自己类似的伴侣。在第一次婚姻中，单身人士寻找的是与自己性格类型不同的人进行交往，以获得自我完善。但在第二次婚姻中，他们往往想寻找志趣相投的伴侣。荣格说过："当爱支配一切时，权力不复存在；而当权力主宰一切，爱即消失，两者互为对方的影子。"

在我看来，这句话的意思是，真正的爱并不是消解伴侣的权力，正好相反，真爱是伴侣间权力的分享。荣格还说过："完整性并非要割舍一部分自我，而是转化并融合对立面。"

因此，在爱情和婚姻中的两个人，首先要懂得自我提升，将属于自己的不同类型的力量融为一体，然后再与对方相处和发展。不要指望由伴侣来完善自己。如果有这种想法，表明你的自我意识还不成熟。

在艾伦的书中，爱情中的交往和沟通被定义为婚姻状态和金钱的交换。她认为付出男性特质是为了得到女性特质的回报，如付出金钱是为了得到情感抚慰和性吸引力。据她所言，女性吸引男性的典型方式是被视为性对象，女性魅力在于保养得当的身体、优雅的穿着、精致的妆容和发型，以及她们调情的方式。调情并非交谈。对于火星男和金星女的组合也许的确如此。但是该如何看待女性的思想、心灵、性格、精神和她们的个人成就？难道这些在选择伴侣时就不重要吗？那些本身经济能力就很好的女性又怎么办？难道这一点根本就不吸引男人吗？在我看来，艾伦的书中所传递的这些信息，不论对于我们自身还是对成功女性的下一代而言，都是不健康的。

当然，作为火星女人，如果被偏金星型的男士所吸引，觉得彼此性格互补没有问题，但你也可以尝试去交往强势的火星男士，你们有共同的职业梦想，他会尊重你、支持你。艾伦的异质相吸理论对某些人可能成立，但绝不是对所有人都通用。所以你可以去尝试不同的交往方式，找出最适合自己的那种。约会和交往就是为了更好地认识自己，认识对方，找出伴侣身上你所喜欢和不喜欢的地方，然后才能许下婚姻的承诺。每个人都是不一样的，所以不要拘束自己，问问自己的心灵深处，什么才是你想要的。

《恋爱准则》

前面我提过我自己恋爱时有本很流行的约会指导书叫做《恋爱准则》。8年后的今天，我发现它仍然很流行，甚至很多女性朋友把它奉为约会圣经。《恋爱准则》这本书讲述了一套据说是放之四海而皆准的约会套路，可以有效地帮助女人“俘获”心仪的异性。这本书的几位女性作者建议的“约会金条”包括：见面时女性不要表现得太健谈，不要回对方的电话，不要主动邀请对方出来约会，一周最多和他见两次面，不要过早同意发生性关系，约会时不要AA账单，不要对对方表现得热切上心，要若即若离，永远不要发胖，永远记得化妆。问题是，这些针对女性的限制行为在今天还能算个好方法，并有效帮助女性建立起长期的爱情关系继而走入婚姻吗？这些方法也许在某些情况下还管用，但显得肤浅而轻浮。（有时我也会陷入沉思，假设有外星球的智慧生命对我们这儿的约会指导书进行采样收集，以研究地球人的思想和爱情，他们会得出什么结论？）

读过上面这些书之后，我得出结论：这些书讲的都是一回事，只不过使用的语气和名词不一样罢了。大多数此类书籍都告诫女性，忘记自己具有的和男性一样的力量、自信和主动意愿，要依靠自己的女性魅力去吸引男性的爱慕。

使用上述这些“准则”对女性也具有一定的诱惑力，因为它们有时还是比较管用的。用这些方法的确能增加某些异性对你的兴趣。在某些情况下表现得若即若离和充满神秘感能达到两个作用：第一，能显得女方很矜持自重，而且本身就活得充实（尽管实际情况可能完全不是这样）；第二，这能促使男方对她产生追求的欲望和幻想，而不考虑这个人到底怎样。实际上，一位真正自爱自重的女性会拥有充实的生活，根本不需要去玩这样的游戏，或者刻意遵循什么准则，因为她知道自己的本性已经足够美好。自信的女性会主动回男伴的电话，因为在她看来这才是礼貌的行为。她也会觉得坦率讲出自己真实的感受，哪怕会被理解为负面的，心里才舒服。

不管如何若即若离，相处久了，人真实的一面总会呈现出来。再说到“女性的神秘感”，我认为约会的目的就是让双方增进对彼此的了解，好知道彼此是不是真心相爱。如果要隐藏自己真实的一面，对两个人都没有好处。可惜的是，很多女性对此却抱有功利主义的态度，认为反正这一招管用，谁还在乎其他呢？

如果你也怀着上述想法，那就随你便吧！但是你要记住，眼前这个人是最了解你的人，他也将成为你共度一生的伴侣。你不会希望多年后他回头对你说：“你到底是谁？我怎么都认不出你了？当年我约会和热爱的那个姑娘去哪儿了？”当然，我也承认，即使当初认认真真约会过的人，结婚一段时间后，多多少少也会有点儿变化，所以某种程度上夫妻永远需要重新认识对方。

《恋爱准则》的作者对职业女性也有一些建议。比如告诫职业女性不要表现得像男人，不要讲讽刺意味的笑话，要显得有女性的神秘感，坐下时双腿叠起来收好，要学会微笑，安静地待着，别忘了穿黑色透明丝袜，记得把裙边提高一点！作者甚至还告诉职业女性，不要以为自己的学位和工资单意味着你能做更多的事，你还得在电话边等候男伴打电话来。作者告诫职业女性，注意不要让自己工作上的成就压过男友，要让男人出彩，至少在双方刚开始相处的几个月里是这样。

这真是我们所希望的爱情吗？这真是今天的男人所期盼的女性特质吗？我不这么认为。我有不少单身的男性来访者，他们期待的伴侣是自信、强大而又成功的职业女性，有自己的生活。事实上，我知道很多男人厌恶这种若即若离的追逐游戏，不喜欢由男性单方面献殷勤的传统套路。若女方连电话也不回且不表现出明显的兴趣，很多男士也不会再花钱请她们出来约会或再打电话。事实上，自尊自重的男人，有时更期盼在女伴那儿感到被欣赏、感兴趣和热烈回应，而不是神秘、疏远和懒于回应。

《女人做派，男人想法》

最近有一本畅销的约会指导书叫做《女人做派，男人想法》，作者是斯蒂夫·哈维。标题听起来很花哨，内容还是非常易读的。这本书有一部分内容我很喜欢，跟我自己的观点也一致，但另一部分内容却显得很过时，也不适合火星型的女性。哈维在书中把男性描绘为典型的穴居人，认为他们是食物的供给者、热衷于性、头脑简单的生物。某些男人的确如此，但不能代表全部男性。我想在本书中为那些不属于这一类型的男性说几句话，也请他们看看我的观点。男人跟男人是不同的。有哈维说的穴居型男人，也有很多居家型奶爸；有喜欢长篇大论的男人，还有希望随时都扑上去云雨一番的男人。（是的，的确会有人这样）

我首先讨论这本书中那些会和火星女人产生共鸣的部分。这本书告诉女人要认识自己，要想清楚自己想要的是什么，并且一开始就大声说出来。这一观点在我所读过的约会指导书里是最早一批提出的。哈维在书里鼓励女性向眼前的男性发问，弄清楚他的目的，他对彼此交往的想法和意图。哈维认为女性不应该担心问这些问题会失去对方。比方说，他建议单身妈妈一开始就向自己希望交往的男友介绍孩子，而不是把孩子藏起来直到不得不说的时候再解释。这样做的好处很明显，那个爱她的男人会接受她，包括她单身母亲的身份，而他们也会一开始就明确这段关系会朝什么方向发展。我个人尊重这样直截了当的处理方式，也认为大部分火星女人会持同样观点。

哈维还说自信的女人总是充满吸引力，不论她们的身高、体形如何。在饭店、酒吧若能收到女性赠送的饮料，对男人来说将是极大的惊喜。他甚至说聪明男人不会愿意交往笨女人，男生都比较喜欢能把自己的事情处理好的女生。一句话，男人更喜欢直接、自信、聪明和有能力的女人。这符合火星女人的特质。

哈维还指出，女人应当对自己负责，对自己的感情生活的时间有所把握。当她们愿意进入婚姻生活时，应明确让男友知道。这一观点令我耳目一新，因为几乎其他所有的婚恋专家都告诫女性要被动，只能耐心等男方有所举动，包括一切求婚和结婚计划。在这件事上，哈维的主张是男女双方应当有所互动、有所妥协，共同决定何时缔结婚约。

我也非常喜欢哈维的另一条建议，即女性对伴侣的选择不能只基于自己的浪漫情感，还要看这个人各方面是否踏实，能不能让她放心，他应对压力的能力如何，他是否尊重自己的价值标准，他是否性格坚定，是否愿意在对方遭遇困难时给予支持，这些都是应当全面考虑的条件。

好处说完了。现在我们来讨论一下哈维这本书的不足之处，主要是对火星型女性及金星型男性不适用的部分。哈维认为男性是被自我行为所驱动的动物，如果他们在事业上没有追求，那一切都完了。我和许多心理治疗和培训领域的男性同事一起工作过，他们通常会非常看重自身事业是否成功。有时候这种成功的重要性与其个人原因有关系，但通常他们关注自身事业成功是因为这对女性和社会具有某种意义。当然，现在情况已有所改变。今天，我们身边有很多“全职主夫”，而且在外工作的丈夫也越来越意识到除了经济与保护，他还对家庭负有更多责任。在我自己家，我先生就不如我那么疯狂工作。他热爱自己的工作，喜欢帮助同事，但下班之后，他喜欢在家里看看电视，玩玩平板电脑，陪伴我们的孩子。而我不同，下班之后的非咨询时间，我都喜欢想想写写直到深夜。所以说，哈维书中描述的男女性别设定并不总是适用。在我先生和我的关系中，谁的工作热情更高显而易见。

哈维在书中说，女性要帮助自己的伴侣专注于梦想并努力实现，而作为回报，男性的事业一旦有了起色，他通常会帮助自己的女人实现梦想。而对我而言，健康的爱情和婚姻关系中，很重要的一点就是能确保两个人的梦想都在路上奔驰。

他进一步描述男性心中的爱就是供给物资和保护，并宣布“这个女人是我的”。因此他建议女性约会时不要 AA 账单，不要去学防身术，并且婚后改从夫姓，这样才让男性感到“她是我的”。他的观点是男性需要通过尽心地扮演上述角色而体会到成功感，他们甚至愿意为了这些进行战斗。虽然火星女人喜欢忠诚，也喜欢强大的男人，但这一切并不妨碍她们为自己去战斗。对我而言，我并不觉得女性分担约会的账单有何不妥，这怎么会让男人感到自己的陪伴没有价值呢？

哈维告诫女性，男人需要感到被人需要。他说女性在经济和教育上所取得的个人成就，其重要性远不如她的爱情。这个老观点又来了！为什么没有一个婚恋专家对男人说这些呢？从没有人对男人说，他对一个女人的爱情要比他自己CEO的职位重要；也没人警告他，如果他不够重视，他就会失去这个女人。哈维认为，如果一个女人也很有钱，那就不再需要男人的经济保障，男人其实并不喜欢女人这样。那么让我们分享一切，组成一个团队怎么样？

健全的女性应当有能力经济独立并保护自己，无论在婚前还是婚后。男性也一样。那么，我们为什么不单纯为了爱而走到一起呢？只是为了爱，而不是因为扮演上述的角色，不为修复有缺憾的自我或是满足错误的自尊。

哈维说，如果你“表现得不像真正的女人”，就铁定会成为一枚“女汉子”孤独终老。这也是大多数火星女人所害怕的。这种令人畏惧的论调因此得以裹挟不少男女，让他们没能实现自我完善和平衡发展，没有融合自身的不同力量。

哈维书中最令我困惑不解的，是他关于性的讨论，即“小甜饼”理论。哈维认为，性是女性能有效利用的一种权力，建议女性不要随便施与，得等到男人把他分内的工作做得出色时，才能给出性作为“奖赏”。我将在本书第12章中具体讨论在性这一问题上的观点。但在这里我还是想简单说一下，我希望女性要想清楚，性对我们每个人意味着什么，约会中据此践行，而不能把性当成利用和掌控男人的工具。

哈维认为，男人非常需要性生活，若在这一点上得不到持续的满足，就会在外有染。（有时甚至在性生活充分的情况下还会出轨）他认为，如果家庭中女方独自在海外工作，留下男方照顾孩子和家庭，大部分情况下男人铁定会出轨，并且会认为自己情有可原，因为他感到沮丧和疲倦。如果这样，那些需要经常出差的职业女性怎么办？反过来，如果丈夫不在家，妻子也有理由出轨，那些因工作原因经常出差的丈夫又会怎么想？我们不妨先问这样一个问题：即便男性比女性拥有更强的性冲动，男性在许下婚姻诺言后就没有一点自控能力了吗？这听起来太荒谬了。这种论调是在暗示，即使是成功的职业女性，也不应该出差离家，不然她的丈夫就会因为几夜得不到性满足而离开她！

虽然并没有更多专业数据支持，但我的确注意到今天不少男性的性欲有所降低，年岁渐长更是如此。有时候男性自己也认为性没有那么重要，但由于生活中男人总被描述得过于“性”致高涨，以至于性生活频度正常的男性都会感到有压力，生怕自己有什么不对劲。在进行婚姻咨询的夫妻中，如果丈夫表现得不那么热衷于房事，妻子一般也会疑心婚姻是否出了问题。在这一点上，丈夫和妻子表现得行为一致，容易在性生活与性别差异这一问题上产生纠结。在性欲、忠诚度和个人喜好的性亲密度这个问题上，我们无法对所有的男性或女性进行具体刻画。因为这不是一个非黑即白的问题，我的感觉是，随着我们深入探讨新的期望设定，这个问题将变得更加复杂。

所以我的结论如下：如果你是一个火星女人，那么就以火星女人的方式去拥抱爱情吧。如果说爱是接纳，那就痛痛快快地接纳你真实的自我，也允许你的真爱以同样的方式予以回应。不要玩若即若离的游戏。如果你喜欢一个人，那就让他知道。如果你想约会时埋单或者 AA 一下，别不好意思。如果你想两个人一起做点特别的事，尽管去计划好了。学会交换意见、交流情感，学会分享。若是你有什么负面情绪，告诉他，看他如何反应。他会温柔地支持你吗？他会认真倾听或是指手画脚地批评你吗？他会尊重你，觉得只有你自己才能决定自己的生活吗？依从自己的内心，努力创造健康、可靠而完备的爱情。

敬献本人约会建议

1. 爱情中的火星女人可以保持火星本色。
2. 恋爱中的男女双方可以保持自我的完整和健全。
3. 只要女性愿意，完全可以邀请男友出来约会或给他打电话。
4. 约会中女性可以并且应该分享自己在工作和学习上的个人成就。
5. 如果女性愿意，可以主动支付约会费用。

练习

准备一本记事簿。想一想你曾听到过的老旧约会建议，在记事簿上写明自己的立场。你是一个非常传统的人吗？你希望找一位与自己特质相异的伴侣还是无所谓，只要彼此真心相爱？你是否希望将来的伴侣人格健全、内心平和？迄今为止，你吸引的是怎样的异性？你们相处得如何？花一点时间反思以往的感情经历，想清楚将来你想要创造怎样的爱情。最后，放下笔，平静下来，全神贯注。闭上眼睛，由头至脚，慢慢放松、放松、放松，感觉自己逐渐变得越来越开放。慢慢融入这个全新的自我，没有偏见，没有闭塞，开放而自信。

真实的自我才会吸引真正爱我的人。

第3章　那些过时的约会礼仪

请看今日风尚指南

约会礼仪是长久以来在约会中受到赞赏因而得以沿袭的行为规范，这些礼仪包括很多细节，如由谁发出约会邀请，谁负责埋单，哪些是比较合适的约会节目，等等。约会双方总是希望通过正确践行那些被普遍肯定过的礼节来提高约会的成功率。

虽然了解约会的一般规范会对约会有一定帮助，但约会毕竟是两个人的事情，约会对象不同，每个具体的约会也不太一样。最重要的是了解自己和你所想要的，并让约会也体现出你们双方的共同喜好。举个例子，对一个自信的女人来说，她会希望参与讨论，一起决定两个人要做的事。而和火星女人约会的男人，如果只依据传统的约会礼仪单方面做出安排，女伴恐怕会不太高兴，并觉得自己在两人的关系里被边缘化了。因此，如果对女伴不太了解，你应该确定一下，对方是否需要一起来制订约会计划，共同讨论活动安排。

传统的约会礼仪仍然是大部分婚恋专家所建议的：约会时应当由男人付账，由他为女伴开门，殷勤备至地照顾女伴。因《嫁给百万富翁》这一电视节目而知名的帕蒂·斯坦格曾经在《周六深夜》杂志上撰文，题目是《百万富翁喜欢的约会》。斯坦格在文章中说："男人总是希望保护女人，为她提供各种各样的礼物……女孩子请记住永远不要主动掏钱。给他烤小曲奇，给他准备晚餐，帮他完成期末论文，但是永远不要主动付账，直到你已成为他唯一的正牌女主人……"

对于事业不那么成功或不那么野心勃勃的男性，斯坦格说："缺乏野心是一件煞风景的事。和缺乏野心的男人待久了，你会渐渐感到约会像是在照顾自己的儿子，这让人难以忍受，还是赶紧抽身为妙。"

这段话假定所有的女人都是以男人的事业状况判定他的价值，而和一位在事业上不那么野心勃勃的男士交往，就会让女人觉得像在照顾自己的孩子。在某种程度上，可能的确如此，但并不是所有的女性都这样。我们将进一步讨论现有的约会模式，但毫无疑问，目前，传统的约会礼仪仍然是绝对主流。可能等到我们对约会的心理意识有了进一步认识后，这个情况才能有所改变。

建立联络及付账

约会的第一步通常是一方主动联络另一方，提出约会建议，不论是在网上、酒吧、聚会上还是其他地方。两个人的第一次见面可能非常棒，但如果你想再次见到对方，就必须主动提议下次约会。

过去的惯例，是这个提议得由男方做出。大多数女人会为不用主动提出约会建议感到庆幸。有些女人则会有挫败感，因为这样她们只能被动地坐在那儿等着被安排，而自己对约会的内容却毫无掌控。这种完全被动的局面可能会持续很久，也许这个女人永远都等不来心仪的人。那么，这种情况下女性应当怎么办？如果遇到心动的人，她是不是该主动上前约他出来？

时至今日，尽管社会已经有了我们前面提到过的那些两性差异方面的进步，仍然很少有女人采取主动，这真是令人诧异。社交网站Badoo曾经分析了一个月内共9000万用户之间的互动内容，发现在所有的国家和地区，都是男性主动发起约会的情况占绝大多数。数据显示，西班牙女人最善于调情，她们平均一个月内和1.33位男性进行互动。相比之下，美国女人最不主动，平均一个月只会联络0.63位男性。

《今日心理学》杂志上登载过迈克尔·米尔斯博士撰写的一篇文章，题目是《为什么女性不主动提出约会》，作者在文中分析了在约会提议方面的性别差异。米尔斯博士通过采样调查，发现93%的女性希望被约，而持同样想法的男性只有16%。相反，只有6%的女性希望主动约对方出来，而愿意被约的男性比例高达83%。当参与调查的人被问到他们上一年度主动约过异性多少次时，男性主动提议约会的次数是女性的5倍。

为什么女性主动发起约会显得如此困难？也许是因为整体而言，让女性主动提出要求还不是一件很容易的事。琳达·巴伯库克在《时代周刊》上发表过一篇叫《无要求就无获得》的文章。这个标题立刻引起了我的注意，因为我的母亲过去也常对我说这句话。她的原话是："保奈特，你要知道，没有要求就不会有获得。人永远有权利说不。"我听从了她的教诲。无论何时，我会明确指出自己想要的东西，而且如果需要帮助，我也会主动提出。

但是很少有女性能得到这样的鼓励。巴伯库克研究了男女不同的沟通方式，发现与男性相比，女性更加不情愿为提升自己的目标而与他人进行交涉。男性的主动谈判意愿比女性高出4倍，而且有20%的女性从来不就个人需求进行任何交涉，即便她们知道交涉是完全正当的和有充分理由的。巴伯库克还发现，这种交涉困难存在于女性生活的各个方面，不论在职场、家庭还是在爱情交往中，它们都影响着女性的成功。女性在社交生活中得到的暗示，是女人不应该太注重个人的利益。

巴伯库克意识到，这种认识的偏差需要在女孩小时候及早得到纠正，于是她创办了一个叫"进步"的机构，这一机构与女童军合作，教会女孩如何谈判与沟通，表达自己的意愿。

如果女性真的很难对自己想要的东西提出要求，那我们也不难理解，为什么在爱情问题上，她们会面临同样的困难。倘若"无要求就无获得"这句话属实，主动一点的单身女性在感情上是否会有更好的收获？如果能对"进步"机构和女童军的合作项目进行跟踪调查，一定会很有趣。看那些赢得了谈判徽章的女孩子，在以后的约会过程中能否变得更加坚定自信，因而是否也能收获更加平等的爱情。

我们以前做过实验，许多情感专家建议的"女人不可以主动约男人"那一套其实一点都不管用。比如一位叫伊文·马克·卡茨的婚恋专家，他建议女性不要主动提出约会建议，因为那样会显得自己咄咄逼人、过于渴望，像个“女汉子”。他认为最好的方式还是找个男人来发起邀请，女人可以巧妙使用“女人味的小手段”来促成男伴发出邀请。可我还是不明白，为什么他会认为女性的主动邀请会显得她过于渴望而非自信。

在这里，用事实去质疑我们想当然的“以为”就显得非常重要。近期有没有研究证明主动邀请男性约会的女性会被认为是过于热切或欲求不满？事实上，是不是也有女性主动的例子？如果这样，约会结果是怎样呢？

有些研究揭示了男人只是认为与主动的女人更容易发生性关系，若是当男人发现这位主动的女性很有魅力时，他也不太会因为她的主动就拒绝交往。在社会问题研究中心所做的一项调查中，有34%的女性曾主动邀请男性出去约会，只有1%的人遭到拒绝。在1981年的另一项调查中，由女性发起第一次约会的交往案例中，有87%是在第三次约会后才结束的（《女性主动的约会案例追踪》，1981）。但是在社会问题研究中心所做的那项调查中，只有2%的由女性主动发起的约会成为了一夜情，只有5%的约会持续了不超过三次。由女性发起的约会中，有51%最终演变为超过6个月以上的持续交往。因此，也许在这个领域，我们都让过时的旧观点过分误导了。我们需要进行更多的实地调查和研究，来确定女性主动发起的约会究竟是得不偿失还是会推进爱情的进展。

《嘉人》杂志登载过一篇文章，叫《女人是否应该在线发出第一次邀请》，作者叫毛拉·凯利。凯利在OK丘比特网站上注意到一位男士，他正在与自己读同一本书，听起来聪明又迷人，而且碰巧与自己住得不远。于是凯利问他愿不愿意找时间一起喝杯咖啡。你猜结果怎么样？他们相爱了，并开始正式约会。

我这里还有一个真实的好莱坞爱情故事想与你们分享。在一个晚会上，导演布莱克·爱德华兹拿茱莉·安德鲁斯开了几个玩笑。茱莉很欣赏布莱克的幽默感，于是给他送了紫丁香。他们开始约会了，接着结婚了，之后共同生活了41年。这个爱情故事里是茱莉采取主动的。

我先生和我结婚后，我有时会在周二送给他一束黄色的百合花，因为周二是我们第一次遇见彼此的日子。谁说鲜花只能送给女人？谁又说女人不可以对男人表示爱意？

也有一些男性，他们非常希望能被女性主动示爱。《欢腾》杂志登载过一篇文章叫《男人的心思：快约他们出去吧》。作者约翰·德沃尔写道：

“女性当然可以主动提议约会，男人不会因此看低她们……

“热切的女人指的是蹲守在我们下班的必经之路或者流连于我们卧室窗边的女人，而非正在制订约会计划的人……女性可以是约会的积极参与者……是的，你可以这样，尽管行动好了……直接提出你的建议……它会奏效吗？是的，绝对奏效。”

索尔的故事

索尔告诉我，他15岁时和太太在一个夏令营里相识。那个夏天他一直忙于和不同的女孩调情。等到夏令营快要结束时，他的太太（当时才14岁）过来告诉他：“我把电话给你，别忘了给我打电话。”他没有忘记。

第一次约会索尔带她去了必胜客，之后他们正式交往了9年，彼此作为对方唯一的恋人直到大学毕业。索尔25岁时他们结婚了，现在已经一起幸福地生活了20年并有了两个可爱的孩子。若是当年太太没有主动告诉他自己的电话号码，这一切都不会发生。

除了讨论谁将提议第一次约会，我们还可以考虑一下接下来的约会由谁来发起。今天，大多数情况下，这件事还是由男人来做，至少在我成长的年代大家一直是这么认为的。当年我和我先生约会时，在他表白一个月后的某一天，我们在海边散步，他突然说："为什么你从来不给我打电话？"我使劲想了想，然后回答："我也不知道。我一般不主动给男生打电话。怎么了？你希望我打给你吗？"他说是的。于是我回答："好吧，我会主动给你打电话的。"之后我就真打给他了。记得当时我想："这样真好，能直接说出真实的想法，总比两个人猜来猜去要强。"虽然被洗脑后全盘接受既定的约会礼仪听起来比较省事，但我还是建议你费点心思和恋人确定一下，看这些传统老旧的礼仪是否适合你们俩。

最近有一位女性主义者提出了一个新奇的理由，讲男人为什么要为约会埋单。我听了觉得很好玩。她说："男人当然应该支付约会的费用。"当我问她为什么时，她回答："男人得付账，因为女人现在只挣他们78%的工资。"最重要的不是你选择什么，而是你为什么这么选。我希望通过提问，让你对爱情交往的认识有所加深，这样能做出对自己和恋人都正确的选择，让你们的爱情更加完美而可靠。

汤姆的故事

39岁的单身律师汤姆讲述了自己的约会经历。他的目标是寻觅结婚对象。他想建立平等的爱情和婚姻关系，相信只要双方都做出努力，夫妻间有很多种方法可以解决好问题。他希望能遇到一位个性愉快的女士，和自己教育程度相当，有个人的职业，并善于交谈。如果女方婚后希望继续工作，汤姆不介意请女仆或保姆来帮忙，但是他希望这位女士能亲自育儿，当一个好妈妈，这一点汤姆觉得很重要。

在后来的约会过程中，汤姆遭遇了我们前面所提到的"女人味的小手腕"，这让他感到很受挫。

当我问汤姆，他对女性主动邀约和支付约会费用有什么看法时，他的回答如下：

很多男士希望约会时女伴能支付自己的费用。说实话，男人对不得不埋单并不感到愉快。这不够公平。女性希望在其他任何方面社会能有所改变——她们希望能外出工作，并在家务和抚育孩子方面得到配偶平等的帮助，却拒绝支付个人消费的费用。不付账的人没有人会喜欢。我有一位女性朋友最近在约会，对方也是我的朋友。在他们前三次约会中，那位男性朋友支付了所有的费用。当他们第四次约会去打保龄球时，这位男性朋友建议这次由女伴来付账。她的确付账了，但之后再也没有同这位男性朋友出去约会过，尽管她有一份很好的工作且收入相当不错！难道约会是为了看男人能付出多少，而不是为了更了解他吗？

我接着问汤姆是否有女性主动约他出去。

你知道我参加了一次速配活动，有女士主动给我电子邮件了，有时候她们也会在线给我主动写信。有一次，一位酒吧里遇到的女士在我桌上的餐巾上留了自己的电话，这应该算一次由女性主动发起追求的交往吧。要是有更多的女士主动约男士出去就好了。换男士约女士有时真得费半天劲。如果在酒吧里能有女士直接走过来问你想不想聊一聊或者一起喝一杯，这真是太好了。如今自信的女人真的很受欢迎，我告诉你，上面这种情况下大部分男人都会觉得受宠若惊。我也喜欢能有一位可爱的女士主动过来自我介绍。所有的人都遵循著名的《恋爱准则》，其实现实情况根本不像那本书里说的那样。如果你喜欢什么人，应该让他知道。我相信彼此平等的爱情才是最好的，我希望从一开始就能建立这样的关系。

我问汤姆，他是觉得约会时男女双方都应当主动打电话，还是应当让男性去追求女性。

我会希望喜欢的女士能主动给我打电话。经过一次美好的约会之后，我会继续给女士电话的。作为女性，如果你也同样喜欢对方，尽管给他回电话吧！有时候约会之后我只能在那儿瞎猜，不知道对方是怎么想的，然后还得接着玩这个追逐游戏。我不喜欢这样。我喜欢得到直接的回答，说她们是否对和我交往感兴趣。

所以大胆一些吧，女人，你可以直截了当。若遇到想要的爱情，请不要等待，主动出击，不过请注意要清楚无误地表达，为爱情做出自己的努力。你要知道男人有时候也会感到挫折。

简的故事

简40岁，已经结婚两年了。我曾经采访过她约会的经历。我问简对约会礼仪的看法是什么，还问了她对约会时女性埋单的看法。

以前我总是听从专家的意见，也同意女人不应该支付男人的花费，因为我希望对方认为我值得交往并向我求婚。这个方法的确也可以帮助我筛除不合适的“坏男人”，只留下真心约会的人。但后来，我结识了一位朋友，她嫁给了一位建筑师。这位朋友和我一样是职业女性，不过她总是愿意支付自己的约会账单，因为她希望有一个平等的婚姻关系。这个观点让她的丈夫耳目一新，他们后来结婚了，并有了三个孩子。他们夫妻感情很好，非常幸福。而当她丈夫决定成为一名教师时，也得到了妻子的全力支持。这位朋友的故事改变了我的观念。于是我也开始和男友AA账单，虽然当时他还是念研究生的学生。现在他成了我的丈夫。

不过，现在的女性是否还在期望男伴能埋单呢？“顶级餐桌（Top Table）”是英国的一家餐厅预定网站，它的调查显示，英国约会的情侣中，85% 的男性会在女伴没注意的时候结账，只有三分之一的女性提出要 AA 支付账单。

在我本人的职业生涯中，大约90% 的单身女性来访者仍然期望男伴能埋单，起码在最初的四次约会中。如果这四次男伴没有支付费用，她们也许就不会再和对方见面了。许多女人会喜欢这样一个游戏：当账单送过来时，她们会取出信用卡提出支付自己的个人消费，但这并不是她们真正希望的结果。这只是一项测试，为的是让男伴阻止。如果男伴信以为真，真让她们付了自己的费用，就会被认为是个混蛋。我对这些来访者解释过，这种行为含义太模糊了，甚至像是个圈套。如果你比较传统，那就遵循过去的约会礼仪，直接让男伴去付账好了。约会本身要了解的东西已经不少，真用不着再去折腾这些让人不和的测试了。

不过，对于上面的问题，不同国家的答案似乎并不一样。SABMiller 所做的一项调查涵盖了15个国家，采访了不同的人，以研究约会礼仪的地区差异。19% 的英国女性认为，她们与新男友约会时会支付所有的饮料和酒类消费。一半的英国女性主张 AA 账单，但有82% 的英国男性认为应该他们埋单。

约会可算是非常花钱的事。match.com 的一项调查显示，超过半数的男人在第一次约会中花费超过50美元。我也听到过自己的男性来访者表达这方面的考虑。因此，女性应当何时也出点力呢？你有没有想过这个问题？男人付账意味着什么？为什么会这样？男人付账这一点，究竟是出自他们的愿望还是只是一种沿袭至今的社会习俗？

事实上，今天的男性已经不再抢着付账了。《世界时装之苑》加拿大版做过一项调查，结果66% 的女性认为男性应当为第一次约会埋单，但有60%的男性觉得第一次约会的账单应当各付各的。女人可能根深蒂固地遵从这项古老的约会礼仪，不管自己实际上收入有多高。事实上很多女性坚信这一点，一项调查显示，若被要求支付第一次约会的晚餐费用，60%的女人会永不再见那位男士。

在askmen.com进行的一项针对男性的大型调查中，在被问到约会时谁应当支付费用时，36%的受调查男士认为是男性。没有人认为女性该支付账单，但有8%的人认为双方应当平分费用。还有56%的人认为男女双方可以轮流支付不同约会的账单。没有男人认为应当一直由女性支付约会费用。就这一点而言，传统的约会礼仪不论在男人还是女人心中，都可算是根深蒂固的。

然而在某些角色互换的极端情况下，这一传统还应当被遵循吗？比方说当男性失业时？有人曾经告诉过我，当他失业时，发现约会尤其昂贵。有一次他和一位百万富姐约会，可对方仍然坚持由他来支付账单。他真的感到太不公平了。

当传统的社会习俗对女性不利时，她们往往会加以鞭挞。（是的，即便是火星女人也会这样！）她们希望能外出工作，希望男性分担家务。但是，她们仍然希望约会时由男性来埋单，希望得到男性的追求和骑士般的保护。

不妨问问自己：你是传统型的女人吗？自己支付晚餐费用真让你觉得那么不好接受吗？男性埋单就能让你感到自己能得到男伴照顾吗？你是否会认为这是对方为你们俩的关系和你将来的一份投资？还是你只是喜欢省钱？为什么你会觉得这项传统礼仪那么重要？

如果你自己也能毫不费力地支付男性给你买的这顿饭，你是否还认为对方（或你自己）还这么值得去爱？这真能表明你自己很有女人味，因此受到珍视，且你们的交往将获得成功吗？

我先生和我刚开始约会的时候，去得最多的就是街边小餐馆和披萨店。有时他会做饭，我们便一起去海边沙滩野餐，花费很少。当时我们俩收入都不多，我刚开始从事心理咨询的工作，他则刚成为一名社会福利工作者，收入比我还少。因此我们出去约会时，有时我付账，有时他付账，有时两人平分。但每次约会都让我非常珍惜，因为他经常给我打电话，给我写歌，给我写诗，他会细心地计划我们的约会，给我买书，在特别的日子还会送我一枝玫瑰。我们在一起很快乐，还会经常计划一些不花钱的约会，比如一起放风筝或者一起散步跨越布鲁克林桥。甚至当我和其他人在高级餐厅约会时，面对高级的亚麻桌布，听着动人的钢琴独奏，我还是觉得更喜欢和我先生的约会。我喜欢惊喜，也喜欢漂亮东西，但是我也知道和我先生在一起时没有这些仅仅是因为他没有什么钱，并不是因为他不够爱我。他没有用金钱为我们的爱情投资，但金钱也买不来我在他心中的价值。

在约会之前有一件事很重要，那就是找到自己的立足点。你要建立的是一种什么样的感情联系？你在爱情里看重什么？如果你希望男友以埋单来求爱，这种爱情会平等吗？你是不是总希望自己的男人赚更多的钱？这种期望是否已经影响了你们在交往中的角色转化？好好考虑这个问题，因为它是你爱情之初必须清除的一个障碍，越过它才能认清恋爱中过时的性别设定模式，你们才有更好的将来。

调情

很久以来，女性一直都有自己独特的方法来与男性交流，甚至根本不需要开口邀请他们赴约，这种神奇的方法就是调情。对于大部分女人来说，调情是为了确保自己也对约会过程有所掌控，因为她们能通过调情表现出对男方的兴趣。

调情是人类进化过程中逐渐形成的一种求爱技能。人类调情的行为通常包括充满渴望的凝视、微笑、摆出一定的姿势、慢慢摆动头部或者轻推男人胸膛。有趣的是，三分之二的调情是由女性主动的，她们比较偏爱用微妙的暗示无声地进行调情。生物学家狄摩西·佩珀进行过一项调查，研究美国酒吧里的搭讪方式，并询问其中的男性如何与女性展开互动。佩珀观察到52种以上由女性发出的无声调情信号，它们各不相同，但都很有效，因为之后男性会主动走过去与之搭讪。有趣的是，当佩珀后来向这些男性提到这一点时，他们通常并没有意识到女性的调情暗示，只记得是自己主动走过去的。

尽管这种调情可能是出于潜意识的本能，但也足够说明女性表现出兴趣很重要。一项调查结果表明，85%的男性认为女人是否对自己表现出足够的兴趣，将决定他们要不要前去发出邀约。从这个意义上讲，调情能有效地鼓励示爱行为和恋爱继续发展。

有位女士说，若是直接告诉男人自己对他很感兴趣会显得过于欲求热切，因此她通常用调情的方式达到同样的目的。当她发现自己心仪的男士时，会目不转睛地凝视对方并展露迷人的微笑。等到男士走过来和自己说话时，她则会不时轻触对方的手臂，这样他自然会感到自己受欢迎。她发现通过这种微妙的调情，几乎总能得到心仪男士的约会邀请。

如果调情对你来说是可用的手法，那么使用时务必要清楚自己究竟使用了哪些具体方式，而且也要想明白你自己希望这种交往接下来往什么方向发展。

恋爱中的男女会尝试不同的约会策略，也是因为约会本来就是一件变数很大的事，大家都想理出一点头绪，给它添加一套相对可行的方法。恋爱中的人都会有危机感，希望对方能喜欢自己，不幸的是，目前的约会指南都认为只靠单纯做回自己，恋爱是不会成功的。

其实，当浪漫的爱情到来时，我们并不一定要选择调情的做法。在本书下一章节，我们将具体讨论为什么在恋爱之前就形成自我认同、真实可信和健全完备的人格非常重要。

请看今日风尚指南

1. 许多男性很喜欢女性的主动邀约。

2. 许多男性也希望女伴有时主动支付约会账单。

3.《恋爱准则》中尊崇的所谓“女人的小手腕”并不能帮助你建立真实可靠的爱情关系，因为恋爱中的人想要了解的是真实的彼此。

4. 如果你展示了自己真实的一面，合适的人肯定会出现在你身边。

5. 因为人不一样，约会并无固定套路。当你对此感到疑惑，不如直接和恋人商量，找出最适合你们的方法。

练习

取出记事簿，回忆自己曾错过的机会。记忆中有没有过什么人，你曾经希望能约他出去？有没有什么事，你希望将来能有机会去做？第一次约会中你有没有表现出对方吸引了你？你希望约会由男伴埋单吗？如果这样，你希望他支付几次约会的花费？现在约会时，你还会要女性的小手腕吗？仔细想一想你要怎么做，然后找个喜欢的人约他出去，并高高兴兴地为这次约会埋单。

在爱情中我将遵从自己内心的指引。这包括遇到心仪对象时，要勇敢地让他知道。

第4章　认识自己：关于自我接纳的话题

如何爱上真实的自我

有时候我们会过于关注外在的自己，结果迷失了本心。我们习惯于让外在的成就来决定自己的价值，却忘了事实可能恰恰相反。当我们觉得自己应当得到某些东西时，会格外容易证明这一点，这是因为我们爱自己。自我接纳带来自尊，而自尊的本质是真诚地认识自我。当我们清楚地知道自己究竟是怎样的人并爱真实的自我时，就不会惧怕在任何情况下坦然面对。我们不会害怕引起别人的注意，也不会因为害怕遭到反对意见就违背自己的本来意愿。尽管别人可能不赞成，我们也会说出自己真实的想法。我们愿意展露真实的自己，因为自爱是无条件的。

这听起来很棒，但其实大部分人在自爱和自我接纳方面还只是一个“半成品”。我们会批评自己，会把别人的评价牢牢记在心底，在发表观点之前也会悄悄估量这个观点会不会受欢迎。别人的态度成为我们首先要确认的东西，其次才是这个观点本身有没有价值。最后，我们还得确认什么是最重要的：自爱还是恋人的爱。

而且，我认为自爱和得到爱情也是紧密相连的。如果你没有先学会爱自己，那怎么会有勇气迎接爱情？对于那些已经证明是我们应当得到的东西，我们通常会接受它进入自己的生活。但是，在讨论自爱之前，我们首先要探讨一下大家看待事物的两个基本概念：爱与畏惧。

以爱的眼光来看待约会、自己和对方，更容易产生爱意。在这里，我很愿意分享一个故事，这个故事讲述了如何分辨生活中的不同能量。

从前，有一个印第安小男孩和爷爷生活在一起。有一天，爷爷告诉他，每个人的肩膀上都养着两匹狼，一匹代表爱，另一匹代表畏惧。男孩问道：“爷爷，你能告诉我哪匹狼赢了吗？”爷爷说：“你喂得更多的那匹狼赢了。”约会也是一样的道理。因此，我想具体讨论一下，有关约会的哪些想法和行为是因畏惧而生，又有哪些是因爱而生。

约会应当是展现爱和吸引爱的过程，但正如我们所看到的，很多因素也会因畏惧而产生。单身男女太注重评判对方，同时也被对方所评判，为了把恋人留在身边他们可能会费尽心机，也许会夸大自己的个人成就，也可能过于谨慎，觉得伤害无所不在，对自己过度保护。所有上述情况究其原因，都是来自于畏惧。

相反，源于爱的能量包括自我认同，也认同对方，做真实的自己，毫无保留地分享，理解他人，以及创造和谐、统一、欣赏和安宁。

但是自己没有的东西我们也无法给予他人。所以，归根到底，要创造爱首先还得自爱。在我的第一本书《由内而外地恋爱》中，有整整一章讲述的是如何在生活中获取满足感和自尊，以及完全对自己负责的态度。这里我不再重复相关内容。我真心希望你们能仔细读一读那本书，因为你在世界上创造的任何东西，从根本上来说都源自你对待自己的态度。然而，如何自处确实是我们最容易忽视的一个问题。

本章我将详细探讨自我接纳和诚实可靠对火星女人的影响，以及它对火星女人和谁约会、如何约会的影响。

作为火星女人，你有很大的机会选择爱胜于畏惧。这一选择是双向的：你既可以这样对待自己，也可以决定这样对待约会和恋人。

米兰达的故事

我们首先来分析一位单身火星女人的例子，不妨就叫她米兰达好了。米兰达今年39岁，是一位成功的律师，她非常热爱自己的工作。她有亲密的朋友和家人，只是一直没有遇见合适的爱人。也许是身边的老板、家人、同事包括她自己都曾经经历过一些不太愉快的约会，因此给她积聚了不少关于爱情的负能量，她对约会感到畏惧。米兰达的父母害怕女儿会一直这样下去，孤独终老（在父母辈看来，单身不是一个可以接受的选择）。他们总是追问她生活中最重要的是什么，以及她何时才能找到真爱。米兰达的同事发现公司举办晚宴时她总是没有男伴，所以对她的爱情生活比较关心，甚至连祖母也不停地问她何时会结婚生子。外界的压力如此巨大，但这一切还是比不上她给自己的压力。米兰达认为自己是个完美主义者。她曾经给自己的生活做过规划，希望在32岁前找到终身伴侣，然后成立家庭，事业不断发展，一切步入正轨。但是她所在的律师事务所工作非常繁忙，很难有合适的时间出去约会。身为律师她需要经常出差，连时间表都不可能固定。米兰达不想降低自己的职业梦想，但是她也知道得努力安排，给爱情交往分配更多的时间和精力，不然一切都不会到来，她将无法实现成立家庭的梦想。

米兰达可以爱护自己，也尝试匀出一部分时间、精力和金钱来创造机会去约会，试图开始一段恋情。但在目前情况下，这样还不够。面对内在的畏惧和外部的压力，她得给自己足够的爱，并把约会的优先级真正往上排才行。

举个例子，如果她担心老板不喜欢每周有几晚她将8点就离开办公室去约会，而不是像以前那样工作到凌晨两点再离开，她就需要去和老板协商。如果她担心本年度的计时工时会因此大大减少，也许就应该做出一些艰难的选择，例如把主要目标设定为约会，就要暂时放弃升职为律师事务所合伙人的努力，只求底线保住工作。或者，她要重新安排工作时间，选择在晚餐约会之后回到办公室继续工作至凌晨。总得调整某些事项，她才能腾出更多的时间和空间去追求生活和爱情，而不只是维持现状。这听起来似乎是常识，但的确需要付出很大努力和决心，才能梳理清楚各项事务进行取舍。做出决定并不容易。

对于米兰达这样的火星女人，另一件需要担心的事，是如果直截了当地坦承自己事业成功，会不会吓跑约会对象。在热播电视剧《欲望都市》中，有一个情节是女主角米兰达在爱情速配活动中假装自己是空姐而非律师。显而易见，作为空姐，她得到的约会远远超过律师。但是，这是否意味着我们也该这么做呢？或者，真正适合你的人会不会因为邂逅一位聪明而又有成就的律师而感到激动呢？

说到这里，我想说什么其实你应该非常清楚了，但作为火星女人，你不妨继续思考，直到想清楚为止。事实上，你会明白，值得拥有的男人会为你的成就感到骄傲。

有时候火星女人会不得不先把自己的能力和成就掩藏起来，直到交往了一段时间之后才慢慢显露。这是因为她们害怕自己的成绩把男性吓住或让他们不开心。社会习俗总是希望女性比男性更低姿态，但是，爱情中难道没有足够空间让两个出色的人一起闪亮吗？彼此回应，又全然不同，这该多么美好。

因《嫁给百万富翁》这一节目而闻名的帕蒂·斯坦格曾经给单身女性提出约会建议，让她们说话时避免使用生僻词，而且“直至走到教堂通道的尽头（指婚礼完成时）”才可以提一下自己的 SAT 成绩有多高。对于聪明女人，斯坦格的观点是：“男人不喜欢聪明女人，除非是已经娶进门没有办法了。”她还说：“你得注意装得笨一点，因为男人通常没有那么聪明。”火星女人对这一套应当很清楚，所以她们不会为自己拥有的能力而道歉。

婚恋专家伊万·马克·卡茨特地强调说，男人通常不会根据女人的头脑和能力选择和谁搭讪。他在自己的博客中这样写道：“女人想在男人身上寻找的，肯定不是男人想在女人身上所找的。”伊万说男人通常不在乎女人是否比自己聪明，不在乎女人做什么工作，是否富有。他还说男人也不在乎女人是否文雅有修养，是否见多识广或者久经世故。伊万认为男人只需要女人让男人感觉良好而舒适，并感到被爱慕。他们还需要女人让自己感到性感，感到被托付终身。伊万告诫女性，做不到上面这些，男人就会消失，离她们而去，转而很快找其他女人来替代她们。

也许的确有部分男人像上面所描述的那样，但让我们也来听一听其他人是怎么想的。的确也有男性认为聪明的头脑、成功的事业、优雅的举止、开阔的眼界以及独立的经济能力对于择偶也是非常关键的条件。

比方说欧文，他就认为在选择约会对象时，对方的智力因素是个非常重要的变量，必须考虑。事实上，他更喜欢和受过良好教育的职业女性约会，大家都是知识分子，交流起来没有障碍，交流的话题有挑战、有分享，谈话更有乐趣。他认为教育程度高的职业女性更风趣，自己的事务也处理得更有条理。不过她们也有不足之处。欧文发现职业女性有时候太忙了，很难挤出时间思考独特新奇的方法来向对方示爱。不过他又补充道，男性在这个问题上也同样如此。

女性有时也会认为自己在事业上的成就，可能预示着失去爱情和伴侣。密歇根大学的玛蒂娜·霍纳做过的一项研究表明，越有能力获得事业成功的女性，越渴望获得成功，同时也越害怕会失去成功。这种感觉非常纠结。这些女性通常担心在社交生活中受到排斥，害怕没人愿意跟自己约会，怕孤独，怕受到孤立。与之相反的是，男性却表现出很享受事业成功的样子，并觉得这将帮助自己赢得更多女性的青睐。

霍纳还进行了一个后续研究，想弄清楚这些对成功有渴望的职业女性具体表现得如何。她发现“害怕成功”指数高的女性一般直接放弃进一步学习，但“害怕成功”指数比较低的女性会进入研究院继续学习和工作，而且选择的往往是科学领域，甚至一些缺乏科学天分的人也一样。所以说，害怕成功的程度会影响她们日后的成就。越害怕成功的人，今后的成就也就越低。

我曾经约会过一位非常聪明的计算机专家，他以优异的成绩本科毕业，工作也非常成功。那时的我刚刚完成学业，即将被授予博士学位。有一天，他和我开玩笑说：“你知道，等我们结婚以后，若有人再给我们写信就得称‘韦伯博士和韦伯先生’。”我当时坐在那儿，满心惊讶，实在没有料到这样一个称呼会让他这么放在心上。也许当时的社会环境就是如此吧，我们周围大多数夫妇都被称为“斯蒂文·史密斯先生和斯蒂文·史密斯太太”之类，就好像女人自己的身份完全不存在一样。今天，很多女人婚后会选择保留娘家本姓，用一条短横线加在夫姓之前。不管怎么说，如果当年我让这位缺乏安全感的男友影响自己，不敢显示自己的才华或继续追求学术成就，我自己心里也不会快乐。

如果你选择遵循爱的力量而不让畏惧侵蚀自己的内心，勇敢地去追求事业的成功，也许会有一些男人舍你而去，但不会是全部。只要你能客观地评价自己，了解自身优劣得失之所在，并真心地接受自己本来的样子，一定会找到真心相爱的人，他和你一样自尊自爱但不自矜。要记住，掩盖自己的才华，让自己变得黯淡不会带来真正幸福的爱情。

在《无畏地去爱、工作和生活》一书中，作者阿丽亚娜·赫芬顿谈到男性应当想清楚在爱情和婚姻中自己想要什么。她说：“爱的时候要自信。要知道自己想要的是什么，勇敢地去表达，去争取。如果经过一番努力，你没有得到想要的，或者对方根本搞不清楚你的需求，那就鼓起勇气坚决离开他。”

她还进一步分析了把生活建立在畏惧之上的影响：

生活在畏惧之中是最坏的情况，是对真实自我的最大侮辱。如此不关心、不尊重自己的天性、能力和价值，相当于把自己置于牢笼之中。我们原本不想让别人把我们禁闭住，结果自己却锁住了自己。困在畏惧之中的人，会不自觉地认为自己不具备拥有想要的东西的能力，从而永远被动地在那里等待别人的赐予，仿佛自己的生活要经过别人的同意。

这一看法也适用于约会，尤其是作为爱情教练，我曾经见过那么多成功的女性选择深藏自己的真爱。我有一位女性来访者，在跨国公司中管理着3000名员工，却没有勇气对自己喜欢的男士表白。同样是这位女士，作为副总裁领导着一家资产超过百万美元的公司，却一直不敢承认自己拥有沃顿商学院的MBA学位，也不好意思给男友买哪怕一个小小的甜品。她每天下午在办公室里自信地通过远程会议指挥着公司的运转，而到了晚上，等到自己喜欢的男士打电话约她时却假装若即若离。约会时她会打扮得很美丽，却从不谈论自己的观点。虽然并不认同男友对于目前经济形势的政治风险评估，虽然她本人在这一领域可以说是个专家，且对这个话题也非常感兴趣，她却忍着一言不发。约会时她总是对男友说工作不错，尽管这个月她的公司遭遇了始料未及的变动和裁员。这种情况下，你是否觉得这位女士在约会中展现了最好的一面？这样的约会状态难道会让男友真正欣赏她吗？

还有一种广为流行的观点，几乎所有的女人都听过，“面对美貌和头脑，男人总是会选择前者。”这种说法误导女人将过多的时间和金钱花在了修饰外表上。

平均下来，女性要在相处两个半月之后才敢素颜赴约。她们得到的信息都是男人不喜欢毫不修饰的朴素女人，只有外表无懈可击才会让人喜欢。

这让她们觉得女人的外表比内心重要得多。但是，即便的确有部分男性这么认为，即便这个不公正的男权社会仍然这么要求渴望爱情的女人，这种状况真的是我们自己所希望的吗？觉得自己很美丽、看起来很棒当然是好事情，但外表就是我们的全部吗？我们难道没有更多的内涵吗？

外界的一切不会有任何改变，不论是男性对这个问题的看法、媒体上出现的女性典型形象，还是社会对女性的要求，都不会改变，除非女性能接受真实的自己。当我们想要改变某种现状时，就通过一定的媒介帮我们反映出来吧。我曾经看到一辆车的保险杠贴纸写得很有意思：“不用改变你的样子，改变你看问题的方式。”在涉及爱情生活中如何展现个人形象的问题上，我们每个人都需要好好思考并努力变得积极主动。

为了在约会中取得男方的好感，女性也一直在努力完善自己。不论是改善外貌、学习新的爱情准则、掌握有效的调情秘诀，还是掌握吸引异性注意力的心理技巧，所有这些努力都是在强调我们自身实际上并不够好。如果我们展现的不是出于我们自己内心的真实感觉，就不可能被别人真正接受。如果连你自己都不能从心底接受自己，又怎么能指望找到一个真正接受你的恋人呢？

有些女性不仅事业成功，而且生活美满，我们需要更多这样强大出色的女性楷模来引导我们继续前进。如果媒体、影视作品和文学作品中出现更多现实生活里成功女性爱情美满的例子，对于改善女性的爱情观将会很有帮助。这里我具体讨论几个真实的案例。

芮妮·齐薇格主演的电影《波特小姐》改编自比阿特丽克斯·波特所著的一本儿童故事书，作者生于英格兰，作品写成于20世纪初。据说当年波特小姐花了大量时间写作和绘画，拒绝了很多求婚者，也拒绝了不少次相亲，并宣布自己只会因为真爱而结婚。在那个时代，女性因专注于事业而拒绝婚姻是极其不寻常的事情。波特小姐的第一本书出版后，她遇上了一位非常喜欢她的书的男士，于是他们决定结婚。但波特小姐的父母反对这桩婚事，因为这位男士来自不同的社会阶层。他们威胁说如果两人结婚就会取消女儿的继承权，可波特小姐全然不在乎，她说可以用写作养活自己。波特小姐的未婚夫后来不幸去世，她又接受了一位童年时代朋友的爱情并步入婚姻。这位朋友是律师，一直以来都喜欢她的图书和绘画作品。你看，即使在那个年代，波特小姐还是遇到了两位真心的爱人，他们懂得欣赏女性的能力和才华，佩服她永不放弃工作的信念。

有一些电视剧里的女主角也是火星女人。如艾瑞卡·凯恩在肥皂剧《我所有的孩子》里扮演的商务女性。她事业非常成功，同时也很多情，对爱情有很多憧憬。还有《墨菲·布朗》里的主角墨菲·布朗，是一位热衷于约会的著名记者。再如《女设计师》里的职业女性茱莉娅，也找到了真爱。

尽管我现在看电视不多，但据我的编辑讲，现在有不少电视剧都是给女老板配着男跟班，如《心计》、《城堡》、《丑闻》、《证据》、《难以忘怀》，以及新《星际迷航》里的女主人公詹薇船长。这对我们女性来说是件好事，表明大众舆论在逐渐改变。你还能想起电视剧里有哪些强势的女性角色？她们又是如何处理工作和爱情的关系的？

电视主持人奥普拉·温弗莱是另一位当代职业女性的楷模，是我们这个时代最有影响力的女性之一。在奥普拉的事业刚刚起步时，她不符合任何一条对成功女性的设定。她体重超标、非裔、单身、心直口快，而且不怕与世人分享很多一般人会忌讳的话题，包括自己早年受到的性虐待。后来，她逐渐变得成功且富有，仍然能和斯特德曼·格雷厄姆相爱，并保持了二十多年的伴侣关系。他们俩选择不要婚姻，但一起抚育子女（这又是一个打破传统社会预期的想法），而格雷厄姆也能一直欣赏奥普拉的成功，同时专注于自己的事业。奥普拉一直称他为“我的爱、我的爱人、我生命中的那个人、我的伙伴、我一生的伴侣”。在谈到爱情关系时，奥普拉说：

你永远都不该等别人来完善你自己……真正美好的爱情只会在两个人格健全的人之间产生……去寻找一个能欣赏你的爱人，而不是补全你的人……勇敢地结束束缚你天性的感情……记住凡事要想着自己的形象、自尊和自我价值。

但是，即便我们珍惜和看重自己，坚持做一个强大的女性，有时还是会受到外界的反对和质疑。阿丽亚娜·赫芬顿记得自己当年竞选加州州长，和阿诺德·施瓦辛格进行辩论时，对方曾经表示过不满，因为他不得不和一个咄咄逼人的女人展开辩论，并且说阿丽亚娜应该多喝点脱因咖啡。阿丽亚娜如此回复：

类似施瓦辛格先生的上述评论通常只针对女性。这次就让我们实话实说吧，情况的确如此。我们的文化对有能力、强势又勇于发表意见的女性接受度很低。大家总是倾向于把能力等同于男性、男性化、支配能力和冷酷无情，这就是为什么女性很害怕因为自己能力突出就被认为是“咄咄逼人”、“尖刻”和“烦人”——正如实际上她们就是被这么认为的一样。

我们必须坚强起来，认清自己内心深处到底想要什么，而不只是躲起来，一味逃避外界的指手画脚，让他们心中的畏惧影响我们自身。奥普拉·温弗莱有一次这么说：

自信意味着有能力以自己的方式来规划自己的世界，而不是一味容忍，让别人的成见来左右你的看法。

我希望本书的每一位读者都能花时间好好思索一下自己的本心，并好好爱惜自己，不要让别人无谓的评价引发对自我的怀疑。

也有不少负面的例子，如聪明能干的女人被媒体描述成“咄咄逼人、令人烦恼”的人。比方说，《穿普拉达的女魔头》一片中的女老板就是媒体一贯刻画的成功女性：单身离异、生性孤僻、脾气恶劣、令人畏惧和讨厌。电影《女魔头》则描述了一味饱受奚落的妻子突然变身，从一个温顺胆怯的家庭主妇变成了一位成功的职业女性，梦想着毁掉丈夫以解心头之恨。这些例子仿佛在不断警告我们，有些事女人是不能做的。当然，周围的成功女性中，有一些确实不快乐，但是她们之中大部分都心情愉悦、人格健全。

在《打破成规》一书中，几位作者对超过5000名服务于大公司的女性员工进行了调查，结果表明这些女性过于关注别人的评价，总是急于获得别人的肯定，被教导要谦逊，工作要更努力，而且要谨慎为妙。这几位作者认为，这些观点无助于职业女性获得工作上的成功，因为她们这样做，相当于把所有人的需求放在前面，却把自己的需要放在最后，而且没有学会主动寻求帮助。我认为这些传统的“女性守则”都太极端了，不仅对工作无益，也会严重影响女性的感情生活，让她们无法寻找健康、和谐而浪漫的爱情。

历史上，爱争论和坏脾气的女人往往会被处死。她们遭到审判，并被贴上“巫婆”的标签。成千上万的“巫婆”背负着寻衅攻击、恶意伤人、威胁秩序和不敬上帝的罪名，惨死在火刑柱下。在《恶魔化女性》一书中，凯罗尔·卡尔森写道：“大部分被烧死的‘巫婆’都是四十多岁的单身、丧偶或离异女性。”我们得承认，这种对于女性的迫害仍然多多少少留存在我们的集体意识和集体潜意识里，直至今天，仍然有许多女人惧怕被指拥有“巫婆”的特性。

几乎所有的女人都会得到如下告诫，只有嫁给强势有力的男人，得到他的保护，生活才会安全幸福。即使在职场，女性仍然被建议一定要找个丈夫，因为这有利于她们开展工作，也有助于提高自己在职场的可信度。在电影《完美的画面》中，詹妮弗·安妮斯顿扮演的女主角在一家广告公司工作，她被告知没有升职的机会，原因仅仅是她单身。老板告诉她，因为她没有房贷要付，也没有家庭要养，所以公司认为她的人生规划不够明确，工作状态不稳定。于是，她只好编出一个未婚夫来安抚老板以得到升职机会。单身女人如何才能变得强大？这个故事想给女性传递什么样的信息？社会充斥着对女性的双重要求：一方面说事业成功的职业女性很难有机会找到丈夫可嫁；另一方面又说如果没有丈夫，女人是没什么事业成功的机会！

格劳瑞娅·斯泰能曾经指出，任何一位第一夫人，无论她们有没有自己的个人事业，都会高居“最令人羡慕的女性排行榜”首位，公认排名将远超任何靠自己的事业获得成功的女性。

还有一样东西，严重影响了我们对爱情关系的认识，那就是童话，这种影响可以从童年一直延续到成人期。每个女孩小时候都听过王子和公主的故事，故事里总有王子前来拯救受难的美丽公主。只有在遇到王子之后，公主的幸福生活才会开始。当然，有了幸福家庭并快乐地生活在一起对于公主也是不错的选择，但为什么所有这些故事里都没有出现过公主拯救王子的情节？或者，有没有可能公主和王子相遇后一起战斗打败敌人呢？

我们文化中的女孩在幼年就被教导要被动，要依赖王子的拯救。密歇根大学的伊丽莎白·多文做过研究，和男性相反，大部分女性在18岁前都会被教导不要挑战权威，不要坚持自己的独立见解，不要老想着由自己来掌控事态发展。这种被动和依赖随着年龄增长还会加剧。

克莱特·唐宁在她的《灰姑娘情结》一书中，分析了女性内心对独立意识的恐惧和她们希望获得拯救的意愿。通过研究和访谈，唐宁分析了女性中普遍存在的这种倾向是怎样形成的。

内心强大的女性愿意和男性自由地分享自己的见解，也因此找到了欣赏自己的伴侣。我认识的一位火星女人詹妮这样描述她的爱情：

我和男友之间会坦诚交流，分享彼此欣赏的各个方面。他本人也非常不理解为什么自己的朋友会害怕能力强的女人。他说他本人喜欢各方面和自己对等的女性，而不希望对方把所有的快乐都依附在自己身上，也不喜欢女友要求自己完全对她负责。

如果你是男士，约会时你感受到对方的抗拒或者畏惧，你要怎样做，才能让她做回本真的自己，无条件地爱自己？什么是无条件的爱的典范？

现在让我们通过想象大地母亲来感受一下，什么是无条件的爱与接受。大地母亲是我们最初的能量中心。没有大地母亲，我们将居无定所。无论我们做了什么，大地母亲总在那儿，总会接纳我们。她给了我们家，给了我们食物和水源，却不求回报。她永远坚定地支持我们，希望的就是我们也能学会给自己这样无条件的爱，这样接纳本我的爱。她希望你全心全意地爱自己，不带任何偏见或评判，给自己时间做回自己。

也许你脑海中经常浮现出一个否定的声音，在你每次想放慢脚步停一停时就冒出来批评你。我们的文化一直在男性主导下突飞猛进地前行，很多珍惜自己的想法会遭到不屑，短暂的休息和停留也经常被认为是懒惰。但是，我相信你会愿意花一点时间去爱自己，让我们看看这会给你的身体、心灵和精神带来什么样的变化！

这也许是本书中最重要的章节，因为它提醒你好好思索自我接纳的问题。这一章中我提出了大量问题却没有提供答案，因为这些问题本来就不容易解答。个人与自我的关系会持续一生。认识到了解自己所思所想的重要性，你才有可能开始改进。你可以通过自我对话、记日记、肯定自己的想法、试着当自己最好的朋友、冥想、接受心理咨询，或其他任何可以鼓舞自己的方法来帮助自己，增加自我认同。

与其等待别人的爱情，火星女人不如先学会爱自己。要讨论她们是如何做到这一点的，那又够写一本书了，因此本章不再讨论。但是，在这里我还想推荐路易丝·黑尔写的两本书《给自己的生命疗伤》和《发现内在的力量》，它们详细探讨了人应该如何爱自己。两本书都建议通过积极的自我肯定和自我对话来帮助读者变得宽容，更爱自己，更能看到自我的价值。

❤ ❤ ❤

如何爱上真实的自我

1. 学会独处，想清楚你的快乐所在。
2. 学会去爱，带着同理心去和自我对话，做自己最好的朋友。
3. 即使知道别人不赞同，也要努力说出自己的想法。不能骗自己。
4. 找到一位能力出众、坦率而爱情幸福的女性，让她做你的榜样。
5. 如果男友不懂得欣赏真实的你，勇敢地和他分手。

练习

读完这一章之后，我希望你能进行一次自我护理的尝试。可以是预定一个月的按摩护理，也可以是参加每周一次的内省疗愈，开始一段新的日记或者只是留一个完整的周末给自己独处，彻底放松。另外一个增进与自我关系的方法是自我肯定。与自己对话的方式反映了你内心的想法。

♡ ♡ ♡

我爱自己，接纳自己本来的样子。我知道爱我的人也会一样。

第5章　首先做到均衡，保持自我完整

怎样做到相互融合

一直以来，女性总是被告知，只有找到男性伴侣，人生才是完整的，才能被世人完全接纳。现在，保持单身状态比过去容易得到社会认同了。单身不再是偶然发生的个别情况，而是一种比较普通的生活方式。但即便如此，我们仍然需要认真甄别，到底该向年轻人传递什么样的信息，才能帮助他们了解什么是幸福的爱情，以及两个人怎样才能走到一起，相守相依。

虽然有不少既定的性别设定、老套约会模式和爱情权力动力学，我们还是不妨先仔细考虑一下健康健全的婚姻到底该是什么样。恋爱对象通常会被认为是“比自己更好的另一半”，大家也都说伴侣会让我们的人生更完整，只有找到相伴的人才会“从此过上幸福的生活”。但是一项持续了15年的调查结果表明，一个人婚前的幸福水准才是最能够预示其婚后幸福程度的标杆，因此可以说，婚姻并不能“自动”给你以幸福生活。《新女性》杂志1994年的一项研究表明，83%的女性认为婚姻会磨损女性身上最根本、最具活力的天性。也就是说，与单身时相比，已婚女性的幸福感会有所下降，因为她们不能再像从前那样无拘无束地表达自我。婚姻丝毫不能让你“从此过上幸福的生活”。

考察与婚姻相关的词汇，其词源也足以说明问题。英语的“婚姻（marriage）”这个词起源于拉丁语mas，意思是“男性”或“男子气概”。“妻子（wife）”这个词起源于原始印欧语系中的weip和ghwibh，底层含义是“羞愧”。“丈夫（husband）”这个词起源于古斯堪的纳维亚语husbondi，意为“一家之主”。还有学者考证了“新娘（bride）”一词，发现它源自原始印欧语系中的词根bru，意思是“烹饪”、“酿造”或“煮汤”。弄清楚这些词汇最初的含义非常重要，因为时代已经变了，这些古老的原始观念已经无法满足我们创建新型男女关系的需要。

日常语言中仍然有不少说法，表明了男女之间权力的性别差异。

格劳瑞娅·斯泰能把自己的杂志命名为《女士》，是因为直到20世纪70年代，女性都还只能选择在自己的名字前冠以“小姐”或者“太太”，以表明自己的身份——出嫁之后就归于夫君名下。而现在，不论是在出版物上、商务活动中还是媒体上，超过三分之一的美国女性更愿意别人用“女士”来称呼自己，作为与“先生”对等的正式称谓。斯泰能还指出，在很多国家和社会中，孩子一般还是会继承父亲的姓氏，而非从母姓或者同时采用父母姓氏。就这一点而言，如今的社会还存在着许多过时的性别观点，需要我们加以注意和改进。

从某种意义上讲，我们的婚礼仪式也反映了社会对婚姻关系的看法。如今在美国，平均每对夫妇要花一年的时间来准备婚礼，而他们约会和相互了解的平均时间也才一年，甚至还不到。每对夫妇平均要花20000美元用于婚礼支出，如果他们以后离婚后再婚，还得再花20000美元（要知道美国现在的离婚率高达50%）。婚礼仪式主要是外部的准备工作，如新婚夫妇穿什么、婚礼在哪儿举行、如何准备来宾的饮食，很少关注仪式之后新婚夫妇如何开始自己的新生活。所以说，从某种意义上讲，约会是为了建立和增加男女之间的性吸引力，而婚礼则是为了将这种彼此吸引昭告亲友，让它公开化、合法化。但遗憾的是，婚礼中很少设置仪式，以增加夫妻之间的相互了解，或明确他们之间的共同愿景。

多数婚礼的准备工作是为了遵循传统的性别角色设定和婚姻关系中男女双方权力的分配。但如果女性希望婚后能保持一贯的完整自我，那又该怎么办？在本书前面的章节里，我们提到心理分析学家卡尔·荣格曾经论述过，人们内在男性和女性特质对立统一，他管这个叫“神秘合体”。他认为，两性不同特质的内在关系和男女相异天性的结合是一种神秘的经验。我本人则把这一现象称为“神圣的内在联姻”。在《由内而外地恋爱》这本书中，我提出一个设想：人应当先同自我结合，这样你做的任何事（包括今后的爱情和婚姻）才都是对自己承诺的延伸。对单身人士而言，在对任何恋人许下婚姻诺言之前，首先许下对自己的承诺，坚持自己一生中想要的东西，和真实的自我结合，这会是一个很有帮助的创意。在我先生和我订婚之前，我曾一个人走到海边，许诺首先和自己的内在联姻，永不背弃真实的自我。我建议你也举行相似的仪式。对自己和生命中的愿望有所承诺，这样才能让今后的选择成为内心愿景的延伸。

圣雄甘地曾经说过："作为人类，我们的伟大之处不在于改造世界，因为改造世界是原子时代的神话。我们的伟大在于能够重塑自己。"这段话也是本书的关键所在，因为我相信，如果你能先达到内心的平衡，就一定能建立更加均衡而健全的爱情关系。

《圣经》这样的宗教典籍中也暗含了神圣内在联姻的教义。在《圣经·多马福音》第22节中有下面这段话：

如果你们把二变成一，把内在的变成好像外在的一样，外在的变成好像内在的一样，上面的变成好像下面的一样；如果你们把男人与女人看为一样，男人不再是男人，女人不再是女人；如果你们以眼换眼、以手换手、以脚换脚、以容貌换容貌——到那时候，你们就可以进入上帝的天国了。

斯利尼万森女士在《内在的联姻》这篇文章里，从瑜伽的角度谈到了男性和女性能量的统一。她说：

不幸的是，我们中的大部分人并没有实现不同内在能量的联姻。与之相反，他们内在的自我分裂为两个极端，相互矛盾，激烈对抗。其代价不是一种能量消减或压制了另一种能量，就是它们被完全割裂，处于对立状态，无法共通。但是，在瑜伽道路上潜心修习的人，却能认识到自我深处男性和女性能量的内在联姻，这种内在联系远胜于人的外部婚姻。

我们中的大部分人并不想成为瑜伽修行者，也不追求早入天国，但我仍然愿意向你推荐“神圣的内在联姻”这一概念，因为它启发性地帮助我们达成人性的健全和完整，以及自尊自爱。这种健全和自爱不是帕特·艾伦所说的“自恋”。如果我们先承诺与自我联姻，永葆自己的完整人格，我相信爱情自会到来，如同我们内心安宁的自然延伸。这样的婚姻才是两个健全而通达的人结合在一起，彼此相爱，彼此欣赏和尊敬，这样的爱才平等而透明。

玛丽安·伍德曼是一位荣格学派的心理分析学家和作家，她在1993年的一次访谈中提到，我们社会的意识形态在不断进化，人们相互之间的关系出现了新的变化。她说：

我相信人们对自己内在的伴侣有着更深刻的感受。他们意识到，和内在的伴侣建立起真诚的对话，就会成为生活中创造力的源泉。荣格称这种关系为“高贵的结合”——指男性和自己内在的女神完美结合，而女性与自己内在的男神融为一体。

伍德曼认为，男人和女人分别与自己内在的神结合之后，恋爱的双方就会确切意识到自己的影子，因此不会任意投射到对方身上。她相信女性正在逐渐接受一种新的观点，用她的话说这观点就是“做本来的自己，因为那才是真实的自己”。

靠自己辛勤工作的女性没有刻意去挑战什么，她们只是对做真实的自己感兴趣，而不管伴侣对此怎么想。

据高特曼和西尔弗1999年的一项研究表明，在最有影响力的亲密关系中，男女双方拥有真正的伴侣情感，彼此分享权利，但各有自主权。这样的关系具有更好的养成性、更多的正面关注和肯定，也能激起更大的共鸣（根据斯泰尔1997年的研究表明），而基于两性权利差异的婚姻往往不幸福（根据瑞斯曼1986年的研究和斯泰尔1997年的研究表明）。

如果女性拥有完整的内心和健全的个性，她不会为了投合社会偏见而急急忙忙找个人绝望地结婚。她会慢慢选择，直到遇见珍视她如珍视自己的人。安东尼·斯托尔说过："只有当我们不再强迫症般需要某个人的时候，才能和他建立起真正健康的关系。"当强迫性的结婚焦虑逐渐消散，我们才会有机会意识到安全感和安宁只关乎内心，只有内心安宁并拥有安全感的人才能在爱情和婚姻中找寻到更多的安宁。

为了保证自己内在的完整，有时候我们也需要独处。在《丈夫和妻子们》一书中，作者皮埃特罗·品托博士和杰奎琳·希曼努埃尔发现，许多女性过于看重婚姻的保护作用，觉得比其他一切都重要。我在我的第一本约会指导书中曾经建议女性要学会独处，如同和自我约会一样。这样做的好处很明显：

1. 可以让女性有机会好好思索自己到底是怎样的人，自己想要什么东西。

2. 可以鼓励女性享受独处的乐趣，让自己的生活更加完善。

3. 可以提醒她们，对生活满意与否只取决于自己。

这并非不鼓励女性去追求爱情，不管如何，有相爱的人跟自己在一起总是锦上添花，会让人更幸福。但是我们要知道，葆有自己快乐的源泉才能真正保护自己，活得出彩。

另一种在爱情中保持自我完整的方法是固守自己强大的内心，

这样你就不需从恋人身上获取能量。请注意，内心的强大并不是指对别人的控制。字典里“强大”一词通常被解释为“有能力控制和指挥别人”，但实际上还有另一种强大，它源自对自己的责任心和自我价值的认同。一个内心真正强大的人不需要通过控制别人来获得良好的感觉，因为她自己本身已经足够美好。

但是在很多情况下，人们还是会倾向于通过异性的反应来感受自己的力量。比方说，单身女性往往会在有男人喜欢上她们时感觉很美好，而男性往往在有女人需要他们时感到自己很强大。在恋爱中，应当质疑那种男女之间互相控制的模式。如果女友事事让男友做决定，经济上也依赖他，男友就会感觉自己很强大。但随着女友的能力不断增强，她可以自给自足了，这个男人就会觉得自己的力量被削弱了。由此可见，这样的关系模式对男女任何一方都是不健康的，而且没有发展前景。

如果恋爱中的双方都能完全对自己的生活和幸福负责，也不去勉强投合对方，就能更好地了解彼此，知道彼此想要的是什么，立场是什么。这样的爱情就会更透明，会完全出于对彼此的尊重、共同的目标和价值观，以及相似的爱好和力量而存在，而不会受男女斗智游戏的干扰或是为了投合大众观点。《奇迹》课程里有一句话说：“内心完整的人无所求。”

有一对夫妻档作家盖伊和凯特琳·亨德里克斯写过一本书，叫《有意识的爱》。这本书里区分了“相互依赖”和“相互承诺”这两个概念。他们说：“相互依赖指的是两个人在无意识的状态下相互绑定在一起……相互承诺则是两个人有意识地选择在一起。”他们指出，相互承诺的关系只会产生于两个关系平等、内心完整的人之间。他们选择扶持彼此，这一健康的关系也会成为催化剂，促进他们的全面成长和发展。

亨德里克斯夫妇的这本书对火星女人和她们的伴侣具有很好的

参考价值，因为它告诉火星女人，如何建立自由而平等的长期恋爱或婚姻关系。亨德里克斯夫妇在书中建议的方式超出了本书的讨论范畴，所以这里我先回到我们讨论的问题上来。

目前为止，我们已经讨论了在恋爱中如何保持各自内心完整和个性均衡，下面我们将进一步探讨火星女人适用的融合女性能量的方法。

融合女性能量

我知道这个小标题也许会让你觉得困惑，因为这本书一开始就说过，火星女人身上拥有更多传统上属于男性的特质与能量，这其实正是火星女人的优势。我并不建议火星女人为了取悦别人，生生把自己伪装成传统的金星女人，表现得过于“女性化”。但在我的职业生涯中，有些来访者的例子让我有了如下认识：有时候有意识地吸取自己身上的弱势特质的能量，有助于让人生变得更完整、更均衡。

女性能量尊崇人际关系、同理心、游戏和自然，世界需要女性的能量才会生机盎然、万物成长。女性通常也对别人的苦难更加敏感，所以我们不能完全丢掉天性中的女性特质，因为世界需要它。完美地融合内在的男性和女性特质，会让我们的生活和爱情更美好。

举个例子来说，如果你是火星女人，一直需要外出工作和出差，可以通过冥想和静坐来唤醒自己的女性能量。类似的方法还有到大自然中去、跳舞、游玩或者做一些创意设计。这些都会让你感到放松，将你与另一部分沉睡已久的天性再次相连，让你不再浮躁，神清气爽。

我相信我们所生活的这个男权社会还是更欣赏男性能量。大家推崇的是各种成就、技术的发展、唯物论和那些外在可见的事物。相反，偏女性化的内在生活和认知总是遭到忽视。不知你是否读过《美食、祈祷和爱情》，或者看过根据这本书改编的大受欢迎的同名电影，这个故事讲述的就是女主人公如何跨越自身的男性特质与女性特质间的鸿沟，修复自己失衡的人生的过程。通过这种跨越，她修复了自己身上两种能量的断面，最终获得了心灵的完整。也许这也是这本书和这部电影打动了那么多人尤其是女性读者和观众的原因。

女主人公是一位职业女性，有着成功的事业和令人羡慕的婚姻。从外表看上去，一切都完美无瑕，但她内心深处却觉得疲劳而恐慌。凭着自己的头脑和能力，她在外部的世界中取得了杰出的成就，但割裂了内心的世界，失去了心灵的滋养，迷失了前进的方向。所以，她离开纽约的水泥混凝土丛林，去外面看世界，到意大利感受美食的愉悦，在印度体会祈祷的力量，并在天堂般的巴厘岛遭遇爱情。在旅途之末，她重返家中，恢复了身心的平衡完整。

许多职业女性也有类似的冲动，渴望摆脱日常工作的束缚，不顾一切地享受一些个人时光。当然，我们中绝大多数人不可能有机会出国旅行整整一年（尤其是在有孩子的情况下），但不妨从电影中获得启发，学会在日常生活中放松自己，重归平衡。也许你可以去海边悠闲地游个泳，或者泰然自若地享受一顿豪华大餐，你可以每日冥想，或者思索宽恕与和平的问题。只要你每天都关注自己的内心和精神世界，这就会是一场属于你自己的一生的旅程。

在本书的阅读过程中进行冥想时，你要学会到内心深处寻求答案。忙碌的人很少这么做。我希望你在练习静思冥想时，能正视自己的内心并向自己提问："我需要什么？我想要什么？我如何才能得到这些？"你也可以同样问问自己的灵魂。说到这里，我又想起了《美食、祈祷和爱情》。这个故事感人至深，因为女主角对自己许下承诺，一定要找到自己真正想要的东西以重归内心的完整和安宁。最后她果然做到了。你是否有同样的勇气呢？只要想这么做，你甚至都不需要离开家！

女性能量让一切变得柔软、充满生气。它令人放松，带你重新与内在蛰伏的天性相连，让你得到启示，不再浮躁。

男性能量则与之相反，它主动而又强势。它帮助你完成自己的目标，同时也提出很多精确的要求，令人疲惫不堪。它讲究逻辑，注重分析。你也许会觉得头脑胜过一切，但心理学家认为，心灵的能量场强于大脑的能量场3000倍，而心灵传递给大脑的信息也比反向传递的信息高出五倍。如果真是如此，也许值得我们转过身来，重新面对心灵。男性特质主导的你，若是能够适当吸纳一些女性能量，就会发现自己变得更快乐，更享受当下，更乐于感受，愈加欣赏和接受当下的生活。

如果你自己就能很好地完成上面这些内容，表明你并不需要寻找与自己特质相异的伴侣来完善自己。你完全可以选择自己所爱、所欣赏的人一起共度人生。

在你打算为自己的生活增添某些女性能量时，一定要注意以下情况。如果你本人是一位工作努力的完美主义者，切记开始时要小心谨慎，不然你所想添加的“女性能量”就又会出于习惯，神奇地变得男性化！记得当初我打算进行一些针对内心和精神的练习时，发现自己下意识就把这些冥想练习一项不落地加进了“待完成”工作表。最后，我只得无奈地告诉自己：“你看，现在我得做完原先工作表上列举的所有事，另外再加上冥想、练习瑜伽和自我认同！”就这样，原定的心灵对话项目反而让我感到更抓狂。

我们的头脑是人生强大的组织者，每个人都需要思路清晰。但是头脑只有在服务于更高目的时才会越用越强，这个更高的目的就是人的心灵和精神。因此，我们需要时不时放慢脚步，为自己的心灵腾出滋养的空间。如果你突然发现自己已经开始懂得爱自己，请继续下去，这将成为人生的财富。

当我们要去探究内心世界时，就会渐渐认识到，这样做可以帮助我们创造更广阔的外部世界。我听过一位唤雨巫师的故事，这个故事完美地诠释了人内心的平衡是如何改变外部世界的。这位唤雨巫师受邀到一座小镇上为人们求雨。当地已经干旱很久，再不下雨庄稼就要全完了。巫师到来时大家都很高兴，希望他立刻就开始施法。可令人疑惑的是，巫师搭起帐篷，然后径直走进帐篷一个人待着，不再和任何人交流。过了很久，他才走出帐篷重新露面。这时大雨如期而至，镇上的庄稼得救了。事后有人问他为什么一开始要独自走进帐篷而不是施法祈雨，他回答道："我一到这个镇上，就感觉到所有的一切都处于失衡状态，这也严重影响了我自身。我必须先进入自己的内心重获能量的平衡，这样才有能力改变外部世界。"

电影有时也能作为一种治疗手段反射出社会的集体意识，让我们对此加以反思和改变。有一部电影叫《亲情无价》，由芮妮·齐薇格主演，讲述的就是男性能量主导的女主人公如何在家庭变故中变得女性化和温存。影片中齐薇格出演的女主角是一位成功的作家，她的父亲是一位教授和获奖小说家。在这样的家庭环境下，齐薇格一心想要做的便是达到并超越父亲的成就。这个家庭中女性能量的代表是女主角的母亲，一位全职妈妈。她每天做的事就是收拾屋子，参加社区的糕饼义卖。当然，雄心勃勃的齐薇格对母亲所做的这些事是十分不屑的。在片中，我们也能发现，女主角所遭遇的情感困境是对事业的无尽追求，同时缺乏与任何人的亲密情感接触。在母亲生病后，女主角回到家中照顾她。这段时间的停留给了齐薇格新的机会，去重新发现自己的父母。她渐渐意识到父亲的成功并非完美无瑕，而母亲的人生也不是一无可取。这促使她对自己的生活进行反思，更好地接纳和融合内心深处的男性和女性能量，摆脱追求事业的浮躁感，也因此更加快乐。

在电影《沙发上的心理医生》（又名《巴黎情人》）中，朱丽叶·比诺什扮演一位住在巴黎乱糟糟的小屋中的舞蹈演员（极度女性化，你可以想象），通过报纸上互换公寓的广告，决定和一位在纽约拥有舒适大房子的心理医生（那种典型的事业成功的男性）暂时交换角色，体会不同的人生。他们分别住进对方的家，爱情就这么突然地闯进了这两个陌生人的世界里。渐渐地，火星型的他变得越来越感性、冲动、亲近自然，而金星型的她则学会了做事有条理、冷静分析和使用工具。这部电影展示了相爱的人如何相互影响、相互学习，从而让各自的内心达到完整健全。

《甜蜜十一月》这部电影也描述了一位典型的火星男人遇到金星女人之后发生的爱情纠葛。因为这段感情，这个男人学会了接纳某些女性能量，并把它融入自己的生活。故事开始时，男主角是一个十足强硬的商务人士，电话不离手，他只有一个目标，那就是要在最短的时间内达成利益最大化的生意，为此可以不惜任何代价。而女主角正相反，她出售了自己的生意，打算沉静下来，享受和朋友、邻居相处的时光，多亲近动物和自然，学习烹饪和编织，过好自己的慢生活。在这个感人至深的故事结束时，男主角已经从内心深处接纳了自己原本不屑的女性能量，即使最终没有能够和美丽的女主角在一起，但他也不再是原来的自己，他已经成为一个内心更均衡健全的人，充满信心地继续生活下去。

无论男女，我们每个人都需要先完善自我，找到内心中男性力量和女性力量的平衡点，然后才能找到相爱的人，创造健康坚实的感情生活。如果总是指望恋人来完善你，让你变得完整无缺，那么，将来你很可能会因为对方无法做到这一点而感到幻灭和愤懑。

这里我想剖析一下波莉和哈利的例子。他们俩是一对夫妻，在我这里接受婚姻咨询。波莉是艺术家，思想自由，富有创造力，生性不喜欢被约束，而且很有生活情趣。哈利是律师，做事目标性极其明确，注重结果，而且具有严密的计划性。哈利选择波莉作为自己的伴侣，是因为她很风趣，和她在一起很轻松愉快。波莉喜欢哈利，是因为哈利知道如何有效达成目标，这让她觉得自己很成功，做事也很有效率。交往之初双方都非常满意，一切无懈可击，两人的感情急速升温。然而结婚数年之后，他们开始对彼此不满，都希望对方能做出改变。哈利抱怨波莉不切实际，做事从不脚踏实地，无法帮助家庭获得更大的成功。而波莉则批评哈利个性无趣，缺乏浪漫情感，和他在一起不如和别人在一起那么愉快。

在波莉和哈利的婚姻咨询过程中，每次的投射过程都变得极为痛苦，因为这对夫妻总在指责对方是与自己相对立的特质类型。我告诉他们，为了摆脱这种恶性循环，让两个人对彼此的关系有一个新的认识，波莉需要学会接纳和欣赏自己心中也存在的那些男性特质，以提高人生的规划能力和逻辑判断。而哈利则需要记住乐趣和创造力会让自己的生活均衡健康。只有这样，双方才能对各自的生活负起全部责任，也对两个人之间的感情负责，而不只是相互指责。

当我们相亲时，想要寻找一个“各方面都满足自己需求”的人，通常指的是外貌、头脑和经济这三方面。但仔细想一想，也许我们真正需要的这个在各方面满足自己需求的人，指的是一个内心、头脑、身体和精神都强大均衡的人，不论男女。

在你选择恋人并开始约会之前，我建议你先建立自己心中男性和女性能量的联姻。对特立独行的火星女人而言，和自己的女性能量联姻并不一定意味着要像传统女性那样打扮得性感、学习烹饪、擅长调情或表现出对男性的依赖。它意味着即使为了自己，你也要好好思索女性能量所代表的宽容、沉静、创造力和感性，将怎样让你的内在和外在世界变得更美好和更均衡。

在恋爱的过程中，保持内心的完整也非常重要，因为寻找合适的伴侣同时需要心灵和头脑的力量。你心中的男性特质会驱动头脑来仔细观察对方、采取行动、保证恋爱不断发展，直到建立稳固的爱情。对这种情况，我会仔细评估和分析，以确定这一切能对你产生好的影响。而你心中的女性特质则会让约会更加充满乐趣、鼓励你们享受当下、分享激情和彼此欣赏，让爱情更和谐。

如果完全根据感觉选择约会对象，你很可能会被欲望和迷恋所诱惑，看不清对方的真面目，甚至可能稀里糊涂地嫁给一个杀人犯。同样，如果完全根据理智去选择约会对象，你很可能和对方形成一种公事公办的关系，他无法让你有任何心动的感觉，你们之间也没有快乐和激情。因此，恋爱既需要你的男性能量，也需要你的女性能量，只有这样，感觉和判断才能双剑合一。

在我的来访者以及我自己的个人经历中，曾多次见证女性能量的巨大疗愈作用。女性能量让你的身体不再浮躁，人渐渐沉静下来，深呼吸，重新梳理自己过往的生活，逐渐唤醒内心的认知。

最近我刚刚查出自己患有乳腺癌二期。乳房肿瘤切除术之后，我意识到前面还有漫长的康复之路要走。在之后的整整8个月时间里，我要频繁地去医院进行化疗、放疗，同时，我还有心理咨询的来访者要接待，还有手头这本书要完成。除此之外，我有两个不到4岁的孩子，我几乎没有任何属于自己的时间。得知患了癌症之后，我的第一反应居然是："天哪，我可没有时间生病！工作那么忙，还有那么多人指望我照料呢！"但是，癌症的确诊如同一阵警铃，提醒我该放慢脚步了，我应该更加关注自己的身体健康、精神状态和其他需求。每当这样的事情发生时，你才会意识到即使调整手头的工作，不再那么拼命，或者暂时去寻求别人的帮助，天也塌不下来。缺了你，地球照样转。

之所以和你分享我本人的经历，是因为我希望你不要等到警铃大作、身体出现这么严重的状况时才想起要照顾自己。你要爱护自己，知道补充身体能量，对自己好一点，还要记得时时关注心灵。唤醒自己心中的女性能量并与之相连，这能重新激励你走出去完成生命中要做的事，同时也不忘享受人生的乐趣。这种平衡的建立有助于让你的工作也充满愉悦、爱和灵性。

这样的情况经常出现，当我们完全拒绝自己心底的女性能量时，身体也会感到不舒服，还会生病。生命以这种方式坚持唤起我们的注意，这样我们将不得不放慢节奏，听从内心的呼唤。这里我说的内心呼唤不是指女性通常比较喜欢的个人休闲项目，如美甲、蜜蜡脱毛、美发或者普拉提课程，虽然这些的确能让女性舒缓心情、身心愉悦，我指的是另外一些融合身体和心灵的方法，如在花园里翻土种花、跳舞、去公园或海边散步、冥想，或者美美地泡个泡泡浴。怎样都好，只要你确实能抽出时间与自己的身体和心灵对话，并重新获取正能量。每个人都需要适当放松，成功的职业女性比任何人都更需要这么做。但恰恰是她们，对停下脚步照顾自己感到不安和罪恶感。完全没必要这样。要知道，照顾好自己才能更好地做事，你自己好才是所有这些成功的源头。如果得不到适度的休息，你会耗尽自己的能量，变得全无生气。为了在工作中能有最佳表现，你需要保持内在的完整健全，这意味着你要找出时间爱护自己并满足自己的需求。你要听从内心的呼唤，诚实面对身体和情感的需求，满足它们。每天要抽出至少一个小时来放松自己，你肯定能看到这样做的好处。

如果你习惯于一切都让理性去决定，很可能会被强大的头脑所裹挟，从而使精神、情感和身体的声音越来越微弱。你的理智一般会说："你应当把时间有效地用在工作和学习上，起码得做些事，那些乱七八糟的方面都不重要，不值得你浪费时间多想。"它还会进一步催促你："每天可只有24个小时！生命短暂，容不得挥霍。"但是，如果你想成为内心完整的人，你不可能这样漠视工作之外的其他部分！有工作也有生活，两者完美平衡，人生才会完整幸福。你才能在各方面都有最好的表现，获得强大的能量。

我还希望你能好好想一想，怎样才能让身体更健康？你做过按摩吗？你运动吗？你会不会洗泡泡浴让自己放松？你上瑜伽课吗？

你是否会长距离散步？关于自己的身体你有什么想说的？你有没有好好养护自己的身体？你的饮食健康吗？你会每天愉快地享受三餐还是匆匆忙忙吃饱了赶紧干活？你给身体足够的放松和睡眠时间了吗？从现在开始，你可以用笔记本详细记录这些情况，慢慢改变那些不足之处，让自己越来越健康。

说完身体的事，我们再看看你在精神方面的情况是怎样的。你有没有倾听过心灵的指引，花时间追随更高的自我？你有没有安排过独处的时间来滋润灵魂？你有没有思考过灵魂有什么需求，生命中最有意义的是什么？你的生活中有爱吗？

还有，你有没有尝试与自己的心灵和情感进行交流？你有没有心门紧闭？悲伤的时候你给自己哭泣的时间了吗？愤怒和受伤的时候，你是否懂得给自己留下时间和空间来稀释这些情绪？你是否认识到孤独的时候更应当和别人交流？你有放不下的感情吗？不妨花一些时间在笔记本上记录下所有这些问题，这有助于你发现自己需要什么，想要什么。

区分两性特质中的正面高能量和负面低能量

以上章节中，我们已讨论过男性特质和女性特质的不同呈现。女性特质通常表现为放松、游戏和创造力，等等，而男性特质的象征是主动、追求成就和注重逻辑。但是世间万物都会有阴影区，当人心中的能量失衡并变得具有破坏性时，就会产生阴影。当某些想法、情感和经历过于痛苦，让人难以遣怀时，它们就会进入潜意识，被深深地埋藏起来。虽然这些进入潜意识的想法、情感和经历埋藏在我们的意识之下，却仍然能够继续影响我们日常生活中的信念和做出的选择，还能将我们引入歧途，永远屏蔽相关的正能量。

比方说，我们中有人觉得自己太忙了，根本没时间也不需要约会。细究起来，这很可能是因为她的潜意识中有未被发现的对男权社会现实的不满或者男人不可信的想法。心理治疗就是把这种潜意识挖掘出来，并加以梳理和疏导的过程。另一种梳理潜意识和情感的方法，是从两性心理特质出发，分析其中的正面高能量和负面低能量，然后再进行关联分析。

我们先来大体解释一下两性特质中的正面高能量和负面低能量分别是什么。

女性特质中的正面高能量通常与历史和神话中的伟大母亲有关，我们称之为女神或者大地母亲。她是全部创造力与生命的核心。在古希腊神话中，德墨忒耳是掌管四季变换、农业与丰饶的女神。女性神圣的正面高能量包括无条件的爱、忠诚、接纳与容忍、怜悯、陪伴、信任、感受力、善于享受、勤于培育、敏锐的身体意识和环境意识、内在探索以及与精神和感情密切相连的能力。

相反，男性特质中的正面高能量通常与“神性”联系在一起。它崇尚力量，遵循等级秩序，公正、注重管理、全知全能地监控着人类所有的生产和创造活动。这种能量几乎能创造出所有东西，它的话语和思想具有至高无上的力量。非凡的男性能量通常会充当我们的保护者和主宰者。人类文化里正面的男性能量包括勤奋工作、辛苦养家、教授知识、价值判断和提供保护。男性特质被认为是开拓外部世界、确保任务达成的力量。

现在，让我们反过来思考一下男女性别特质中的负面低能量。负面低能量指的是人性别特质中阴影区的状况，它给我们带来恐惧，造成伤害，无论是作为个人还是社会群体。当然，我们可能选择暂时搁置这些负能量，但它仍然会在潜意识中影响我们的行为方式。

女性特质的负面低能量通常表现为软弱、依赖性强、习惯于色诱、控制欲强以及缺乏原则、冲动、过于感情用事、被动。负面女性能量的典型形象包括妓女、奴隶、电影《复制娇妻》中的“女性”机器人、美杜莎、潘多拉、夏娃、女魔头莉莉斯以及传说里的女巫、继母。从某些方面来说，直到今天，我们的文化还在受这些负面女性低能量的影响。它让人们觉得，女性的首要功能就是成为母亲和照顾家庭，要做到男女同工同酬是不可能的事。它认为女性最重要的是性感，不可以对男性提出建议或展示自己的智慧、成就和能力。这样做的另一个结果就是女性的母性、容貌和性能力被过分看重。仔细想想，这种结果下的女性形象容易走向两极：或是傲慢、贪心、控制欲强到令人窒息的母亲，或是沉默无声、保守压抑和苦难的牺牲品。

如果一个社会的女性特质过盛会是什么情况？也许嬉皮文化流行的年代是一个很好的例子。嬉皮士们吸食大麻、崇尚性解放、热衷于组建社团和宣扬世界和平。当时他们中大部分人都很年轻，的确比自己的长辈生活得更无忧无虑，也更和谐，但是在专注力和创新精神方面，那一代人没有取得什么成绩。

考虑到上面说到的女性特质过盛所造成的不良影响，也可以理解为什么很多女性会刻意抗拒自己身上女性化的一面，试图拥有更多的男性能量，期望变得更独立、更有安全感、更有效率。但是这又走向了另一个极端，如同把孩子连着洗澡水一起泼出去一样。我们一旦意识到女性特质的负面低能量具有的不良影响，便要合理评估它对你的影响到底有多深。你认识靠出卖肉体为生的女人吗？你周围有放弃了自己全部的情感和创造力，而只知道依附于男人的女人吗？你有没有受过这样的影响，说女性应当善于利用上面我们提过的负能量来谋求好处？或者通过残忍地贬低他人来巩固自己的地位？

以上的例子说明了性别特质中的负面低能量即使隐藏在潜意识中，也能对我们的行为产生不健康的影响。长久以来，无论男女，都倾向于告诫女性，说她们的基本价值源自外貌。女人应当学会打扮，要穿高跟鞋，要记得化妆，还要会搭配服装，总之必须要让自己看起来漂亮。有的女人喜欢这么做，但也有一些人非常厌恶自己不得不照这一套来。

“必须看起来漂亮”和“看起来健康”这两个概念有时候会被人混淆。其实，作为人类最古老的母性原型，地母盖亚希望我们呼吸洁净的空气、享用健康的食品（如新鲜蔬菜和水果）、多运动、多亲近自然母亲，感受她女性的力量。这让我们更有爱、更爱护自己，也更健康。但这一切都和“看起来漂亮”没有任何关系。

在这里，女性特质的正面高能量和负面低能量被混淆了。有些女性认清了这一点，对此感到愤怒。因为不愿意仅仅被当作性对象来看待，她们抛弃传统女性柔弱的审美观，锻炼肌肉好保护自己。是的，我们的大地之母只希望自己的女儿做最好的自己，她鼓励我们要无条件地尊敬自己、爱自己并保护自己。

因此，你需要好好花时间认真理清生活中存在哪些正面的女性能量，又有哪些负面能量，它们各自对你产生了什么样的影响。你究竟是在反抗这个社会，还是在反抗自己？有时候，潜意识就像我们生命之舟中隐形的舵轮，会在不经意间改变航向。如果不能做到准确掌控生命的航程并清醒地看准方向，虽然你朝着盛夏的夏威夷出发，却可能到达冰封的西伯利亚。

想清楚你个性中有哪些女性负能量的成分以及它们是如何影响你的。你为什么会在生活中回避女性能量？是因为这让你意识到女性身份对于你意味着什么吗？除了个人的相关思想和经历，对于女性负面低能量，我们的集体意识中还埋藏着很多痛苦的记忆积淀。在《圣经》的教义中，女性背负着原罪，因为夏娃开启了人类一切的苦难。而莉莉丝，作为亚当的第一任妻子，因为不满丈夫在性爱中位于自己上方，魔性大发，所以被判形单影只孤独终老，并被逐出天堂。这些流传千年的神话故事，如同来自我们意识深处的警告，让女性乖乖待在现有的位置上，无怨无悔地受苦。

下面我们再说说男性特质中的负面低能量。世世代代以来，由于我们的文化过分纵容男性能量，也发生了很多血腥事件。男性特质的负面低能量主要表现为暴力、统治欲、蛮横自我、过度冒进、过度竞争、极端个人主义、对自然和资源的破坏、消费主义、贪婪、过度工作、压力、成瘾倾向和物质主义。我们文化中失控的男性能量会导致战争、工作狂热、权力的两极分化和对立、冷酷无情、物欲主义、毒品滥用以及一生缺乏价值认同和精神的滋养。历史上，男权主义的集体意识曾导致将智慧的女性妖魔化，并把她们当作巫婆烧死在火刑柱上。这些记忆都被深埋在人类集体意识的深处，伴随着恐惧和唯恐再度发生的不安全感。过去的年代里，女性没有选举权，不能外出工作。女性整体被视为男性的附属物，没有性权力，无法发出自己的声音。如今，人类历史进入了新千年，可坐上总统位置的女性仍然屈指可数。而在经济领域里，少数几个集权者盘踞高位，无所顾忌，决策时毫不慎重，全然不考虑他人。阶级分化越演越烈，越来越接近社会的底线。这种失衡的状态让女性再也无法容忍，她们决心采取行动，向这个不公正的社会状况说不。

我们应当从集体意识层面认识到社会中存在着对女性特质的贬抑和对男性特质的推崇。我相信，即使在今天，这也毫无疑问地影响了单身女性对男性的信任和结婚的意愿。同样，我们还应当从集体意识层面认识到，如果让男性特质中的负面低能量继续走向失控和失衡，将会进一步削弱他人的权力和存在。若为了满足个人的权力欲便失去上善，我们的身体、精神、价值、情感，连同我们的地球都会遭受巨大灾难。

我们应该仔细想一想，在这方面应该如何学会放下和原谅。我们无法改变过往，如果将昔日的悲伤与痛苦深藏心底，只会让你在将来把感情虚幻地投射到一个不知情而又非常有同情心的男人身上。这种恶性循环会让你永远无法真正走出往日的阴影，重获爱情。如果你还沉浸在过去的痛苦之中，又如何能放下心中的悲伤和恐惧，去重新找寻爱情呢？不妨勇敢地同时接纳正面的男性能量和正面的女性能量，将两种高能量融合为一体，获得内心的平衡，这样才能与伴侣和谐相处。

一旦意识到自己身上的负面能量带来的恐惧，就要时时警惕，不能被它吞噬，失去前进的动力。比如，在过去的恋情中，如果对方仅仅把你当成性对象，你就得告诉自己，真正爱你的人会同样欣赏你的头脑与心灵，而不仅仅是身体。勇敢地直面昔日的阴影，让阳光驱散阴霾，你会有更多的方法来治愈自己。

怎样做到相互融合

1\. 学会融合自己身上非主导的性别特质，这将让你内心更加均衡健全。

2\. 认真考虑婚姻对于你的意义，并想好什么样的婚前和婚礼仪式更适合你的个人情况。

3\. 有完整自我的人不会要求对方在爱情和婚姻中担当完善自己的任务，因而会更少起争执、更少要求对方做出改变。

4\. 反省爱情和婚姻中“相互依赖”的成分，想一想如何创建“相互承诺”来取代它。

练习

每周都找出时间来关注自己的身体、心灵和精神。如果你的头脑告诉你：“我没有时间，这些关注并不重要。”告诉头脑，它已被否决。这些关注当然是必要的，因为它能滋养你全身心，让你在生活和情感中保持完整。在笔记中写下你的安排，不用急于求成，但是要坚持，每周一小步，保证自己在身体、心灵和精神这三方面都得到修整。

另外，我希望你警惕负面的男性能量和女性能量带来的恐惧，它可能威胁你内心的平衡。举例说明，当你听到头脑中有个小声音在说：“男人总是希望控制女人。”我希望你能坚定地告诉自己：“我不会放弃自己的权力。我爱的男人也会尊重我的精神世界，并希望和我联合起来，组成一对好搭档。”

只有我们才对自己有最终掌控权。正面的女性能量首先通过思想、情感和信仰来塑造自我的内在核心。所以，你应当相信自己所认同的男性能量和女性能量都是出于爱，出于对头脑、心灵、身体和精神的均衡融合。我们的意识中有了这样的信念，身上所具有的正面男性能量就会积极创建更广阔的外部世界，我们也才能怀着同样的信念去寻找志趣相投的伴侣，建立长久的爱情关系。

♡ ♡ ♡

我尊重自己身上融合的男性能量和女性能量，并希望我的伴侣也一样。

第6章　约会要内外兼修

有关“爱情即工作”的七项原则

作为职业女性，你懂得只有肯花时间并且不断努力才会得到好的业绩。在处理工作问题时，你也明白有时需要经历一番波折和努力才会取得进步。学习也是如此，学习的过程通常是一条曲线。但是，与工作、学习不一样，在爱情问题上我们受到的教育是要顺其自然，爱情往往会在不经意间飘然而至。我们得像没事人一样，等着王子上门来发现我们。

但事实是，在今天这个时代，要自然而然地遇见谁并不是件容易的事。我们每天要处理大量工作，要出差，剩下的时间也忙着会朋友、与家人团聚，没有多少时间闲逛，也没有像在学校、教堂和小城镇里那样固定人际交往的圈子，家人不再像过去那样给我们安排相亲。事实上，城市里单身人群的生活都既繁忙又孤独，与人隔绝。

现代人渴望遇见爱情的方式也有所改变。许多单身人士经常去酒吧，尽管只有不到9%的人是通过酒吧里的邂逅发展成长期恋爱关系的。许多单身人士还尝试网恋、参加恋爱速配或单身聚会，希望通过这些方式结交合适的人。

这些听起来都不够浪漫，甚至不太靠谱，可这就是我们现在面临的现实。约会基本上已经成为一个概率游戏，你需要根据情况不断调整自己的预期。这里有一些约会的方法，尽管可能还是会让你尴尬，但或许能帮助你达成目标。

我的建议是，你可以适当运用内心的男性能量主动出击，同时必须记住，也要让内在的女性能量发挥作用。只要你清楚了解自己想要的究竟是什么，大部分可能的情况下，你还是会吸引和自己一样类型的人，和他产生情感共鸣。因此，当你已准备好进入爱情时，你的思想、感情和行为也应同时准备好相应的支持工作，只有这样才更容易获得成功。最好的策略是行动时用心中的男性能量出击，而以心中的女性柔情去追随自己想要的东西。

讲到这里，我要先请你暂时放下记忆中那些浪漫的爱情童话，那些有关王子公主完美相遇的传说，静下心来冷静地听我讲述，如何把爱情当成一项工作目标去努力达成。下面我要给各位聪明的职业女性好好讲一讲“爱情即工作”这个命题。

有关“爱情即工作”的七项原则：

1. 要主动出击：工作中你很清楚，要达成某项目标不能只说不做。爱情也是一样。

2. 要坚持不懈：你需要时间才能掌握新的技能或方法。想要获得进步，必须持续投入时间和精力。爱情方面要想做好，道理也是一样。

3. 承认有时候你可能看不到结果：工作中肯定有这样的情况，你投入了时间和精力，但没有获得成功。这就是游戏规则的一部分。你要做的只是努力把自己做到最好。

4. 约会多元化：工作中你需要同时处理多个项目，监控多个进程。在不同的时间段，这些不同的项目或进程可能表现得有好有差。约会也是一样的道理。除非你已经100%确认自己选定了某个人，否则不妨多和人相处，仔细体会自己在交往中的感受。

5. 跟进发展关系：商务交往中最优良的长期客户总是那些与你建立起最佳信任关系的朋友。你会不断跟进他们，根据情况变化提出问题，并提供最贴切的量身定做的解决方案。约会也是一样的道理，你同样需要和约会对象增加对彼此的信任，增进相互沟通。

6. 让对方明白和你约会的好处：在工作中，你需要不断推销自己，好让公司明白自己能提供什么样的价值。约会中的自我推销会含蓄一些，但道理是一样的。你需要充满自信地让对方认识到你是一个出色的人，也会是个好伴侣。这种自信会很有帮助。

7. 给自己寻找一位老师：工作中你会有上司，他负责指导你的工作进程并教会你一些技巧，在之后的很长时间里还能解答你的困惑，在你不太自信时坚定你的信心。如果你能够请得起（或者需要）一位爱情教练，请不要犹豫。你也可以好好读这本指导书，然后请几位单身女性好友，在开始一段感情时当你的爱情助理，请她们陪你去参加单身相亲会，当你的亲友团。

以我的经历，你想得到的大部分东西都需要努力争取才能得到。只有接受这一点，你才有可能设定目标并计划好实施步骤，然后一步步推进。你无法肯定一定能找到那个合适你的人，但只要你尝试得足够多，就一定会积累真正的约会经验。这对你来说是一大进步，因为你从站着观望变成了亲身实践，只有参与，才有“赢”的机会。

容易邂逅爱情的场合及场所

很多地方都可能会邂逅意中人。我建议你多走出去试试，看看哪些场合和场所更适合自己。我没有适合约会的场合和场所的完整清单，但是我当爱情顾问时遇到有不少来访者，根据他们的个人尝试，我列出了可能是比较好的27项选择：

1. 网上交友：现在有很多婚恋网站可以提供网上交友。他们会按照年龄、爱好和性别对客户进行细分。你不妨先在网上做一番功课，选两三个感兴趣的网站注册一下。有些婚恋网站甚至是免费的！

2. 去教堂、犹太会堂或者清真寺：很多宗教场所和自己的教众联系非常紧密，教友们会很乐意把你介绍给合适的单身人士。除此以外，宗教团体还会为单身人士和职场年轻人组织自己的团体活动。

3. 参加聚会：你可以加入网上的一些小团体或组建自己的兴趣小组。你可以根据自己所在的地区、城市和爱好来选择想要加入的团体。

4. 去酒吧：忙碌了一周，和朋友一起去酒吧是最简单的放松办法。酒吧里的确可能遇见感兴趣的人，但是，如果你是想寻找一位约会对象，就得记住自己要的不是一夜情，而是建立长期稳定关系的可能性。

5. 出席单身舞会：很多地方都有为单身人士举办的舞会，可以通过本地网站或者报纸查询此类信息。

6. 参加恋爱速配活动：恋爱速配活动现在已经不稀奇了，它一次会邀请多位单身男女参加，每位参与者都有机会轮流跟参加活动的异性交流。这些交流可能包括好几个环节。现在，恋爱速配可以在网上进行，大城市里也有真人面对面进行速配的活动。

7. 单身游轮之旅：现在有些游轮公司推出了针对单身人士的航线，有的行程还针对特定的年龄组。你可以上网查一查相关信息，找到最吸引自己的报名参加。

8. 单身假期：很多旅游目的地都适合单身旅行。去异国他乡度一个美丽的假期应该是不错的选择，也许你还会在那儿邂逅一段恋情。你可以做一点这方面的功课，当然也要考虑一下预算。

9. 参加聚会：很多城市都会举办单身人士参加的聚会，费用也不高。你可以时不时去参加一下这样的活动，也可以和熟人、同事一起去多转几个聚会。谁知道哪天你就会遇见心动的人呢？

10. 安排相亲：大部分单身人士可能说不清自己想要什么样的爱情。那么，我建议你让身边的朋友来帮忙，甚至是你的美发师或者熟识的干洗店店主都能为你牵线搭桥！你永远无法预料自己将和什么人相识。

11. 找家合适的婚介公司：有些婚介服务公司号称实地专人考察，能帮助你实施约会计划，比婚恋网站提供的服务更贴心、可靠。如果你约会时真需要手把手的帮助，也可以试试婚介公司。但我建议你在投入大笔资金之前，先考察一下这家公司的用户评价如何。

12. 请媒人帮忙：有时候也可以请媒人帮忙，因为他们经验丰富，直觉敏锐，几乎本能地知道哪两个人适合在一起。他们有些人的服务费比较高，所以要事先研究一下他们客户的评价意见，再确认约定的费用包括见几个人。

13. 刊登分类广告：还有人是通过报刊上的分类广告专栏登载的征婚广告才找到了自己的伴侣。即使在如今，也有不少人既不上网也不用计算机。尽管这听起来一点也不高科技，但不失为一个有效的办法。

14. 参加政治聚会或相关活动：参加自己感兴趣或充满热情的政治活动也是个好主意。

15. 参加自行车社团：我的有些来访者就参加了自行车社团，他们经常举办活动，成员之间联系很密切，也有不少很不错的单身人士。

16. 参加各种友谊赛：很多公司和城镇会成立自己的运动队，和其他公司或城镇进行友谊赛。这是很有趣的活动，也能有机会认识更多的人。

17. 参加徒步社团：我有一位来访者就参加了一个徒步社团，并遇到了两位合适的交往对象。这项运动比较低调，但是参与者之间能很好地分享对自然的热爱。

18. 报名参加课程：报名上课是一种很好的方法，可以帮助你拓展自己的生活，结交新的朋友。大学里通常都会提供成人教育课程。很多大城市里也都有成教中心，以便成年人选择自己感兴趣的课程。你不妨试试这种方法。

19. 参加单身烹饪课程：有些烹饪学校会给单身人士开设专门的烹饪课。在线查找一下你所在的城市有什么此类活动。

20. 加入职场年轻人的社交圈：在很多城市，职场年轻人的圈子里经常会举办酒会或晚餐会这样的活动，他们中很多人都还是单身。所以赶紧上网查一下你周围有什么活动，不要错过哦！

21. 加入博物馆筹款团队并参加筹款晚宴：大部分大型博物馆

都有自己的筹款团队，其中会有年轻的职场精英帮忙举行筹款晚宴。加入这样的社团可能需要支付年费，但是的确有很多职场的单身男女通过这种方法找到了自己的爱情。

22. 参观艺术展：艺术展是一种既简单又低调的可以遇见新朋友的场合。你可以一边参观展品，一边微笑，享受着艺术品质朴动人的魅力，同时自然而然地将自己介绍给周围的人。这种情况下，你很有可能会邂逅一位同是艺术爱好者的另一半。

23. 参加校友聚会：职场人士会经常参加自己的校友会活动，因为这能帮大家拓宽自己的人际网络，增加工作机会。这类活动中你会遇见不少单身人士。查询你所在地区的校友活动，也许你就能找到一位校友恋人。

24. 微博类网络社交媒体：在类似微博这样的社交媒体上，你可以通过朋友的朋友这条路径去关注别人的动态，只要是你感兴趣的人，即使不认识也没关系。这能有效地扩大你的社交圈子。你可以请朋友介绍自己想交往的人，或者干脆勇敢一点自我介绍，希望彼此成为朋友。

25. 打保龄球：一位喜爱保龄球运动的女性就通过这种方式认识了不少有同样爱好的单身男性。她加入的俱乐部和球队的主要成员都是男性。

26. 志愿者组织：帮助别人的感觉非常好，通过这样的方式来结识与自己相似的人感觉就更好了。

27. 去书店：很多书店都会有读书小组，他们定期或不定期举办读书会、书籍研讨会或一起去听音乐会。参加这些活动总能够认识一些人。或者，你可以干脆选一个自己喜欢的图书区，在那里精读，这样至少你能知道遇见的人和你爱好同样的书。如果看到喜欢的人，勇敢一些，深呼吸，微笑着走上前问一个与他手里那本书相关的问题。

保持一定的约会频度也很重要。我建议至少一周要约会一次，若能达到一周两次则比较理想。如果进展顺利，我希望你能先后和至少三位男士交往，每段关系都能持续四个月以上。因此，保持约会频度和不断结识新朋友是很重要的尝试。

如果你工作繁忙，比较辛苦，或者需要经常出差，建议你尝试网上交友，这种方式极为便捷，在家穿着睡衣也可以进行。如果双方有意，可以找个方便的时间，就约在你家附近，大家一起见个面喝喝咖啡，也就花半个小时。真的很方便。

如何评估约会对象

如果是工作招聘，你首先得确认应聘者是否具备一些职场人士必备的基本素质：个性好、负责任、受过良好教育、做事有始有终且善于团队合作。约会其实也一样。说到底，你是要找一个合适的人来承担某种角色，而他必须拥有一些特定品质。

不过，刚和对方开始接触时，我不建议你马上拿着评估表逐项对照他是否具备应有的特质。你要做的，首先是要浪漫一点，让约会更有趣。不可以一副公事公办的样子去约会哦。你们出来是为了享受两个人相伴的乐趣，要轻松愉快，增进彼此的吸引力，慢慢了解对方。

职业女性因为平时经常处理公事，因而时常保持理智冷静，甚至会在第一次约会见面时，就开始理性客观地评估对方的优劣之处，并暗自在心里打分。如果你是如此，我建议你不要这样。在两人交往之初，一定要学会听从心灵和情感的呼唤。这一点很重要，也很有乐趣，这能让你增强与对方的真实沟通，增进彼此的吸引和亲密感，变得更有激情。要达到这样的效果，你就得先把就事论事的那套评估路线放一放，毕竟这是约会，不是在找工作上的合作伙伴。

如果你实在是个非常冷静客观的人，就是无法摆脱理智的公事公办，我建议你约会之前先听一段放松的音乐。如果脑子里仍止不住地蹦出一个不合时宜的小念头，你能清楚地知道。如果你发现自己第一次约会时竟然在想：“这个人是我理想的丈夫人选吗？”你就要告诉自己：“才第一次见面就想这些，真是太荒唐了！”然后鼓励自己继续享受约会本身。要知道以后你有的是时间慢慢想这个问题，而在最初的几个月里，最重要的是好好相处，增进了解。

等你已经和某人（或某几个人）约会超过四个月时间，这时可以静下心来考虑一下长期关系的可能性了。用我的话来说，接下来你们的关系就进入评估期了。要正确评估，就需要问你的约会对象几个重要问题。当然，谁都不希望像被 CIA 盘问一样，你的提问方式可以巧妙一些，可以先分享一些试探的信息，看他对此如何反应。

比方说，你们可以先谈论一些前面的章节里已经提到过的问题，如你是一名职业女性，你希望未来的丈夫能够支持你实现自己的事业梦想。你可以告诉约会的男友，你希望婚后能继续工作，因为这对你很重要。你希望将来的丈夫能够尊重你的选择，能给予你支持，帮你一起照顾孩子，或请一位保姆。然后，你就能通过他的身体语言了解他的真实心理反应了。如果对方支支吾吾或回避这个问题，你最好注意一下。你们可以选择暂时搁置这个问题，过一段时间之后再回过头来谈。但我的建议是，如果你决定和某个人固定下来建立长期恋爱关系，你必须大体上确认他能满足你对伴侣的基本要求，只有这样，你们的关系才有进一步的可能。所以，搁置了一段时间之后，你们还是要回到这个问题上来。这次你不妨直截了当地提问。如果对方说他真的希望自己的妻子以后当全职妈妈，那你要么重新调整自己的期望，要么重新开始寻找下一个人。

下面我列举了一些问题，你不妨问一问自己的男友，看他是否符合你的期待：

1. 他对女性因公出差有什么看法？

2. 若是孩子生病，他会请假照顾吗？

3. 如果妻子事业成功、收入丰厚，他会有什么感觉？

4. 他打算要孩子吗？

5. 关于育儿事务，他打算参与多少？

6. 他愿意雇用保姆或清洁工来减轻妻子的家务负担吗？

7. 他是否会考虑全职在家或者兼职工作，以便有足够的时间照顾孩子？

8. 如果妻子升职需要到外地工作，他愿意搬家随行吗？

我知道你可能担心问这些问题会把他吓走。但是，对于一个不符合你对人生伴侣的基本要求、不支持你的梦想、也不欣赏你内在自我的人，还去傻傻地喜欢他、在他身上花时间就太不值得了。因此，你需要确认这些问题的答案。

给爱情留出时间

我有几位来访者可算是典型的工作狂，他们总是奇怪为什么处理自己个人生活时不像面对工作那么得心应手。我非常理解他们对事业的激情和执着，但是，要想在其他生活领域获得成功，你同样需要遵循某些特定原则。成功的爱情和婚姻同样需要投入时间、精力和专注力，需要设定一定的目标。

我有一次接受《克莱恩商业周刊》的采访，探讨了现代生活中有关媒人这个话题。我当时对记者说：“媒人要做的工作很重要，他们在给出配对建议前需要见很多人，对这些人进行分析和调查，会先帮单身客户筛选掉那些不合适的相亲对象。但即便得到了这样的帮助，成功的职场精英还是应当意识到：爱情是不能外包的。一旦决定和哪位相亲对象见面并开始交往，他们也应当留出时间来增进彼此的了解，还应当记住对对方来说比较特别的日子和场合，到时候有所表示。这样才能让对方持续感觉到你的心意，觉得你们之间很特别。”作为心理咨询师，这也是我能帮助单身人士在追寻爱情和保持良好恋爱关系的道路上，突破他们心理障碍的原因。遇见一个人并坠入爱河并非大功告成，事实上，一切才刚刚开始。你们需要增进彼此的吸引力，得到滋养的爱情才会生根发芽。下面，我们就谈一谈职场精英中常见的爱情障碍。

我观察到职场精英的约会中有一个常见症状——这些工作狂习惯于“躲”在工作背后与人交往。这是因为他们的工作的确很成功，谈论工作领域能够给他们安全感，也容易得到别人的正面评价。如果你希望建立良好的爱情交往，但是又对约会感到手足无措，这八成是你第一个要克服的障碍。在刚见面的不安消失之后，你要学会主动讨论一些工作领域之外的话题，给自己更多的时间享受两人相伴的乐趣。

要灵活安排约会时间。能让两个人生活不受太大干扰的约会安排才会有发展的可能。这意味着你得尊重对方的时间安排，约会前事先确认，绝不能因为工作中临时冒出了什么事就在最后一秒取消约会。建立爱情关系需要激情，也需要坚持。

要给约会留够时间。你可以提前计划，早一点下班，这样就可以和对方一起享用一顿悠闲的晚餐，之后还可以体贴地把周末也空出来以备安排。你还可以在工作日程上把约会时段设为“忙碌”，这样同事在那段时间里就不会找你开会。在出差时，你可以通过电子邮件、短信和电子卡片这些方式和约会对象保持交流。如果你对彼此之间的关系感到满意并希望继续发展，我相信你会找到足够多、足够好的办法来跟对方互动。

我有很多来访者都是职业女性，她们说自己工作太忙，有时没办法连续两周和相亲对象在婚恋网站上密切互动。而两周也是等待的极限，对方通常不是已经放弃就是另觅他人了。其实每个人都愿意自己在别人心中重要而又特别。所以，对别人的互动请求，在两天之内给予回复是比较礼貌的做法。

如果你打算恋爱，你需要把手边要做的事暂时放下来，把握当下。我知道工作出色的你总是忙于取得新的成就，头脑和脚步永远停不下来，你永远有一堆“待办事项”在脑子里催促你不住往前飞奔。但是，这种飞速前进的生活往往也会让你忽略了当下，看不到眼前的风景。举个例子，我本人虽然很喜欢生活之美，我一度也是不断往前冲的风格，总是有做不完的事和无尽的目标。我总是随时记录新书的构思，四处察看梦想中的新居。当我被查出患了乳腺癌必须接受化疗时，我不得不放慢生活节奏。我开始到家附近的海滩散步，突然间，我仿佛第一次发现周围居然有这么美的风景。而之前忙于工作时，我从未留意过这些！我还想着要买一幢新房子，直到现在才发现原来这间海边公寓这么可爱，周围的环境让我心旷神怡，我感受到从没有过的快乐。这一切都是因为之前我没有给自己足够的时间，让自己停下来欣赏生活中已有的美好。

犹太民族在安息日有个传统，那时他们会停下工作，静心享受一周的劳作带来的成果。不论你是否信教，我都建议你每周能给自己留一天时间放慢脚步，不要永远疲于奔波。适度的放松能为你营造出可贵的私人空间，你可以与自己的心灵和精神相连，让身心得以休整，让自己重新充满能量。是的，我知道你的头脑会告诉你：“我哪有那么多时间！这对我来说太奢侈了！”但是相信我，只有静享了自己创造的成果，你才能从心底感到满足。试试吧！挑一天出来作为你神圣的休息日，这一天你不用忙碌，甚至可以什么都不做！你会发现这样做是多么快乐和满足！这种调整能让你感觉到时间的宽度，生活也能变得慷慨，不那么步步紧逼。

要想做到这一点，你需要学会对已经习惯的东西说“不”。你需要和老板讨论一下加班的极限——什么程度下你不会再把工作带回家，不会再接受周末出差。因为你要约会，你要给爱情留出时间。

倘若你真想建立并发展一段维系一生的爱情，你还需要学会对其他一些安排说“不”。不管怎样，考虑清楚自己的选择，然后根据确定的方向重新规划自己的时间，这样你才能离目标越来越近。

男人约会成功职业女性的顾虑

我曾经给不少单身男性做过爱情顾问，他们都与工作出色的火星型职业女性相爱。这些来访者提到了与火星女人约会时比较困扰的几个问题，在这里我想和大家分享一下。在每一段问题描述之后，我会请你跟我一起做一个简短的冥想，希望这能唤醒诸位心中某些缺失的或者被遗忘的能量，让你的自我更加完整均衡。需要强调的是，接下来我要分享的这些问题，并不是让作为女性的你不要表现出自己很聪明，不能给男伴提出建议。我只是想从另一个侧面告诉你，火星型的你在约会时可以尽情欢笑，享受两人相处的乐趣。你可以更好地融合自己心中的男性和女性能量，让自己变得更加自然和完整。

就我个人而言，我属于火星型，我希望能坚定自己的灵魂，达成生活目标。因此我可不会劝你放低姿态，降低对激情、梦想和内心目标的追求。我只想提醒你警觉过度膨胀的男性能量（不论你本人是男性还是女性），因为它会伤害你的恋人。下面我将和你分享男人跟成功职业女性约会时产生的五大顾虑，请你和我一起冥想，让心中的男性能量得到制约和均衡。

“和她约会就像在找工作时接受面试。”

有男人抱怨说，虽然知道自己是在跟职业女性约会，可也不希望对方穿着职业套装来赴约，手里通常还拎着个公文包。一般人通常会期待最初的几次约会能让双方友好放松地相处，以发现对方的吸引力。如果遭遇女方一顿穷追猛打的拷问，男人肯定会被吓走。如果女方此时能多微笑一些，时不时碰一碰男人的胳膊，多表现出一些温暖柔美的女性气质，会给自己加分不少。如果女方对约会满意，愿意继续交往，应该让对方知道。

接地冥想

我们呼唤大地母亲，请她指引我们暂时放弃思考，身心浸入大地。请让我们放慢脚步，关注当下，让我们更好地关注此刻自己的约会。大地母亲对自己很满意，无须多余的分析或娱乐。她知道自己就在那儿，足够美好，令人尊敬。她就是她，世人皆知。她因自己的本我与本心自证，无须多言。大地母亲赐予我们信任和安全感。她告诉我们身体属于自己，放松与否由自己决定。她告诉我们存在即美好，不需费力去掌控什么、指引什么。她是我们生活的坚实支撑，让我们只追求真实。

现在让你的身体充满大地母亲所赐予的红光。约会时带着她赐予的能量，你会脚踏实地，被接受和信任。同时，你也更容易接受对方本来的样子。请让大地母亲坚实的地气带你暂离理性，欣赏与享受当下此刻。记住要深呼吸，在大地母亲温润的红光中吐故纳新。

“她总想主导，控制欲比较强。”

虽然我采访的男性愿意与强势女性交往，但他们也希望自己的观点得到尊重。有时候强势女人会做得比较过头，完全自作主张，一点也不顾及对方的想法，更不用说相互沟通后妥协。这种做法会渐渐浇灭男友的激情，因为这让他们觉得自己像透明人一样，对方完全视而不见。在电影《假结婚》（又名《爱情限时签》）里，桑德拉·布洛克出演一位非常能干又强势的出版公司主编。她是个典型的控制狂，为了达成业绩目标到处批评和恐吓同事。她对人际关系的要求只有一条：对工作有利。在剧中，当她经过一番波折后，去阿拉斯加拜见男助理的家人时，我们终于看到了她心底柔软的一面。

她开始学会领会爱与家庭的温暖，欣赏生活中的乐趣与价值，也逐渐了解即使在工作上成功如她，也可以有脆弱和女性化的一面，两者并不矛盾。如果你也是这样的女性，我希望你能设想一下什么会让自己感到脆弱，想象一下如何从爱情中汲取爱和帮助。现在，请随我打开心门，进入以下冥想。

接受力冥想

我们呼唤感受的天使，请她帮我们开启心门，让我们看到爱与光亮。如果说昔日的我太习惯给予和替他人做事，请给我们的意识里加入新的力量，使我们同样乐于从他人身上接受回应、帮助、感情和支持。我们开始认识到他人也能给予我们爱与力量。我们不需要一个人做所有的事。我们已不需要再证明自己。做真实的自己，放下心防。我们接受他人的帮助，以完成自己的目标。我们不再感到必须坚忍、强大、独立和孤单。我们意识到自己可以同时做到既相互独立又相互依存、既强大又脆弱、既给予又接收、既能供给又能滋养。我们欣赏对方的力量，愿意让他来提高自己的生活质量，同时也愿意去提高他的生活质量。我们摒弃那些负面的恐惧和想法，现在崭新的我们在等待接受爱与帮助。我们欢迎礼物、关怀、爱和兴趣，希望以此建立新的情感交往。同时，我们的接受力不会泯灭自我意识。实现最终的梦想和得到幸福的爱情，两者都可以实现。我们在男性特质和女性特质的和谐平衡中得以放松，心底深处清楚地认识到这种均衡支撑了我们健康的视野。

“她们可能是完美主义者。”

成功的女性通常对自己要求很高，她们很多都是完美主义者。对工作来说，完美主义可能是好事，但如果约会也这样，会让人受不了。没有人愿意被人时刻审视、处处挑剔，保证自己无懈可击——尤其是刚刚开始约会时。男人和女人一样，都希望得到对方的爱慕、欣赏和尊重。这并不是要求成功女性隐藏自己的天性。只是，两个人相处时，不应该永远只盯住对方不足之处，而对优点视而不见或贬低。这样做也让女性自己变得不可爱。比较恰当的做法是，无论对方是不是你中意的恋爱对象，都真诚地赞美他身上让你欣赏的品质。日本作家江本胜写过一本书叫《水知道答案》，他在书中写道，当人们对冰晶体发出的语言不同时，它会呈现不同的状态。积极的语言使它美丽，负面的批评让它丑陋。这是因为爱与欣赏结合在一起会引起晶体的最佳震动，改变它的结构。他认为，既然人体70%是由水构成，那么语言和思想的震动同样能使人有所改变，这也可以影响爱情关系的走向。

许多职业女性在她们的成长过程中，父母一直在旁边给予良好的建设性意见，所以她们才能不断取得进步和成功。不论男人还是女人，都需要在恋爱中得到对方的爱慕、欣赏和尊重，这样才能使双方的关系不断朝着美好的方向深入发展，因此你需要好好练习，试着多赞美对方的优点，给对方应有的尊重。

同情心和欣赏力冥想

我们呼唤塔拉女神，因为她具有卓越的同情心和对他人的接受力。她也能帮助我们接纳自我。她让我们知道世间万事万物皆非完美，这种残缺也使得事物更可爱。她告诉我们，昏盲艰难之地亦可萌发智慧之光。当我们能够充分发挥自己的理解力时，爱情就会来到。这能让我们各自成长，彼此拥抱，感受到对对方不加评判的爱。

在此基础上我们更进一步，将爱与欣赏的能量收入心中。我们的心中开始潮水般涌入绿色，绿色的自然、绿色的爱意和感激。呼吸时我们想象自己生命中所有的爱，我们意识到每天都从朋友那儿收获了许多善意。去爱人，甚至去爱偶遇的人。我们可以在心底默默感谢彼此，感受这种谢意如何提升我们身体内水的振动。继续吸入爱与欣赏的能量，在心中做出承诺：你会将这份爱和欣赏传递下去，你的内心世界和爱情生活都将变得更美。

“她们对男人和男权感到愤怒。”

成功的职业女性常常是历尽艰辛才坐到今天的这个位置，她们之中，有一些受过男老板和男同事不公平的对待。其结果就是，她们学会把自己包裹在坚硬的盔甲里，表面坚强，但心底可能藏着那么一点点自卑。无论过分自强还是自卑，约会时都不会受人欢迎。男性希望得到恋人的爱，而不是来自她昔日经历所导致的不分青红皂白的怒火。

放下愤怒的冥想

释放愤怒的女神会帮助你放下昔日的伤痛，推平囚禁心灵的高墙，让一切愤怒和恐惧烟消云散。愤怒的人永远在防备他人，这样是无法找寻新的爱情的。

释放愤怒的女神会帮助你直面眼前的障碍，进入情感中心，静静地面对自己的心灵。慢慢进入回忆，眼前掠过昔日所受的伤害，如同一幅幅清晰的图画。通常，这一过程会比较难熬，我们会记起在社会上受过的伤害，可能会想起在某次工作中遭遇的不公平对待，或者在其他场合遇到的不公正评价。因为回忆和经历是个人化的，你的眼前也可能会清楚地重现伤害过自己的旧日恋人。深深吸一口气，告诉自己，过去的事既然已经发生，也不能假装它不存在。可是过去的事就让它过去吧，我也因此得到了教训。感谢生活让我有了这个挫折，我会记住曾经犯下的错误，不再让它伤害我。我会一路继续向前。

现在，想象自己的内心被冰层封冻。请让释放愤怒的女神拥抱你，直到她的温暖融化了你心中的坚冰，让它慢慢变软。温暖的感觉在继续，坚冰化开，刺骨的寒意流出你的身体，完全滴入脚下的大地。请让神圣的大地母亲吸纳你的悲伤与寒凉，这些废弃的负能量如同肥料埋入大地，转化为新的爱和生机。这是大地母亲最善于创造的奇迹，让我们把愤怒放下，留给她，吸入来自她的生命的红光。让所有的眼泪都尽情流淌，用泪水滋养大地。安慰自己，为所经受的所有这些痛，让泪水将它洗刷荡涤至荡然无存。吸入来自情感的橘色能量，意识到这是你自我的一部分，而你可以爱自己，拥抱自己。你有权感到愤怒。承认这一点，才能最终放下愤怒继续向前。

好的，现在让我们感受来自情感的橘色能量，逐渐与来自大地母亲的红色能量合二为一。缓缓吸入红色能量，直至它充盈身体的每个角落，到达你心灵最深处。

现在你的心灵自由了。想象一下你心中的绿色能量在跃动，如今的你可以尽情表达爱与其他的美好感情。只有心灵打开，这一切才可能发生。现在，你终于可以给予别人美好的爱情并与人分享自己的情感。你的生命中会遇见新的人，他会和你相爱，因为他能够感觉到你内心的想法，你也能感受他的内心。

当昔日伤痛再次泛起，别忘记呼唤释放愤怒的女神，让同情与抚慰流转全身。打开心扉，让情感随之淹没，最终你得以复苏。重生的你会更懂得爱，人们会发现你感性、可爱的一面，想与你亲近。每当你感到恐惧和痛苦时，你都知道如何去直面它，打开心灵，最终再放下它。就这样，你不断成长，日益智慧，永远前行。

“太严肃了，一点也不懂享受爱情的乐趣，也无法体会心灵相通的感觉。”

职业女性由于工作关系，可能经常加班。如果她处于领导地位，总是要显得很敬业，才能领导团队，获得别人的尊敬。约会时，她们可能无法完全丢下工作习惯，彻底放松，显得亲和力十足。经常有男士抱怨，和职业女性的约会常常不知不觉间变成工作面试，而面试官小姐则板着脸孔，既不微笑，也不显示出任何愉快和享受约会的模样。请好好想想，约会中的你是否也如此。尽管我常说，一物降一物，但如果一个男人完完全全只愿意接受一个视工作为生命、无任何情感波动的女人，恐怕他本人也是那种不需要亲密感情、只需要公事公办婚姻形式的人。在电影《婴儿潮》中，女主角和她男朋友的关系就是这样。两个人都十分重视事业，他们的交往基础是纯男性特质，只注重实用和逻辑，绝对的工作第一。当女主角从去世的亲戚那儿得到了一个小宝宝，他们的生活发生了很大变化。女主角得照顾孩子，于是变得越来越有女性气质，不再像以前那样。那位“公事公办”的男友选择与她分手，因为他完全没有能力应对这一变化带来的情感反应。我并不是说你不能把工作当成生活中最重要的事，只是你应当想清楚，为什么要跟对方建立和发展爱情关系，想清楚之后再认真地对待它，因为爱情同样是生活中重要的事。你是想要一个公事公办的形式婚姻，还是想要一段真诚亲密的感情交流？如果你要的是后者，就应当在两人相处时投入更多情感，增进相互交流，分享更多欢乐。

欢乐的冥想

让我们呼唤大天使亚列尔，她是欢乐、爱与光明的天使，我们呼唤她的能量。工作和约会都会带来压力和负担，让我们借助她的力量让一切更加快乐和美好。亚列尔与我们同在，她的能量让我们享受世间万物，欣赏它们最真的一面。亚列尔不会给人压力，不会过于谨慎，也不会制订计划催你向前。她的存在就是为了传播欢乐，并使之无所不在。所以约会时（无论你的目的是不是婚姻），亚列尔希望你能尽情享受约会本身，享受优雅的餐厅，享受美酒与美食。亚列尔让我们知道，永远有值得我们去享受的事物，永远有值得我们去尝试的欢乐，欢乐是我们内在所创造的，我们应该把它传播到四方。如果有人因遇到了我们而快乐，这是多么美好的事！亚列尔告诉我们要享受当下，一切轻松以对。她永驻我们心中，将欢乐之光传播四方。心中默想着亚列尔，让她的能量指引你的方向。深呼吸，让她的能量充满你的身体。面带微笑，感受心中的光亮。

在接下来讨论让火星型女人心动的男性之前，请考虑一下你自己约会时做得怎么样。不妨来问问自己如下问题：

1. 约会时你是否总想着要不要建立长期的爱情关系？

2. 你是否把约会当成工作一样悉心筹划、认真对待？

3. 你是否尝试网上交友？或者尝试过我推荐的其他方法？

4. 本章列举了一些男性介意的职业女性约会常见问题，其中某项是否正好符合你的情况？

你可以通过冥想认真思索并解决这些问题。某些情况下你并不需要永远理智无缺，灵活应对好了。同样，工作中养成的规则和率直有时也能帮助你在婚恋中获得新的技巧，让你保持冲劲，获得爱情。

练习

下次约会时请注意自己的身体语言。你是否表现出冷淡或者过于职场做派？你是否只谈工作却没怎么谈论自己？怎样才能放松下来，表现出那个温暖热忱的自我？你是否注意让自己面带笑容，主动交谈？你是否对约会的环境表现得比较享受？你有没有谈工作以外的话题？下次约会时你要对上述问题做一些改进，你可以用笔记本记下对方的反应，帮助自己下次做得更好。

♡　♡　♡

我将以全副的热忱、精力和坚持去找寻爱情。

2

她的想法

关于约会和爱情的浪漫幻想，火星女人的想法一点不比普通人少，只不过她们在这方面通常比一般人更孤独一些。也许是因为有些女性对事业的追求没火星女人那么强烈吧！她们更愿意遇到相爱的人就结婚，然后由丈夫在外工作并照顾她，而她自己则留在家中当全职主妇和全职妈妈。此类女性的收入通常比约会的男友要低，社会地位也相对差一点，所以她们也没有成功的单身火星女人所经历的那些困惑。

本书在这里专门给火星女人留了一个地方，来诉说她们关于约会和爱情中方方面面的想法和困惑。接下来的章节，我们将讨论火星女人和不同类型的男性约会的优劣比较，我选取的样本分别是事业和经济上都很成功的男性，及事业、经济不那么成功但更居家的男性。我们还将探讨如果火星女人收入很高会对约会产生什么影响，如果她需要经常出差，又会发生什么。最后，我们还将讨论当今社会中，选择共同生活的职场男女将如何分配家务劳动。

下面就让我们一起来听听这些真实的火星女人的故事，看看她们的爱情和生活中发生了什么。

第7章　当火星女人遇到火星男人

给火星男女组合的建议

对一个事业和经济都很成功的火星女人来说，她会希望寻觅什么样的伴侣呢？调查显示，大部分火星女人仍然倾向于尊重传统，找一位在事业和经济上与自己匹配的成功男士为伴。根据2001年的一项调查，89%的成功职业女性选择的结婚对象都是全职工作或自主创业人士，而她们中25%的人最终嫁给了年收入超过100,000美元的成功人士。

那么，当两位能力突出的职场精英建立了长期的爱情关系或结婚之后，会发生什么事呢？从好的一方面说，两个人的智力水平、经济收入、教育程度和掌握的技能大体相当，对工作的态度和生活方式也比较有共鸣。他们还可能在工作上相互帮忙，有利于双方取得更大的成功。

但挑战也随之而来。两个人工作都很忙，谁也不在家里，因此家务负担成了一个经常的矛盾，还有对孩子的照顾和抚育。而且，当人们在外面工作一天筋疲力尽之后（事实上，今天很多职场人士都是如此），回到家中想要做到相互扶持就比较困难了。

有时候，成功的男性和成功的女性下班回到家中，都希望对方能全心全意地陪伴自己，能把家里收拾得整洁舒适，能满足自己的全部需要。这也是为什么火星女人有时会选择金星型伴侣，而火星男人更愿意选择传统的金星型女性为伴的原因。

但是，我们没有理由认为双方都比较强势的夫妻就无法相互欣赏对方的能力，至于那些由于工作繁忙而耽误的家务劳动，完全可以借助外力来完成。他们可以雇一位女佣负责日常清洁、烹饪和日用品采购，请一位保姆来照顾孩子，再请一位按摩师来帮助舒缓、解压。而且，有些资深职场人士一周只需要工作四天，因此更有时间和可能去规划其他的生活安排了。

我采访了不少火星型职场男女，听到的关于火星女人的评价也各不相同。

有些男人的确非常渴望与生活中的伴侣进行思想层面的交流，相互碰击出火花。如沃尔特，他有化学和物理双博士学位。他的第一任妻子是化学博士，他们俩在博士后流动站认识，一起做研究。在20世纪60年代，她那样的女性非常少见。她极其聪明，天分很高，获得了不错的成就。沃尔特非常喜欢和她交谈。婚后他们俩共同分担了所有家务，事实上，绝大多数时候是沃尔特负责做饭。他们在一起生活了很多年，最后因为某些原因离婚。

后来，沃尔特又陆续和其他女性约会过，她们都是非常聪明的职业女性，包括一名律师、一位陆军中校和一位医生。沃尔特从未被这些女性的才华或成就吓得止步不前。事实上，他说自己不愿意和一个只会谈论一周电视指南的女人交往。他需要有人能和自己在更高的智力层次上进行交流，这个人得有自己的兴趣和观点，能让他尊重她。显然，对沃尔特来说，与火星女人约会和结婚的好处在于从来不乏有趣的对话，而且会碰撞出新观点。

沃尔特的第二次婚姻娶了一位护士。据他说，如果当年得到父母支持，这位护士本来是可以报考医科的。这段婚姻持续了8年。不幸的是，婚后4年妻子被查出患了肺癌，于是沃尔特成了她的护士，照顾了她4年，直至她最后离世。沃尔特说，他一直喜欢给妻子做饭。

我问沃尔特，为什么他总是被能力突出的女性吸引，在他童年时代，有没有哪位女性对他产生了深刻影响，成为他人生的榜样。沃尔特说他的父亲大学毕业后获得学士学位，他的母亲却获得了营养学硕士学位。他父亲是家里唯一一个没有意识到妻子比自己聪明的人。沃尔特说母亲天分很高，受过良好教育，但是从不自夸。她依靠自己的营养学学位支持丈夫读完大学后，又回到家中操持家务抚育孩子。

我还记录了其他男性对于这一问题的回答，很好地说明了他们欣赏独立女性的原因：

独立的女性有自己追求的目标，有激情，自己也能过得很好，生活不空虚，不会把所有注意力都放在爱情和婚姻上。

夫妻双方都有收入当然更好，这样不会把养家的负担压在丈夫一个人身上。

双方的教育背景和职业成就相当，交流起来更方便，这样挺好的。

当然，这些男性也说了一些和火星女人结婚的不利因素，主要是双方都忙，没有时间顾家，不得不请人操持家务和照顾孩子。火星女人通常不太会事事以丈夫为重，主动去抚慰、照顾丈夫。偶尔，他们也会在某些比较传统的社交场合，因为自己的女伴不那么传统而遇到一点小小的麻烦。

非传统的角色

现在我们说说约会的礼仪。当双方都是成功的职场人士且收入丰厚时，也许他们要重新沟通一下彼此之间的约会礼仪。比如，他们是否要分担约会账单？他们要不要一起讨论、共同制定约会计划？还是一切就按传统的约会惯例来？对此，每对情侣要根据自己的不同情况进行调整。

罗伯特的故事

罗伯特是一位成功的好莱坞电视剧编剧。他先后结过三次婚，对方都是能力突出的职业女性。在好莱坞，有一群资深女性高管，很多大的制片公司都曾由女性掌控运营，如索尼、梦工场和哥伦比亚制片公司。像罗伯特这样的男性编剧，已经很习惯在一位女老板手下干活了。作为对女高管的婚姻生活的重要保障，公司也会提供很好的幼儿保育服务。罗伯特觉得工作能力强的女人永远都不会令人乏味，而是一直想让人去了解，所以对他而言，跟这些成功的智慧女性交往，进而发展出爱情就是很自然的事了。他说：“如果一个男人不想在智力和个性方面接受挑战，那生活还有什么意思？如果和一个女人都无话可说，那和她睡在一起又有什么意思？”

我告诉他，许多成功的女性如果听到他说良好的教育、智力和突出的个人成就是选择伴侣时的突出优点，都会十分高兴。他说：“我去约会时，我们一开始聊天的话题就会类似于智力游戏，当然，我会开玩笑似的提起，看对方反应如何。倘若对方表现出相应的智力，我才会有兴趣和她继续发展。我会和她交换名片，请她给我打电话。我从不给女士打电话。”

我问罗伯特，女士的外貌及给他的感觉是不是比智力和事业成就更重要的因素。他以一个故事来作答。罗伯特说，他曾经约会过一位伊朗裔的模特，对方把他照顾得无微不至。这个女孩性格温顺，小鸟依人，他们在一起也很快乐，还经常一起旅行。女孩会经常想脱了罗伯特的鞋给他按摩脚，罗伯特总是说不需要，因为他能照顾自己。女孩却总是说照顾男朋友是天经地义的事。后来他们俩一起去女孩家见她的母亲。有一天晚餐后，罗伯特想帮忙一起洗盘子，却被阻止说作为男人，他不应该帮忙做这些事。最后，罗伯特还是和这位模特分手了。他这样说：“你怎么可能和一个无法平等相处的人相爱？”

现在，罗伯特已经和一位非常成功的女士了结婚，他们有了一对可爱的双胞胎女儿。作为编剧，他有大把时间可以在家工作。他的工作时间很不规律，有时忙得要命，有时又完全不用动笔，全部视电视剧档期安排而定。尽管以前当过高管，他还是对目前的生活状态很满意，可以写些东西，照顾女儿，由妻子负责赚取稳定的收入。他很高兴自己选择了一位事业成功的聪明女性作为终身伴侣，他很喜欢现在的生活，一点也不觉得做个花花公子、开豪华跑车、约会金发美女才是美好的生活。

我还问罗伯特，为什么有些成功男士会不喜欢和成功女士约会，他讲了两个有趣的故事。

我认识两位非常成功的好莱坞名人，他们都喜欢和远不如自己聪明的年轻女孩约会。有一次，我和其中一位一起参加一个午餐会，碰巧路过两个二十出头的年轻女子。我的朋友和她们交换了名片，邀请她们来找他。后来，我对他说："你是个聪明人，为什么总把时间浪费在这些年轻姑娘身上？说到底，你们能有什么共同点呢？你能和她们说上什么话吗？"我的朋友回答道："这就是我找年轻姑娘的原因，她们的故事都非常短。"

也许这位好莱坞传奇人物已经有了智力对等的朋友，只是想在年轻姑娘身上得到片刻陪伴、放松和性满足。

罗伯特接着又谈了他的另一位朋友的故事，也是好莱坞名人。他说这位名人总是特意找那些涉世不深的漂亮女孩约会。有一次罗伯特问他和这些女孩都谈些什么。对方笑了："谈我！"对这位成功的名人而言，和没怎么受过良好教育的女孩约会有一个显然的好处，那就是毫不费力就能使自己成为注意力的中心。

罗伯特同时指出，"强大的女性"是个相对的概念。他们家的保姆是一位单身女性，很想找一个伴侣。这位女士很有魅力、聪明、勤奋，收入也不错。尽管她并没有受过高等教育，也算不上富人，但和蓝领工人或收入比较低的男性一起约会时，她的条件有时还会把对方吓住。他们似乎觉得这位保姆比自己成功，因而在她面前没有自信，也仿佛失去了对生活的掌控。因此，罗伯特建议她去和一位医生约会。

罗伯特就是一个典型的例子，作为成功的火星男性，他先后和三位不同的火星女人结婚，每一位都既聪明又成功，能在各方面给他以冲击。罗伯特说，在好莱坞，像他这样的男人其实很多。他知道有很多“非常厉害的”好莱坞夫妻档，丈夫运营着一个制片厂，妻子则运营着另外一个。

凯拉的故事

有时候，火星女人与火星男人相遇，却能意外地在家中激发出火星女人内心的女性特质，比方说凯拉。她是一位61岁的活动策划人，早年曾有过一段短暂的婚姻，之后单身了25年。55岁那年，她第二次结婚。在单身的那些年里，她得以有机会更好地了解自己，并创建了成功的事业。凯拉每天在工作中都被满满的男性能量所主导，作为成功的职业女性，她对一切胸有成竹。可每当下班后回到家里，她又觉得其实没必要总是那么强势。她突然希望家里能有个人偶尔为自己分担生活的负担。凯拉总结道，这应该是个“很有男子气的人”。她希望这个人能理解自己，尊重自己的努力，并为自己感到骄傲。这个人会支持她的工作，而且时不时也能遵循传统对她“献献殷勤”，让她感到在家中有人保护和珍惜。

我问凯拉，她约会过的男人中，是否有人曾经被她成功的事业吓住。凯拉回答：

你知道我本人就是一个活动策划专家，所以和我约会的人一般都害怕自己经验不足，怕我会不喜欢他们安排的约会计划。对这种情况，我通常都会说自己很乐意让别人来安排活动，享受一下角色变化，请他们只管去计划好了。如果之后对方还是无法克服心里的不安，无法欣赏我的成功，那我也不会再浪费时间给他第二次机会了。

我问凯拉有没有后悔过没要孩子。

老实说我真的没有后悔过。我是一个内省的人，周期性地反省对某些问题的答案。我会问自己："现在单身真的让我快乐吗？还是单身已经成为一种惯性？单身是不是因为我已经不敢再去恋爱了？"当我的生活需要改变时，我会及时察觉并调整。对于要不要孩子这个问题，我也会不时问自己，但答案总是否定的。所以，我对自己当下的选择非常清楚，而且这些选择是出于爱，而非恐惧。

现在，凯拉成功地拥有了自己的事业和相爱的伴侣。她的先生也有自己的事业。夫妻俩请了一位清洁工定期来打扫屋子，其他家务他们俩也根据兴趣和特长全部分担。他们已经结婚6年，到目前一切完美，非常幸福。凯拉的婚姻是和同为火星型的伴侣结成的，她也学会了更好地平衡心中的能量。在工作中，男性特质占主导，回到家里则表现出更女性化的一面。这是她有意的选择，火星女人发现达到内心平衡的方式有很多种。

坦雅的故事

坦雅和凯拉有着相似的观点。她高中毕业之后就结婚了，婚后生了一个儿子。她的第一任丈夫有家庭暴力倾向，很快离开了他们母子。之后坦雅去念大学，毕业后在一家媒体工作，之后又创建了一家非常成功的企业培训机构，目前她的公司已经成功运营了8年。坦雅靠公司获得良好的收入，但也经常出差。现在，她最迫切的目标就是找一位生活伴侣。

其实坦雅在早些年怀孕的时候就结识了一位男士，两个人渐渐地成了最好的朋友。所以，当坦雅决定重新寻找一位生活伴侣时，她很自然地开始和最好的朋友约会，最后，他们两个人决定结婚。

坦雅告诉我，她的丈夫非常支持自己的工作和事业梦想。他对妻子的事业表示尊重，并且力所能及地帮忙。坦雅的丈夫应该比她大不少，她表示自己总是容易被年长一些的男士吸引，因为他们更成熟，内心更强大，不会把自己看成一个竞争者或是威胁。

坦雅小时候所受的教育非常传统，所以不管在工作中多么出色和卖力，在家里都一直表现得非常女性化，对孩子也温柔慈爱。事实上，她一直想当一名全职主妇，目前正计划花5年时间逐渐退出公司的运营。她渴望放松，不用那么紧张地工作。坦雅说："我现在真希望能就这样喝点酒，到处转转，当了10年单亲妈妈，辛苦工作了这么久，我真是太累了。"

坦雅工作期间，请丈夫分担了不少家务。我问她对这点有何看法，她回答道：

我很高兴他能够替我分担家务。但是在某种程度上和男人相处就像和孩子相处一样，你得非常耐心地训练他们，弄得就像这事压根不是出于他们的想法一样。如果你以正确的方式请他们帮忙做事，他们则会认为这是出于自己的选择，完成得非常好。然后你就可以通过各种赞美和奖励来加强他的这一印象。有些男人永远也长不大。这一点有时候很让你头疼——但这也正是男人可爱的地方。

这番话让我哈哈大笑。之后我问坦雅，既然她已经在经济上获得独立，也能成功地独自抚育孩子，这段需要这么多妥协的婚姻是否值得拥有。

有时候，在有能力改变规则之前，你必须遵守现有的规则。要改变男人非常难，过程也很缓慢，但是与你拥有并相爱的人生伴侣相比，这些麻烦非常值得。我经历了不少不成功的交往，之后才选择了现在的丈夫。我们开始约会时，他告诉我："在我眼里没有你过去那些痛苦的经历，我看到的只是经历了一切后你现在美丽的样子。”他对我充满鼓励和信心，所以这一切都是值得的。他就像一块坚定的岩石，我可以依赖他，我也相信他。

在这个故事里，坦雅在她的爱情生活中选择了传统价值观里的两性角色认定。但是，如果当年他们相识时，她的丈夫没有支持她的工作目标，坦雅也不会选择和他结婚。在之前的很多年里，坦雅一直表现为火星型主导，而现在，她选择和一位火星男士结为伴侣，自己则回归家庭，安于在传统的婚姻关系中更多融合自己的金星气质。

玛拉贝尔的故事

也有一些选择和火星男人结婚的火星女人，并不承担传统上大部分由女人完成的家务劳动。玛拉贝尔是一位36岁的心理学家，目前处于稳定的婚姻关系中。她高中毕业之后就成了单亲妈妈，在之后的17年间也一直保持着单身。她上过大学，又念了医学院，完全靠自己的力量养大了17岁的孩子。玛拉贝尔非常聪明、能干且事业成功。我很惊讶她是如何做到一边独自抚养孩子，一边取得今天这些成就的。我问玛拉贝尔，作为一个收入丰厚、已经完全实现财务自由的女性，她现在如何看待约会。她说她跟比自己收入低的人约会过，也跟比自己富有的人约会过。她的经历似乎说明，和收入低于自己的男士约会能有更多的控制力和决定权，在诸如去哪儿度假或去哪儿吃饭之类的问题上更有主动权。

我和收入低于自己的男友约会时，两个人会轮流付账。如果我们去家常餐厅吃饭，通常由他来结账，因为钱也不会太多。但如果我们去享用五星级大餐，我会主动付账。如果对方能够完全接纳你的职业成就，那将会对两人的关系发展很有帮助。只不过很多情况下是这样：一开始他们也表现得无所谓，但随着时间推移，他们渐渐会对你高过他们的职业成就感到别扭。我的男友也是如此。即使他们嘴上说我工作上的成功不会影响我们的关系，他们也不会感到受威胁，但有时候我还是能够感觉到一种微妙的竞争。举个例子，我男友开一辆凯美瑞，但当我买了一辆雷克萨斯之后，他突然就觉得自己需要换车了。有些男人还会因为女友的成功而觉得自己在女方眼中地位下降。他们会说："你太忙了，肯定没有时间陪我了吧。"

玛拉贝尔非常喜欢她的工作，为取得今天的成就付出了艰辛的努力，所以她不会随便就放弃自己的事业。但是她也知道，爱情交往的确需要时间。她现在交往的男友就很好，既理解她对事业的追求，也没有太多的要求。他们俩也在努力，尽可能多地挤出时间在一起。玛拉贝尔需要出差的时候，如果男友不忙，会陪她一起去。

我问玛拉贝尔，作为气场强大的成功女性，她在工作和爱情中有什么不同的感受。

我本人应该属于男性能量主导型，因此会比较容易被女性能量主导型的男士所吸引。有时候如果两个人个性都太强，就免不了发生冲突。我想男人会比较喜欢感觉到自己被人需要。他们喜欢扮演调停者和拯救者的角色，这能让他们的自我得到肯定，因为男人其实比女人更需要肯定。

我问玛拉贝尔，工作这么辛苦而且回到家中也没人给她鼓励、肯定和支持，这会不会让她感到愤懑不平。她说："是的，我这样努力工作的确不容易。有时候我也很需要得到别人的肯定。这就是我比较容易被女性能量主导型的男士所吸引的原因。"

"很多情况下，和事业成功的火星男士约会会渐渐演变为对方的个人秀。我的上一任男友就是这样的人。他独立、富有、聪明，受过良好的教育，而且风度迷人。他一时兴起提议我们去迪拜或者毛伊岛旅行，但我提议试一试玩什么项目时，他会直接打断我："不，那没意思。我们去打高尔夫吧。"我觉得和他简直没话可说。当然，他可能认为自己是付账的人，所以有权决定一切。最后，我受够了这个自大狂，就和他分了手。这段经历让我明白，老话说得好：为钱而结婚，其实得到的每个子儿都得以另外的方式去还。

玛拉贝尔现在的男友是在网上认识的，是一位37岁的火星男人，很善于沟通，两个人可以相互妥协。现在，玛拉贝尔可以一边专心工作，一边享受甜蜜的爱情。当然她也会注意把与男友交往当作非常重要的事，关注他的自尊，肯定他的自我。有时候她会忍住自己，不随便对男友的财务进行评论和建议。玛拉贝尔说："他知道我在这方面是专家，所以有需要的话会来找我的。我可不想扮演讨厌的万事通小姐。就让他自己管自己吧，除非他主动请我。"

以前我会对另一半提出很多期待，必须这样必须那样。但现在不同了，我变得更加灵活，也不觉得对方必须要富有，能自食其力就行。我始终坚定的是对方必须有道德原则、为人可靠，和我有共同的价值观。

玛拉贝尔的现任男友以前有过一段婚姻。他们俩爱好不同，玛拉贝尔喜欢读书，男友不喜欢。但是玛拉贝尔有自己的朋友可以一起分享读书的乐趣，所以也不再认为需要事事都从伴侣一个人身上得到满足。

坎迪丝的故事

坎迪丝是一位39岁的医生。她还在读医学预科的时候就认识了现在的丈夫，他们恋爱4年。她丈夫是位私人教练，当地有名的健美运动员，得过很多奖，是典型的火星男人。很多女人都喜欢他，因为他英俊、健康、很有男子气而且勇于行动。他喜欢运动、健身，会修东西，工作非常努力，有两份私人教练的工作。不过，当年坎迪丝刚开始和他约会时，他的收入可没现在这么高，每年不到50,000美元。

坎迪丝记得刚开始约会时，他们通常会AA账单，或者自己把他那份也给付了。她说只要能自给自足，她就不在乎对方能挣多少钱，哪怕两美元的时薪都没关系。但是，倘若对方连自己的账单都难以支付，她会害怕和这样的人一起生活。

我决定去纽约州完成学业，成为正式的医生，但这对我们俩的关系会有很大的挑战。因为我念的医学院离他这儿很远，得坐飞机往返。我还要在那儿学4年，从30岁念到34岁，在此期间，我们只能每隔两周见一次。大部分机票钱是我掏的，但是这4年期间他一直耐心、忠诚地等着我，而且支持我追求自己的事业梦想和目标，对此我非常感动。他并不介意我赚的钱比他多，也不介意医生这个工作比他的工作社会地位高。他自己也不会向我提出太多要求，而且他给我们俩的爱情带来了很多乐趣，我不会像和医生恋爱那样只能谈一些病例，我们会谈很多关于文化和艺术的话题。

虽然坎迪丝的男友很支持她的工作，但他难免也有郁闷的时候。女友是医生，总是很忙，工作强度大，压力也大，而自己作为私人教练，很多时候没有什么事可做。但是他总是尽量多理解女友，和她沟通，表达自己的想法。他希望女友更关注自己一些，而坎迪丝也同意自己应当更积极一些，既然这能让男友觉得自己更需要他。他们同时还约定，决不把对方为自己付出看成理所当然。

坎迪丝念完医学院之后对男友说，如果他们要共同生活，她希望对方能提高自己的经济收入。正好此时他的一位客户可以提供一份稳定的工作，年薪100,000美元，比他当时的年收入高出一倍，另外还有奖金。男友接受了这份工作，并向坎迪丝求婚。6个月后，他们结婚了。工作之余，他还兼任健美教练。

坎迪丝正式成为一名医生，之后他们生了一个小男孩。现在坎迪丝39岁了，她和丈夫都工作，一起抚养他们的儿子。

现在我丈夫还会时不时抱怨我回家太晚，工作负担太重，对他不够关心。但对此我也没什么办法，医生就是这样。不过我也会尽量调整，当一个好妻子，当我们宝贝的好妈妈。我也发现自己似乎承担了更多的家务，我会希望丈夫再帮我分担一点。他一般都是下了班就去健身房，而我总是下班就立刻回家打第二份工：照顾孩子，收拾屋子。不过我们总是保持沟通，让对方知道自己的想法。我们决定以后一起做饭，每周安排一个晚上享受二人世界，一起分担照顾孩子的任务。

坎迪丝和丈夫这些年起起落落，有高峰也有低谷，不过他们学会了一样最重要的东西，这就是与伴侣保持沟通，及时让对方明白自己想要什么。她认为每一对在外工作的夫妻每周都应该抽一天时间好好聊聊“我们最近怎么样”。因为除此以外的大部分时间里，工作太忙，杂事太多，大家很容易忽略彼此。如果夫妻或恋人相处不开心，但两人都没注意这有什么不对劲，最后很可能会分手。坎迪丝最后总结，其实她丈夫挣多挣少都没那么重要，他们也不会因为这个影响到幸福。夫妻相处最重要的是双方都要有责任感，要及时沟通，并且彼此尊重，满足对方的需求。

凯茜的故事

在接受我的采访时，凯茜刚满32岁，忙于运营自己独自创立的一家公关公司，业务非常成功。凯茜是个精力极其旺盛的人，一周工作65小时，晚上还要去念MBA。即便日程如此满，她还能挤出时间去约会。现在，凯茜已经有了固定的男友，他们交往了4年，打算今年结婚。

凯茜非常热爱自己的工作。她每天早上8点开始上班，一直工作到下午5点半。之后她赶去上MBA课程，从下午6点直到晚上9点，然后回家继续工作到午夜。她喜欢自己的客户，经常周末加班。

她说自己28岁时就已经想好了，希望能找到合适的人结婚成家。凯茜很小的时候父母就离婚了，所以她很憧憬稳定的婚姻关系，希望未来的丈夫有个关系亲密的大家庭，爱护女性，又有正确的价值观。

不过因为工作关系，凯茜经常出差，所以约会并不是非常方便。因此她尝试了网上交友，她在网上遇到过两个人，但他们都不适合自己。之后她遇见了现在的未婚夫，对方给她写了封电子邮件自我介绍。那时凯茜正在亚洲出差，从那之后他们接着又写了一个月的邮件。最后，凯茜回国之后他们见面了，彼此非常投缘。之后他们俩恋爱4年，然后订婚，现在他们很快就要结婚了。

我的未婚夫和我一样，也是一个工作很勤奋的人。他现在升职成了律师事务所的合伙人，可以灵活安排自己的时间，已经没有我这么忙了。我们俩刚刚开始约会时都非常忙，每天必须花很多时间工作。所以，经过最初3个月彼此狂热的迷恋期之后，我们决定坐下来好好谈一谈以后该怎么办。这种梳理对我们俩之间关系的发展很有帮助。我们俩都认为，虽然目前我们都得把大量时间花在工作上，可能不会有太多时间约会，但情况不会永远如此。即使不能经常见面，我们也应该信任彼此。我还主动告诉他，我有很多男性工作伙伴，也有一个特别要好的男性朋友。我们都同意彼此的信任和尊重是最好的爱情策略。因为我们的确很喜欢跟对方在一起，不管多忙，我们都遵守了彼此的承诺，所以最后我们还是在一起了。

我问凯茜，他们在恋爱和平时的相处中是否遵循传统的性别设定，凯茜说她一般会主动追寻自己想要的东西，爱情也一样。她说，自己的很多朋友约会时还在谨遵《恋爱准则》一书的教诲，牢牢背诵传统文化中对性别角色的设定，一步不敢踏错，但她可不吃这一套。凯茜的父母都是思想独立的人，她从小受到的教育就是“想要什么，就去勇敢地追求吧！”所以她不喜欢耍手段，为了获得成功，什么事都努力去做，包括爱情。

凯茜的未婚夫情况也差不多，他身边都是意志坚定、气场强大的女性楷模。他有一位率直而聪慧的母亲，他的姐姐则和他一样是位律师。他的父亲也同样事业成功。

在家务的分担方面，凯茜说她不喜欢做饭，所以约定由未婚夫每周做三次晚餐，其余几天他们就点外卖或者外出就餐。凯茜自己负责一部分清洁工作，另外他们每周请一次清洁工来帮忙收拾屋子。未婚夫非常支持凯茜的工作，凯茜对他也一样。

他们都同意3年之后再要孩子。等有了孩子，凯茜就在家工作，同时请保姆帮忙。有了孩子之后，凯茜会减少一部分工作时间，每周工作50个小时。不过，她很清楚自己不会因此放弃工作。

在经济方面，凯茜说自己比未婚夫小3岁，现在的收入还比不上他。但凯茜预计3年之后他们的收入水平会相当。目前未婚夫经常支付约会的账单，也提出由他出钱举办婚礼。但凯茜拒绝了他的提议，她认为婚礼的花费应当由两个人（包括他们的父母）平均分摊。

凯茜觉得约会时真诚相待非常重要，只有这样你才能确信对方是不是跟你想的一样，婚姻是一辈子的事，必须坦诚。她告诉我，最近他们俩刚和一对新婚夫妇吃过一顿饭。吃饭时那家的丈夫告诉凯茜，他们打算3年之后再要孩子。而当她和那位妻子单独在一起时，却听对方说他们打算过几个月就开始要孩子。凯茜说，如果夫妻之间都不沟通，婚姻不可能成功。在重大问题上，两个人一定要好好商量，达成一致，这样才能通力合作。

我想送给单身女性最重要的建议，就是"不要为嫁而嫁"，"早点安定下来"和"给自己找个着落"都是不正确的想法。我有几位朋友就是如此，她们害怕会孤独终老，所以匆匆忙忙找人嫁了，其实她们选择的婚姻伴侣并不真正适合自己。如果你也是职业女性，面临婚姻选择时，最大的问题也许是要不要孩子，因为一天就24个小时，人的一生也就那么多时间。如果孩子的确是你人生规划中的必要部分，你在选择伴侣时就得多花点时间了解对方，确保他也有同样的想法。如果你本人已经39岁了，那就更得慎重考虑孩子的问题并仔细筹划，否则过了最佳怀孕年龄，这就不是一个健康的选择了。不过，或许你愿意通过其他方法实现要孩子的梦想，组建亲子家庭。

在火星女人选择火星男人的婚姻组合中，我发现有不同的互动模式可以保障他们之间的爱情关系顺利发展。有些女人会在家庭生活中变成女性能量主导角色，承担了所有的家务和照顾孩子的工作；也有些女人选择继续花很多时间工作，同时承担少部分传统家庭事务中由女性分担的部分；另有一部分女性则立场居中。

有些火星女人会和她们的火星先生一样，仍然一切以事业为重，开启所谓"成功事业型夫妇生活方式"，家务全部外包，由家政服务人员承担。也有一些火星女人在工作中很强势，但一回到家中便立刻切换为金星型女人，而且还有可能渐渐发现原来自己更愿意放弃工作专心照料家庭，让火星型丈夫全力在外打拼，抚养家庭。如果你也是火星型女人，记住你有不同的选择。你只需要好好考虑上述哪些因素是你最看重的，哪些能让你和你的火星伴侣在一起更幸福。

成功事业型夫妇典范

我们这个时代有不少成功的事业型夫妇典范，如希拉里和比尔·克林顿夫妇，奥普拉·温弗莱和斯特德曼·格雷厄姆夫妇，米歇尔和巴拉克·奥巴马夫妇。这些火星女人本身都卓有建树，同时又与成就非凡的成功男士结为了夫妇。当然，从这些先生的角度来看，情况也是如此，他们都选择了事业成功的女士作为自己的终身伴侣。

举个例子，希拉里·克林顿毕业于耶鲁法学院，也是在那里与比尔·克林顿相遇。他们俩婚后相当长的一段时间内，希拉里一直保持自己勤于工作的本性。作为成功的律师，她当时的收入远远超过克林顿，还曾经入选《全国法律周刊》评出的美国百佳律师榜单。她在自己这一行的确是位风云人物。

克林顿竞选总统时曾说过："投给我的每一票也是对希拉里的肯定和支持。"对此理查德·尼克松评论道："人人都需要能干的妻子，但是能干过头也不好……如果妻子表现得过于出彩……丈夫很容易看起来像个傻瓜。"但是在整个竞选过程中，克林顿一直坚决地支持希拉里，即便当她发表演说，称自己若成为第一夫人，将致力于在外为美国寻求结盟、在内切实提高医疗水平因而引发广泛质疑之时，他的立场都没有改变。当时克林顿的竞选团队建议他批评这段演说，但是他还是选择了支持希拉里。

我们大家都知道，希拉里在2008年大选时表现出色，而在本书写作之时，她正担任着美国国务卿的重要职位。希拉里在自传里写道，她知道同时代的女性视自己为一个强大的女性象征，她的经历告诉大家，女人也能有如此成就。

最近我参加了两个在曼哈顿举行的研讨会，主办者都是成就突出的成功女性。在活动现场，我注意到阿诺蒂亚·茱迪斯和塔玛·基弗斯都带了她们的伴侣一同出席。这两对夫妻都是远道而来。我记得塔玛的爱人给她的研讨会做了测音工作，并进行了开场发言；阿诺蒂亚的爱人好像姓罗尔夫，是她所在的研究中心的主任，对她的工作也非常支持。我很高兴这两位杰出女性能有相爱的伴侣陪她们一起旅行，并如此支持她们举办的活动。而在过去，这种由男性伴侣陪同女性出席活动的做法是不可想象的。

我们的确需要杰出女性的代表，面对反对的声音时，清晰地说出自己的想法。是的，作为女人，我们就是要给世界带来巨变，我们会成功。除此之外，我们也能享受家庭生活，拥有美好浪漫的爱情。

❤ ❤ ❤

给火星男女组合的建议

1. 无论在公开场合还是私人场合，都要对彼此的梦想和事业追求表示支持。

2. 让一方的成功激励和帮助另一方取得更大的成功。

3. 恋人和夫妻间不要无谓竞争，要知道世界足够宽广，每个人都有机会赢得胜利，每个人都可以做到最好。

4. 不管工作多忙，都要给彼此留出时间，增进交流，共享温情的滋润。

5. 一定记得要留出时间共享二人时光和亲子时间。

♡ ♡ ♡

对于爱我的人，我突出的个人能力既能吸引他，又能帮助他。

第8章　当火星女人遇到金星男人

给女火男金组合的建议

如今，越来越多的火星女人选择女性能量主导的男士作为人生伴侣。这一现象的出现是因为社会情况发生了改变，下面我将对此详细论述。

前文提到过，大部分成功的职业女性在选择伴侣时，倾向于找比自己年长且收入较优厚的男性，但这些年长一些的成功男性的约会对象却包括大量收入低、教育程度不高和更年轻的女性。

如今这种传统的双重标准套路正在发生变化。如同媒体热衷报道的那样，女性中也开始流行一种风尚，她们将约会对象的范围大大扩展，越来越多的女士开始约会那些教育程度不如她们高、事业也不如她们成功的年轻男士，而且这些女性通常都性感迷人。大家还给这些女士起了代称，叫“美洲狮”。

“美洲狮”这一代称开始是指那些专门约会比自己小6岁以下异性的年长一点的女性。著名的“美洲狮”包括麦当娜、凯蒂·库利克、金·凯特罗尔、艾伦·巴肯和苏珊·萨兰登，她们每个人都选择了比自己年轻不少的男友交往。朱丽安·摩尔的丈夫比自己小9岁，他们已经结婚15年了。总而言之，婚恋方面的社会习俗变得更加开放、灵活，单身人士因而也有了更多的选择，这对我们的社会是值得庆幸的事。多少世纪以来，男人可以正大光明地约会比自己年轻很多的女性，反过来又有什么不可以的呢？

有人问过这些年轻男士，为什么会和比自己年长的女士约会。他们回答说，因为年龄大一点的女性不会让人感觉无聊，她们通常更聪慧，也更了解自己，知道自己想要什么。和这些女士约会还有一点好处，那就是她们更愿意自己付账，这样两个人在一起就可以尝试更多的活动，比如旅游。年长一些的女性通常也没有一心想结婚的念头。

现在，本书中描述的这种“美洲狮”现象越来越多，似乎已成为一种流行风尚。电视台有一档节目就叫“美洲狮小镇”。另外还有众多活动，如全国单身“美洲狮”大会、“美洲狮”速配，甚至游轮公司都推出了专门的“美洲狮”航线。尽管有一些“美洲狮”只是逢场作戏，寻求刺激，但她们之中有90%的还是希望建立长期的爱情交往的。

选择跟年轻男子约会的女性，并不一定是把这个当作某种生活方式的选择。有时候，爱情就是会这样发生。我丈夫和我相识于一个家庭诊所，当时我们手边有一个共同的病例。我知道他比我小6岁，也知道自己恋爱的目的很明确，就是为了寻找婚姻的伴侣，成立家庭、抚养孩子。但我还是忍不住在想，除了年龄差距，我们俩在成家这件事的时间轴上有没有同步的可能？后来，我了解到，我们对于婚姻的时间规划并不同步，所以继续和他保持柏拉图式交往的同时，我也跟别人约会。可是我越了解他，就越喜欢他。在我们第三次约会时，我告诉他自己打算在两年内结婚生子。我猜这下他肯定要被吓跑了，但他并没有。我们还是继续约着一起出去。如果那时候我没有勇敢地迈出那一步，哪怕是和自己以往的做法并不一致，或者有一点点惊世骇俗，我就永远也没有可能和自己一生的挚爱相伴了。因此，我建议大家放得更开一些，勇敢去尝试不同类型的约会对象，总有一个适合你。

我有不少来访者认为，跟比自己年轻的男性约会不靠谱，因为他们八成压根都没有结婚的念头。这么说也许有道理，但是如果只试了一个人，你是无法肯定别人的想法是和他一样还是完全不同的。其实，无论什么样的情况，总归是有人想结婚，有人不愿意。你不妨把自己的意思多跟几个人说一下，这样做也是为了给自己喜欢的人一个机会。

当传统恋爱关系中的男女模式被颠覆之后，他们在经济收入关系方面又有什么变化呢？传统上，女性会视与他们约会的男性为物质供给者，而男性也不太介意女性的经济能力。但是，现在有一项调查表明，91%的女性声称，她们选择婚姻的首要因素是爱情，而不是财力。一项调查数据显示，半数女性可以接受跟收入远低于自己的男性伴侣共同生活。

在askmen.com上的一项针对男性的调查显示，93%的男性愿意和收入高过自己的女性约会，而33%的男性愿意跟比自己年长很多的女性约会。（当然，他们只是愿意，而非一定追求这样的结果）

尽管人们有关恋爱双方的年龄和经济能力的观念已经发生了很大改变，但还是有调查显示，女性最主流的观点仍然是遵循传统。女性可以接受为了爱而结婚，嫁给比自己钱少的人，但她们心底还是希望能与一个收入水平高于自己的人结婚，这样就可以安心留在家中当主妇。64%的女性希望嫁给收入水平比自己高的男士，另有69%的女性表示如果钱不是问题，希望婚后能留在家中照顾孩子，收拾屋子。如果我丈夫也持有这种想法，我一定会全力支持他！

但也有很多火星女人不工作就无法得到快乐。所以，有时候强势的火星职业女性更容易选择金星型男士作为人生伴侣。因为有些金星男士在工作上没有那么大的野心和压力，可以有更多时间待在家中支持事业型的妻子。也有一些金星型男士，他们本身有成功的事业，不过由于是女性特质主导，因而情感更丰富，比一般男性更敏感，对感情更关注。正如我们前面提到过的，成功的火星型职业女性在外披荆斩棘，回到家中更需要得到爱人的温情和陪伴。

很多火星女人认为，性格温柔的伴侣更有利于自己获得内心的宁静和平衡。CNN.com上曾登载过一篇题为《教育、金钱和爱情》的文章，作者斯蒂芬妮·陈讲述了一个关于莉娅·麦克萨克·拉夫的故事。莉娅是华尔街一家公司的技术副总裁，也是家里的主要收入来源，她丈夫的职业是遛狗。莉娅觉得："要是找一个跟我一样的人结婚，我们俩白天晚上都会坐在电脑前工作，那我会烦死的。那样的夫妻关系也太冷淡了。我最不喜欢的就是回到家还得和一个投资银行家一起生活。”

莉娅的丈夫则说：“当然，莉娅挣得更多，但我不觉得别扭……相反，我对她在工作中取得的成就感到无比骄傲。”

杰西卡的故事

杰西卡今年40岁，是一位治疗师，非常热爱自己的工作，收入也相当不错。杰西卡在35岁时遇到了现在的丈夫安迪，如今他们已经结婚4年了。在安迪之前，杰西卡还谈过一次恋爱，对方叫斯蒂夫，他们交往过4年。

杰西卡的前男友斯蒂夫是一位成功的医生，收入丰厚，人很聪明，风度翩翩，有一座漂亮的大房子。杰西卡曾经想过和他结婚，但斯蒂夫似乎对婚姻和承诺有一种病态的恐惧，杰西卡总觉得相比两个人的感情，他更加看重工作。如果他们结婚，她不认为斯蒂夫会把自己和他们的家庭放在重要的位置上。

两个人分手之后，杰西卡不得不重新寻觅自己的爱情。说实话，这其实让她有点不安，尤其是对一个已经35岁的女人而言。她尝试过网上约会，但是没有碰到令自己满意的人。于是杰西卡打算放松下来，多出门活动，找点娱乐，看能不能自然而然地遇见合适的人。8个月之后，杰西卡加入了一个萨尔萨舞俱乐部，终于遇到了她现在的丈夫安迪。他们俩一起跳舞，聊了好几个小时，当时就被彼此深深吸引。刚认识的那个晚上，杰西卡和安迪已感到非常亲密，之后他们又共度周末。安迪是危地马拉人，在一家餐厅的厨房当帮手。他的英语只够简单交流，还需要极大提高，这给两个人的交往增添了更多需要克服的困难。

在治疗别人的工作中，杰西卡也领悟到不少道理，她慢慢懂得伴侣身上什么才是自己最看重的。

我以前经历过一段爱情，对方是强势的火星男人，会养家糊口，受过良好教育，经济状况非常稳定——对我而言，他缺的是感情上的稳定和对爱情的承诺。我知道自己希望遇到一个以家庭为重的人，他能在生活中跟我沟通和妥协。在这一点上我可以相信安迪，他在感情上非常坚定，而且一开始就愿意努力增进我们之间的交流和信任。他对爱情很忠诚，也热爱自己的家人，所以我知道他以后也会同样爱我。安迪很喜欢孩子，他会是个好爸爸。我相信，这些情感方面的特质会比金钱和教育更能帮助我们度过以后生活中可能出现的困难。是的，你可以说我选择了一个金星男人。

杰西卡和安迪约会半年后决定订婚，又过了一年，他们结婚了。在此期间，两个人都在努力增进对彼此和对方文化的了解，感情也越来越深厚。杰西卡去社区大学选修了西班牙语，而安迪则报名参加了英语培训班。他们俩订婚之后还一起上了半年的婚前辅导课，一位心理学家和一位神父共同给他们提供咨询。在课上，他们交流了各自的宗教、生活目标和理想。这一过程帮助他们学会在遇到问题时沟通与妥协，顺利达成共识，也增进了他们对各自沟通方式的了解，让他们对共同的目标和希望更加明确。

婚后的4年中，杰西卡和安迪各自继续工作。杰西卡工作更忙，收入更高一些。在家庭生活方面，杰西卡负责打扫浴室，安迪则承担了更多家务，他负责洗衣服、擦地板、煮饭，还帮助杰西卡处理一些工作上的杂务。晚餐之后他们俩一起清洁厨房。

我今年已经40岁了，是时候有一个完整的家了。我已经开始备孕。安迪和我商量好了，孩子出生之后他会辞职，在家照顾宝宝，打理其他家务。而我则出去继续上班，负责赚取家庭收入。孩子大一点之后，安迪希望能去上厨师学校，那时候我们家的财务状况可能会有所改善。我们俩都认为安迪能留在家里好好照顾孩子真是太好了，这也是我们生活中非常重要的工作。

我问杰西卡是否觉得自己是个女性主义者。她回答："我不会到处宣称自己是女性主义者。但是，每当媒体报道有什么女性主义运动，我会拿来跟自己对照，看看我走到哪一步了。你得看看我上的是什么大学：萨拉·劳伦斯学院，这可是一所以女性的名字命名的大学。"

我又问杰西卡，她和前男友斯蒂夫约会的时候是否也平摊家务，尽管斯蒂夫挣得更多一些。杰西卡说他们俩各洗各的衣服，两个人一起做饭，一起打扫卫生，轮流去买日用品。我问杰西卡，她在跟斯蒂夫的约会中表现出来的平均主义，是不是她的性格使然。杰西卡说："我不想被约会的男友当成管家或女仆。我妈妈就是这样，家里什么事都归她管，她一刻也不得闲。我不希望自己的生活也这样。当然了，养家糊口有时候也是挺头痛的事，但是面对一大堆家务绝不轻松。所以，如果夫妻中有人更善于处理这方面的事情，那就最好了。"

杰西卡还讲了自己和安迪的婚姻受到了来自家人和社会的压力，因为他们的结合完全颠覆了传统文化对两性关系的定义。"家人那边肯定还是要一点说服工作的，你得让他们知道你是怎么想的。其实只要我们自己坚定，觉得这才是最好的选择，家人基本也不会太为难我们。至于外人，如果我们对自己的婚姻非常满意，他们又有什么好说的呢？"

安迪也同意这点，他也认为夫妻两人觉得满意对他们最重要。

我们俩目前的情况是，杰西卡外出工作，家庭收入会更高。在我的家乡危地马拉，传统文化里总是男人外出养家，女人操持家务。美国这边不太一样，如果女人挣钱更多，那就根据具体情况具体调整了。在家里照顾孩子也很重要。作为父亲，你能慢慢了解孩子的喜好和需求，这对一个男人来说挺好的。照顾孩子其实是一项强度很大的工作，但你会乐在其中，因为每天都能和孩子一起成长。

我问安迪，如果他上了厨师学校之后当了成功的大厨，或者开了自己的餐厅，情况会有什么变化。

我会和杰西卡分享一切。如果我当了主厨之后收入比她高，也许她会回家照顾孩子。如果还是杰西卡赚钱更多，那还是我在家里好了。在家打理家务、照顾孩子的一方不应该感到有什么失落，因为在家也同样是工作，为自己的家庭服务是一项很繁重的任务。在家并不意味着成天躺沙发上看电视。你要打扫屋子、做饭，还要带孩子，不可能有什么工夫歇着的。

虽然杰西卡和安迪的婚姻模式并非主流，他们也还在尝试和调整之中，但这是一个非常好的案例，它证明这个时代婚恋关系中的性别设定正在发生改变，像他们这样男金女火的组合也能让伴侣尊重彼此，让家庭生活充满爱意。

爱丽丝的故事

爱丽丝是一位39岁的精神治疗医师，事业很成功。她和詹姆士相识于一个素食主义者的交友网站。他们俩很快发现彼此有很多相似之处。爱丽丝刚认识詹姆士的时候，他是一名失业的工程师，靠积蓄生活。他打算趁这段不用上班的时间好好拓展一下自己的爱好——有机农业和徒步。因为爱丽丝的收入不错，而詹姆士此时正失业，所以爱丽丝决定支持一下他的梦想。他们开始约会，之后结婚，之后很快有了女儿。詹姆士用自己的积蓄给他们买了一座小房子。女儿出生后，爱丽丝继续全职工作，而詹姆士在家中做饭、打扫卫生、照顾女儿。他每天都会去爱丽丝的办公室很多次，给她送自己做的爱心便当，还把女儿也带过去，这样爱丽丝可以在下一个病人到来之前给女儿喂奶。他们一起奋斗，磨合得非常好。在整整4年时间里，詹姆士一直悉心照料着全家的生活，而爱丽丝坚持全职工作，保障了他们的家庭收入。

过了几年，爱丽丝因为工作太辛苦，觉得有点筋疲力尽。正好詹姆士也觉得在家里待得太久了，有点闷得慌。于是他们商量了一下，詹姆士决定重返职场，另找一份工程师的工作。詹姆士后来成功应聘了一个项目顾问的职位，薪酬非常优厚，福利也很好，只是需要经常出差，所以爱丽丝和女儿见他的机会就少了。这时爱丽丝决定兼职工作，因为她实在是很喜欢精神治疗这个领域，但是她知道如何在工作和生活之间找到平衡，所以她也有了更多时间陪伴女儿。

我问爱丽丝，她到底更喜欢什么样的生活，金星型和火星型男人，到底哪种更让她感到幸福。

我更喜欢我丈夫现在的工作状态，虽然我和女儿不能像以前那样随时见到他。詹姆士本人似乎也比以前更快乐了。他是那种典型的工程师思维，更喜欢按照条理和流程来做事。但你知道家务活总是乱七八糟地一起砸过来，你得手忙脚乱地同时处理，所以，留在家里，这让他有点不适应。不过，在我们女儿最初的成长岁月里，詹姆士一直陪着她、照顾她，所以孩子和他非常亲密，这种亲密的默契是别人无法取代的。詹姆士在那几年一直精心照顾孩子，虽然很少有爸爸这么做，他也一点不感到尴尬，这让我很钦佩。说到他现在外出工作，也有不好的一面，我们太想他了！我非常想再吃他做的饭，就像那几年一样，我喜欢他照顾我们的样子。

当我问爱丽丝，她对自己和詹姆士之间的性别角色来回调换有什么看法，她说：

夫妻俩同时外出工作，对一个家庭其实是不太容易的。当然，如果两个人都非常热爱他们的职业，那就值得尝试一下。但也许其中一方（不论是丈夫还是妻子）选择辞职照顾家庭，或者两个人都减少工作量选择兼职工作，对照顾一个家庭来说更容易一点。不管怎样选择，如果妻子更热爱她的工作，那丈夫为什么不能回家当主夫呢？

我本人也见过许多成功的婚姻，其中丈夫和妻子的角色完全颠覆了传统约定，但他们关系和谐，感情也很甜蜜。

也许作为一个刚刚开始寻觅爱情的火星女人，你会感到迷惘："可是哪里有那么多金星男人啊？"说出来可能让你大吃一惊，如今金星型的男士真的比过去任何时代都多，因为社会环境更加宽容，男士们也更容易表现出他们细腻温情的一面。

辛迪的故事

我的一位来访者辛迪是位学者，她很聪明，也非常有魅力。为了追求事业不断上新台阶，她一般过几年就会换一所大学或者研究院工作，以谋求更高的教职。对三十多岁的单身女性而言，生活地点的不断变化可是约会恋爱的一大障碍。我们俩讨论过这个问题，传统上，一般是女人追随所爱的男人，以对方的事业为重，跟着他们搬迁，很少有男人追随他们所爱的女人。当时辛迪刚刚和前男友分手，对方很传统，从不跟她讨论自己的情绪，不谈自己对这段恋情的感受和需求，也不说自己对这段关系有什么展望。我和辛迪一起讨论了可以从这段失败的恋情中得到什么教训，然后我让辛迪理清自己对爱情有哪些要求和愿望。我还要她考虑清楚，下一段恋情中可以为对方做什么，以及她能在哪些方面给予一定的妥协。辛迪的确花时间好好做了功课，因此增加了对自己内心的了解，恢复了自信和快乐，又开始对生活有了新的计划。3个月之后，辛迪又遇到了一个人，他们相爱了。

不幸的是，6个月后，辛迪又得离开这个地方去另一家机构就职。她努力提醒自己在这段新恋情中不要太投入，尽量放轻松一点，因为她觉得这段感情可能会像以前的恋情一样，因为她工作地点的变换无疾而终。但是在这段交往一开始她就完完全全做回了自己，她非常坦率地跟对方谈到自己目前的处境，告诉对方自己只是打算享受当下两个人相处的乐趣。他们在一起的时间越来越多，对方把辛迪介绍给自己的朋友和家人，也愿意大老远开车过去见辛迪的朋友和家人。他总是乐于支持辛迪的工作和职业梦想，并且愿意谈论他们的关系将如何发展。辛迪开始时还有些担心他们之间发展得太快，最终还是决定敞开心扉，给这段美好的感情一个机会。

当他告诉我他会随着我的新工作搬迁时，我真的不知道自己该怎么做了。我知道他很有责任心，工作也很努力，到新的城市也会找到新工作，但他不是那种工作上有野心的人。我决定坦诚地和他谈一谈，如果搬迁，他在经济方面会有什么负担。每次我们谈到这个话题，他总是告诉我，他愿意配合我的工作，调整自己的生活，只要两个人能在一起，什么困难都可以克服。他会给我做饭，会送我鲜花，还会帮我收拾屋子，这些我都非常喜欢。他人也很聪明、感性、诚实，而且真的很帅。

他们决定搬家之前，辛迪开始害怕起来，她怕自己的学历比男友高，别人会说闲话，而且她也有一点点担心，男友对事业太没有追求了。我们曾经就这个问题很深入地讨论过，辛迪承认，她以前总是设想会和一位同样成功的事业型男士结婚，甚至设想过也许双方都忙于工作，不会要孩子。当然，她也可以接受成家之后要个孩子，但是事业肯定是自己生活的重心。一旦有了孩子，她希望丈夫能更多地承担起照顾孩子和家庭的责任。辛迪还有一个顾虑，现在的男友可能会比较难融入自己的学术圈子，也不太能理解她的工作领域。但是，同时她也承认，要谈学术和工作可以找大把同事。

因为辛迪现在才三十出头，还有很多时间可以慢慢思考让自己最舒服的爱情模式，不必急于结婚生子。她可以利用这段时间好好和男友交往，细细体会和金星男人的爱情到底感觉如何。辛迪感到很惊奇，因为她年少之时所憧憬的是火星的爱情，现在她的心却告诉自己，深爱的是眼前的金星男人，而且和他在一起特别快乐，内心也分外踏实而安宁。也许这是因为他们俩特质迥异，从某种意义上说，金星男友激发了辛迪内心深处的另一面，辛迪感觉在他的帮助下，自己得到了成长。

之所以要讲这个故事，是因为我想让你知道，有时候新的人、新的爱情就是会这样突如其来地在你的生活中出现和发生。此时最重要的就是敞开心扉欢迎这种新变化，而不能紧闭心门，拒绝和掐灭花朵般静待盛放的爱情。有时我们过于纠结于某些特定念头，如“爱情是什么”或“未来的那个他到底是什么模样”，以至于忽略当下正在发生的事。因此，让我们更大胆地尝试新的约会吧，就如同买新衣服一样，只有试了你才知道是否合适。如果有合适的人出现，一定要试着去交往，就当增加一段经历，不要试都不试就直接拒绝。

金星男人的想法

我听一些偏金星特质的男性来访者说过，二十多岁的单身女性常常故意忽视他们这一类型，而去关注和爱慕强势的火星男人，其实那些火星男人对这些女性并不好。他们说可能是女性更容易被说一不二的男人吸引，即使那些强硬的火星男人看起来不够感性，也非常自我。

这一现象让一些金星男士禁不住想，到底要不要改变一下以吸引女士的爱慕呢？他们中有些人还真的尝试了诱惑游戏，或者接受一些肤浅而不靠谱的建议，比如假装更自信，假装在性方面更胸有成竹，或假装对约会并不上心。

如果真以为女性需要这些，那就太不了解女性了。但这些金星男人口口声声说自己的亲切温柔已经变成约会的不利因素了。这都是一些优质男人啊，他们有魅力、聪明、为人可靠、工作很好，而且非常愿意精心筹划约会安排。那么，为什么会有女人不愿意和他们约会呢？我真的不理解这一点。

我的确也看到单身女性爱上“坏男人”的例子，一方面是因为追逐“坏男人”这件事本身让她们觉得刺激，很有挑战性。另一方面应该是因为“坏男人”本身都男子气十足，这种异性特质的吸引会激发某些女性的化学反应。事实上，很多女性倾向于把“好男人”（通常是指金星型的男性）当作自己的男闺密或者大哥，而非恋人。

在这里我想请各位女士再认真考虑一下金星男人的优点。事实上，几乎所有爱情刚开始的时候，那种强烈的所谓“男子气”是会把你迷得神魂颠倒。但是经过最初的蜜月期，性的吸引力会逐渐消退，你们将迎来长期的交往和相处。如果你们最后结婚，那就会是爱人、夫妻、家人、最好的朋友和终身伴侣。到那时你会发现，细腻的感情、体贴的性格才是婚姻成败的决定因素。但现在很多女性在面对婚姻的选择时，考虑的不是谁能成为自己最好的朋友和以后孩子的好爸爸，而是不切实际地回想着中学时的帅哥，和自己趴在摩托上呼啸而过赢得超高校园回头率的事。

我那些单身的金星型男来访者还说过一个现象，那就是40岁以上的女性能够意识到他们的优点，明白金星男人也能成为好伴侣的道理。只是年轻的女性对他们还是比较排斥。也许人总是要经历岁月才会更加智慧，明白什么是最重要的。而且随着年龄的增加，人也变得越来越成熟，考虑问题更全面，而不再像年轻时那样，靠荷尔蒙驱动。

说这些并不是为了让你放弃或者忽视恋人身上的性吸引力。我只是想提醒你，如果你想找一个人结婚，你要找一个生命中每晚都陪在你身边入睡的人。你可以自行决定什么样的魅力对你来说更重要：是男友的长相、你们之间的化学反应、性生活的和谐、思想与情感上的协同一致，还是只是传统文化中推崇的男性特质？好好想清楚这个问题，因为它会决定你和恋人是合是分。

有的金星男人和心仪女生连着约会一个月，共度很多美酒和佳肴相伴的夜晚，最后却因为自己柔性的金星特质就被告知“我们还是当朋友吧”，这让人感到又困惑又受打击。女士们，请不要对金星男人有偏见，他们不是同性恋，他们中很多人都是非常浪漫的恋人。而且，金星男人会给爱情带来很多火星男人无法做到的东西，因为他们更细致、更感性、更擅长人际关系，和他们相处更愉快，而且他们会把爱情放到最重要的位置上来。

❤ ❤ ❤

给女火男金组合的建议

1. 学会欣赏彼此的力量，不要想着改变对方。

2. 如果有人恣意批评你们的爱情模式，要公开、明确地对伴侣表示支持。

3. 很多工作没有经济回报，却很有挑战性，而且也需要很多技能与天分，比如照料孩子和照顾家人。

4. 感谢你的伴侣，谢谢他在你生活中给予的帮助。

5. 与伴侣共同讨论你们爱情或婚姻中的权力互动模式，确保你们之间彼此尊重，有事共同决议。

练习

如果你从未跟金星男人约会过，不妨试一试。和他出去见几面吧，感觉一下。好好体会何种相处方式最适合你们，再根据自己的情况进行调整。在笔记本上记下他的哪些方面是你最欣赏的。

♡ ♡ ♡

火星女人的新信念是：我觉得温柔体贴又会照顾我、支持我梦想的男人非常性感。

金星男人的新信念是：我觉得热爱事业的成功女性非常性感。

第9章　金钱与爱情

理顺爱情中的金钱关系

过去，最让人羡慕的男性品质是有能力为家人提供优越的生活。这一传统模式流传到今天，影响已远不如前，但是在其仅余的影响力中，居然是女性拥护者更多。著名约会网站match.com在2011年进行了一项调查，结果有35%的女性表示伴侣的经济收入和自己对等是一条确定交往的底线，或者是“极其重要”的权衡因素。与此同时，只有12%的男性持有同样的观点。另外一个同样性质的调查还显示，52%的女性可以考虑和收入水平明显低于自己的人结婚。可以说，现在的女性对于金钱与婚姻的关系，观念已经有了一些松动。

我们知道，如今的女性对家庭收入的贡献并不比男性少。在有些家庭中，女性甚至是家庭收入的主要来源。今天，在媒体工作的全职女性，工资水平要比和她们职位相当的男同事高8%。一项最近的民意调查数据显示，现在的趋势是30到44岁之间的女性收入水平要高于她们的配偶。在2007年，22%的美国家庭中，妻子挣钱比丈夫多。婚姻和爱情中的金钱关系影响双方地位的说法很快会有新的变化，所以我们也应当注意这个新的趋势，并重新审视婚姻和爱情关系中财务平衡的变化。

单身女人通常会担心她们的超高收入会吓住男人。她们既不希望因为有钱导致没人敢来理自己，也不希望男人因为看重自己的钱而和自己交往。

传统文化中，男性的角色通常被定义为“负责养家的人”，这导致有些男士认为经济状况良好的女性不需要自己。当然，这还取决于男士本人是否自信，在爱情和婚姻关系上是否非常传统，以及他是否可以客观地评价女友的成功和自己的事业。

match.com在2011年的调查还显示，虽然如今的男性和女性都非常赞同两性在爱情和婚姻中的经济关系应当平等，但他们并不太认可其中的角色设定可以互换。在这一点上，男性比女性更加开放，参与调查的男性中，有45%的男性表示，自己愿意待在家里做全职主夫，但只有三分之一的女性表示可以接受一个主夫型配偶。

有研究表明，现在的男人比过去更容易接受事业成功的妻子。戴夫·格洛克霍夫写过一篇题为《未来的男性将成为家庭主夫吗？》的文章，文中提到，75%的受访男性毫不介意自己的收入比妻子低。他们都说，如果妻子是家庭收入的主要来源，自己完全可以负担家务劳动，一点问题都没有！

克里斯蒂娜·施瓦茨在2010年做过一项研究，称如今的男性越来越愿意选择有独立经济能力的女性作为伴侣。大卫·布斯在2011年所做的一项研究则显示，在现代男性心目中，女性的收入水平已经超越她们的家务能力，成为更受青睐的宜婚特征。与此类似，2011年汉密尔顿项目的一项研究表明，近年来，女性中收入最高的那部分人的结婚率上升了10%。这些数据都表明，如今的男人比过去任何时期都更加看重女性的经济能力。

但是，仍然有很多成功的职业女性觉得她们在约会之初不得不隐瞒自己的高收入，并且不少专家也同意这个观点。

msn.com上发表过一篇题为《成功女性约会的悲哀》的文章，作者是阿曼达·梅。阿曼达在文章中记录了她对婚恋专家斯蒂夫·中本的访谈。事业成功的女性觉得自己的经济能力会吓住追求者，阿曼达问斯蒂夫对此有什么建议。他说：

约会时女生需要摆出高姿态，显得钱对于自己并不算什么。打个比方，可以让男友极尽浪漫地给你送东西，即便他不算太有钱。而且女生要记住不能给男友买贵重的礼物——这会让他觉得无法回赠，因而感觉不好。不过男人一旦坠入了爱河，也就不太在乎这些了。因此，开始时要谨慎一些，等他爱上你之后，再胆怯的男人也不会那么容易放手了。

斯蒂夫的建议可能符合大部分男人的想法，但是我还是不太理解我们为什么一定得这样做。为什么男人给女人送贵重礼物时不用担心对方的经济条件不如自己，因而对方无以回报呢？难道不应该是双方都将自己最好的东西赠予对方吗？难道这一点也要男女有别吗？

我记得有两个女友（都是事业非常成功的女性）曾经告诫过我，我以后可能会后悔找了一个收入比自己低的丈夫。她们说性格温柔的新好男人虽然相处比较愉快，但从长远的眼光出发，缺点也很明显，因为他们无法提供稳定的物质保障。我当时的确认真地考虑了她们的建议，但内心深处还是觉得只要丈夫愿意为我负责又工作勤奋，对我而言就是最好的，这比赚多少钱都重要。

所以，选择最佳伴侣时最重要的是要了解自己的想法。如果你本人觉得达到某种特定的生活品质极其重要，你还是应该找一位经济能力比较强的丈夫。我知道有一些女人，她们声称或以为自己对物质没有什么太大要求，和收入比自己低的男士结婚也完全没有问题，但在婚后不断痛斥丈夫不够努力，事业没有起色。这样太不公平了。你应当在一开始就诚实地告诉自己，你希望过什么样的生活。这样做的好处是你们双方都会为此感激不尽。

对于持上述想法的女性来说，还应当弄清楚的一点是，这种寻找高收入配偶的想法究竟是出于本心还是受了外界的影响。如果你的确喜欢高品质的家庭生活，非常想在家中陪伴孩子——如果这就是你真实的期望，那么请遵从内心的声音，过你想要的生活吧。但是，如果你只是受到外界某些观点的左右，觉得嫁给有钱人才能在世人眼中显得更有价值，觉得手上的钻石越大爱情就越甜蜜，或者房子、车子越好社会地位就越高——如果你真是这么想的，那我建议你仔细考虑清楚再决定。只顾物质的承诺，或只看所谓社会地位的高低，都是缺乏自尊的做法，最终会毁掉人一生的爱。当然，事情都不是绝对的，我们不排除也有人能做到财富和爱情两全。

当年我同时交往了四个男士，最后确定和现在的丈夫继续发展，后来结婚。在这四个男士当中，他的收入水平最低。其中有一位是国际银行家，有很好的价值观，我也赞赏他的家庭理念。不过他工作非常忙，出差密度太大，周末也常常加班，平时工作到深夜也是常事。他对我的职业梦想也非常支持，鼓励我继续努力，并且觉得以后完全可以请保姆帮忙照顾孩子。不过，我一直都有所顾虑，因为他的日程安排太满，我怕以后孩子没有足够时间和父亲相处。跟他相反，我现在的丈夫是一位社会工作者，在学校上班，每天下午3点钟就可以结束工作，而且也有很长的假期。当然这并不是我选择和他结婚的主要原因，其实当时我们已经相爱了——但现在回头想一想，从长远的角度看，他的时间和陪伴是我和孩子能得到的最珍贵的礼物。

所以，作为火星女人，请先想明白你的价值观和人生目标，包括在家务和育儿方面的需求，并考虑如果选了某个人结婚，你们之间的相处时间是否足够。在做出一生的婚姻承诺之前，你最好先选定一个实现承诺的最佳方案。你不妨问问自己："金钱对我来说到底有多重要？"假设10的重要程度是最高的，从1到10之间选一个数字看看。

在兰迪·梅因塔所著的《养家的妻子和她们选择的丈夫》一书中，作者采访了一些妻子收入更高的家庭。绝大多数妻子并不太介意丈夫的收入，却非常看重对方的性格和价值观。这些夫妇一般说来有事会一起商量，平等相处，妻子不会对丈夫颐指气使。这些妻子有一些共同特点，那就是追求自己的经济独立，非常享受工作带来的回报和成就感，并且向往平等自由的婚姻关系。一般她们从小的生长环境也比较独立，都有很强的个性。

据梅因塔研究，这些家庭的丈夫们也并不是先看中对方的经济能力和事业上的成功才跟对方结婚的。他们本身都不怎么热衷于职场的竞争，也没有太大的野心，而是更愿意融入到妻子的日常生活中，照顾孩子，打理家庭事务。他们的共同特点是很习惯接受女性作为领导者。

有一点很明显，这些男士并没有被妻子的成就所吓倒，事实上他们会为妻子的成就喝彩。梅因塔在书中描述了一位养家的妻子为什么选择现在的丈夫，“杰夫不仅能很自然地接纳我的成功，而且还对自己能和一位智力出众又做事很努力的女士一起生活感到非常骄傲。他本身倒不是那种野心勃勃的人……杰夫给了我如此多的尊重和支持，我根本不在意他的收入水平。”

这番话让我想起世界上其实有很多种爱、支持和给予能量的方式，而金钱只是其中一种。如果女人不希望传统文化中的丈夫因为养家糊口付出了劳动，就轻视了妻子所付出的辛劳，那么这些养家的妻子也得注意，不能表现出对丈夫的轻视。养家的妻子回到家中也应当对丈夫表示谢意，因为他们每天都不辞辛苦地给全家做晚餐。

研究还表明，那些热爱工作但收入不高的男士更乐于接受高收入的妻子。在《把培根带回家》一书中，作者佩本海姆和格莱夫斯发现有些男士选择了自己热爱的低薪工作，有些男士则选择了不感兴趣的高薪工作，这两类人相比，前者比后者更淡然，也不怎么羡慕别人的高收入。当然，前者也会认同传统文化中的性别角色设定，认为如果有可能，自己也应该主动追求更有经济前途的职业。

不论男女，都要认清楚一点，那就是即便那些不能取得太大经济收益的工作也很有价值，因为它们很重要，必须有人去做，如家务劳动、艺术、社会工作和教育。认识到这一点很重要。我们不能仅仅根据一个人的经济状况或者社会地位就评判他的人生有没有价值，尤其是面对一位可能交往的恋人时。有时候情况的确如此：一个聪明又勤奋的人即便专业精通，可仍然赚不了多少钱。金钱和人的价值没有直接关系。

谁来管钱比较好?

金钱也许是夫妻之间最敏感的话题，也最容易起争执。如果一个家庭跟传统社会习俗相反，妻子是主要的养家者，这个问题就更复杂了。

每一对夫妻都应当讨论这个问题的解决办法。过去，女人是主妇，不必外出工作，需要钱的时候只能向丈夫要。而现在妻子成了养家的人，但决不应该让丈夫也不得不伸手要钱。这一点很重要。解决这个问题的办法有很多。有的夫妻各有各的银行账户，他们根据自己的需要，每月把两个人的收入汇总到一起，然后再平分，向两个账户分别汇款。这样的好处是两个人花钱都会比较自在，可以根据需要自由支配自己的账户。这样能有效避免家庭内部的财务纷争，不会为买这个不买那个发生矛盾。这样做的前提是两个人都不计较这笔钱到底是谁挣的，反正都是家庭的共同收入，两人共同分配，也比较公平。

沃格尔和帕尔在1988年的一项调查中发现，夫妻之间支配家庭收入的方式大体可分为三种，而这三种方式的比例几乎相同：其中三分之一的家庭是由妻子来管钱，三分之一的家庭是由丈夫管钱，还有三分之一的家庭是夫妻俩共同管钱。梅因塔的调查还显示，55%的夫妻设立了共同账户，而39%的夫妻各有自己的账户，另外有些家庭设了三个账户。

在金钱这个问题上，最重要的是夫妻双方在处理家庭财务时充分尊重对方，任何决定都要两个人一起商量，达成一致。

最理想的状态是夫妻双方都有一定的经济能力，能够灵活调整工作状态。比如，可能妻子某一段时间愿意工作，那丈夫就留在家中照料孩子；过一段时间，也许情况有变化，变成妻子回家让丈夫出来工作了。这种根据需要随时调整的做法是最佳的选择。人生本就是一个不断成长的过程，在某一阶段，当妈妈的可能觉得自己今生的最大目标就是陪着孩子慢慢成长，过了这个节点后，也许她又想出来工作，以获得自身的成长。当爸爸的也一样。如果婚前夫妻双方都有工作的能力，那么婚后完全可以根据家庭生活和个人成长的需要，灵活调整自己在家庭中扮演的角色。

生活中也可能有一些突发状况，需要我们不得不积极调整和应对。当我被诊断出得了癌症，必须减少工作量去做化疗时，我自然无法再全职工作了。这影响了我们的家庭收入。虽然我丈夫也工作，但他的收入只占我们家庭收入的一小部分。我记得我们俩当时就坦诚地商议了如何重新调整我们的财务目标，以求达到收支平衡。能及时商议对一个家庭来说很有帮助。当时我还在想，如果我们家只有我一个人工作、我丈夫没有收入的话，调整就会变得非常困难了。我又进一步意识到，对于只有丈夫外出工作而妻子全职在家的家庭来说，发生这种事同样会令生活难以为继。天有不测风云，作为一个整体，夫妻二人最好能够讨论清楚万一发生意外，你们将如何应对可能面临的财务困境。

有时候，在夫妻双方都有工作收入的情况下，他们会选择在个人账户之外再设立一个夫妻共同账户。这也是个不错的主意，这能有效地避免对方干涉自己的消费计划，减少家庭矛盾。如果你选择这种家庭财务运转方式，要做的就是各自往共同账户里存钱来支付家庭的消费。

也有夫妻情愿合并两个人的账户，共同制定家庭的购买计划，两个人中谁的收入更高都没关系。这样做的优点是操作很简便，夫妻之间的共同决议能力比较高。

我采访的家庭基本上都根据夫妻双方的个性选定了适合他们的家庭财务运转方式。

男人更愿意支付约会外出的费用。一个有趣的现象是，即使已经结婚，他们很可能还会持续这个传统，即便是以夫妻共同账户的钱支付。

我在给来访者做婚姻咨询时，会建议他们确立适合自己情况的家庭财务系统，然后每个月回顾一下，确保它运转有效。这种定期回顾能帮助夫妻双方及时掌握家庭的财务动向，看有没有哪里需要调整或改进。在回顾过程中，丈夫和妻子应当彼此尊重，密切合作，态度平静。金钱常常会引发争执，这是因为它和我们的安全感有关。所以在这个问题上，夫妻俩要坦诚以对，同舟共济，这样沟通起来才比较容易，也才能减少矛盾，增进彼此的安全感。

❤ ❤ ❤

理顺爱情中的金钱关系

1. 赞赏丈夫或男友为婚姻和爱情所做的努力，不论它能否以金钱来量化。

2. 确定好你们中由谁来管钱，双方取得一致后再执行。

3. 如果夫妻一方是全职主妇或全职主夫，确保她 / 他花钱方便，没有被控制或被看轻的感觉。

4. 在制定消费计划时充分沟通。

5. 至少每个月回顾你们的家庭财务系统，确保它运转顺利。

练习

试着和伴侣一起花一点时间充分讨论你们的财务目标、收入和债务等。请确保你们围绕财务问题的所思、所想一致，且行动合拍。如实记录这些，并注明你不确定的地方。过一段时间之后记得和伴侣回过头来认真讨论，看还有什么地方可以改进。

♡ ♡ ♡

在财务方面，我和配偶或伴侣权力平等，一切共享。

第10章　工作与爱情

认真工作，享受爱情

如果恋爱双方都是职场精英，两个人都工作繁忙，这会对爱情和婚姻产生什么样的影响？

和讨论过的其他问题一样，这种情况自然也会产生有利影响和不利影响。如果夫妻双方都工作，两份收入显然会让家庭生活更宽裕，夫妻双方都能自给自足，更加独立。

夫妻双方都工作的不利影响也很明显：两个人都很忙，压力比较大，工作分走了太多的精力，所以谁都没有工夫顾家，也没什么时间及时化解彼此情感上的危机，不能给予对方足够的支持和抚慰。如果有孩子，就又增添了一重困难。很显然，孩子和父母亲在一起才最快乐，大人忙工作，于是不能不把孩子交给保姆或钟点工。

对单身的职业女性而言，事业成功更像一把双刃剑。一方面，她们需要追求自己的职业梦想，另一方面还得时时权衡家庭的需求。

在工作和家庭之间找到平衡点不是件容易的事。调查表明，只有16% 事业成功的女性觉得自己能做到这一点，而39% 的女性认为男性更容易找到这种平衡。戈德林在1995年的一项研究中发现，只有13%～17% 的女性在40岁前能成功拥有事业和孩子，而有50% 的职业女性在这个岁数还没有生育。

与此不同的是，研究表明，有79% 的男性希望能有孩子，而75% 的人能够如愿以偿。因此，与位于同一社会经济阶层的女性相比，男性显然更容易拥有事业和家庭的双重成功。

面对这样的现实压力，很多成功的职业女性选择将事业放在首位。纽约的一个智库发布报告称，几乎一半受过大学教育且认为事业高于婚姻的女性现在仍未生育，她们中有四分之三拥有共同生活的长期伴侣。

戴维·莱昂哈茨在《纽约时报》发表的一篇文章中指出，最近三位获提名进入最高法院的男性法官都是已婚人士，且都有孩子；与此形成鲜明对比的是，最近三位获得任命的最高法院女法官都是单身，且从未生育。

事实是，成就高的职业女性工作日程太满，不太容易履行好母亲的职责。数据表明，34%的成功女性每周工作时间超过50小时，而14%的职业女性每周工作时间甚至超过了60小时！

很多成功的职业女性在有了孩子之后不得不离开心爱的工作岗位。在拥有工商管理硕士学位和博士学位的女性当中，只有22%的人在生育后继续上班，而66%的女性表示希望等孩子稍大一些能重返职场。事业成功的女性往往面临着两难选择，面对心爱的工作和家庭的责任不知如何是好。而男性在这方面就轻松得多，他们基本上不必面对这种二选一的困境。

现在的女性外出工作的比例越来越高，她们之中越来越多的人将面临上述选择，这也大大影响了婚姻模式。近期的一项调查显示，67%的年轻职业女性希望能做到管理者的职位，希望拿到高薪的女性比例则高达88%。在另一项调查中，83%的女大学毕业生认可"结婚是我人生中的重要目标"。可见职业女性的主流观点，还是渴望同时获得事业成功和家庭幸福。现在的问题是：新一代女性要怎样才能同时达到这两方面的成功？在此过程中，男性应当做些什么？

在本书后面有关共同抚育子女、家务劳动社会化和分担家庭事务的章节中，我会详述这个问题。但是，最重要的一点必须现在就明确下来，夫妻双方应达成共识，生育不应该是妻子一个人面对的困境。因为孩子是爸爸、妈妈共同的宝贝，父母双方应当齐心协力把这件事做到最好。

因为生育与职业发展的矛盾一直也没有什么好的解决方案，所以一些女性宁可选择不生育。对另一些成就较高的女性来说，她们本来就视工作为人生第一要务，要么选择不结婚，要么在非常年轻的时候就先把婚姻问题解决掉，之后可以全心全意扑在工作上。在成功的职业女性中，只有8%的人选择在30岁之后进入第一次婚姻，而选择35岁之后结婚的比例降至3%。值得注意的是，职业女性的离婚和分居率也比较高，只有60%的成功女性保持了已婚状态。

这一数据与男性中成功人士的相关数据形成了极大落差。成功男士的结婚率为76%，而成就杰出的男性人群中已婚率高达83%。似乎可以这样说，对男性而言，越年长越成功就会有越多的婚姻选择。

人到中年的成功女性中，未生育比例是30%~50%。在美国，42%的职业女性没有孩子，而年薪超过100,000美元的女性管理者中，未生育比例高达49%。与此形成反差的是，达到同等收入水平的40岁左右的男性管理者中，只有19%的人没有子女。

说到出差频度，25%的成功职业的女性每3个月至少需要离家5夜。在此期间就需要丈夫全部接管照顾孩子的工作。如果夫妻双方同时出差，孩子只好留给保姆。要解决这个问题确实不太容易，传统的家庭模式在处理这个问题上似乎更管用。但是现代社会和家庭中的性别设定已经发生变化，我们的需求不同于以往，因此也应当渐渐采用夫妻共同抚育子女的方式。我们在本书后面的章节中将进一步探讨这个问题。

我们的文化倾向于鼓励男性去热爱事业和追求成功，他们会为此得到赞赏与喝彩。与此相反，成功女性有时却会因为对工作的投入而感到内疚，甚至连女性主义运动先驱格劳莉娅·斯泰纳提到自己最初的矛盾心理时都如此说："我感到自己太缺乏女性气质了，因为我好像太热爱工作了。不过和男同事相比，我从不会请男朋友帮忙做研究或者调查，也不指望他支持我的工作。而且，我极少把自己的写作和研究的重要性放在他的社交安排之上。如果实在走不开，我会支支吾吾地找各种借口，跟他道歉说：'真的非常抱歉不能和你一起去，实在是因为马上就到截稿日期了。'"

其实作为火星女人，我们大可不必支支吾吾，尽管为自己感到自豪吧，因为你所热爱的工作，你应该把这个观点与伴侣分享。

成功女性分身大法

成功女性需要一项基本技能，那就是正确安排事情的优先级，而非一股脑儿地全盘接过，一个猛子扎进去忙乱不堪。分身有术才是解决之道。研究表明，尽管职业女性也渴望事业上升，但她们最看重的还是孩子。当工作与妈妈这个角色相矛盾时，很多女性选择拒绝出差和周末加班，甚至放弃升职机会。

这里有一个解决方案。职位做得比较高，工作也顺利的女性通常请假比较自由，也可以申请非全日制坐班。这些女性通常很有进取心，即使待在家中也会找出时间来继续工作，既保证照顾孩子的时间，又尽量不耽误追求自己的职业梦想。虽然这是一个比较理想的解决方案，但由于某些女性的工作性质不允许，这个方法并不适用于所有人。

西尔维娅·安·休伊特在《创造自己的生活》一书中分享了自己的故事。西尔维娅刚生第一个孩子的时候，是巴纳德学院的经济学教授。由于学院不提供产假和哺乳假（无论是否带薪），所以分娩10天后她就不得不重新开始上班。两年之后，她再次怀孕，但不幸流产，这次是一对双胞胎，为此她心情十分悲痛。又过了18个月，她申请巴纳德学院的终身教职，但没有获得通过。学术评议委员会里有人觉得她在生育这个问题上花了太多时间和精力，严重分散了她对学术的专注。后来，西尔维娅在一个智库重新找到了自己喜爱的工作，但考虑之后她还是决定辞职，因为她希望有更多时间和孩子在一起。最终，她选择将写作作为自己的新起点，因为这是她可以自由安排时间的工作。这份工作帮助她重新建立了职业和生活之间的平衡。尽管这件事最终结果还算不错，但如果女性能从一开始就得到丈夫和社会的支持，也许就不用被迫回家重建自己的生活。

女性经常觉得身为女人应当适度控制工作事务对家庭生活的影

响，尤其当工作需要耗费很多精力时。一项调查显示，55%的女性表示如果丈夫提出要求，她们会辞职在家照顾孩子。与此形成对比，只有28%的女性表示可能会对丈夫有同样要求。可以看出，男女双方对婚姻的具体承诺有着明显的差异，所以女性作为一个职场群体，整体上很难在职场上做到高级职位。根据《财富》周刊的报道，虽然35%的工商管理硕士学位是由女性获得的，但世界500强企业中只有3%的CEO由女性担任。

尽管有上述这些不利因素，很多女性还是能够在照顾好家庭的同时做到事业出色。有时候，她们也会根据家庭需要，换一份收入少一些但是时间安排比较自由的工作。我有一位律师女友，离开了繁忙的律师事务所，到政府部门从事法律相关的工作。虽然收入少了一些，但是福利非常好。她周五不用上班，还可以享受为期4个月的带薪产假。因为每周只需要工作4天，有稳定的收入保障，所以她能有更多时间和心情陪伴儿子。这样的安排对她来说真是再合适不过了。而我有一些在法律事务所上班的来访者，总是忙到没有时间保证个人生活质量。她们辛辛苦苦攒了一个去夏威夷的假期，却因为在最后一刻收到事务所的通知而不得不取消。她们经常加班工作到凌晨3点。这种状况持续下去，人根本不可能拥有健康的心态，和家人、孩子的关系就更糟了。所以我一直努力帮助这些来访者，希望能帮她们找到合理的解决方案，使她们在全职的同时，对个人生活有更好的掌控力。

有些女性在事业和家庭之间成功地找到了平衡。阿丽亚娜·赫芬顿在《走向无畏》一书中讲述了天文学家维拉·罗宾的故事。维拉在华盛顿卡内基研究所工作，成就卓著，但她希望能花更多时间照顾孩子，所以她向研究所提出以降低三分之一薪水的方式换得每天下午3点半下班。10年之后，由于工作出色，她又提出恢复全额工资，但还是下午3点半下班。这是个很好的案例，维拉通过自己的工作能力保住了职位，后来通过积极沟通，又得到了自己想要的工作条件。

很多女性选择在家办公或者做生意，这样她们既能保证一定的工作时间，又不必离开孩子，孩子有需要时可以随时找到妈妈。这样的工作方式给了女性充分的自由，让她们可以弹性安排工作时间，也省了上下班通勤之苦。当年我生了孩子之后，也选择了重新调整工作时间以适应新的生活节奏，重新平衡职业发展和家庭生活。我辞去了在成人教育机构晚间授课的工作，也减少了和来访者一对一的心理咨询，工作时间从每周五天减至每周两天，每天11小时。幸运的是，因为我是有资格证书的爱情教练，可以每周两晚在家中通过电话继续培训课程，这时我丈夫可以帮着照看孩子。我本人还写书，会充分利用每天晚上的个人时间继续写作。我对自己能够获得这么灵活的工作安排感到极其幸运。我还为有一个深爱并了解自己的丈夫而感到幸运，他知道工作和家庭对我都非常重要。我们一起重新建立了工作和家庭之间的平衡，虽然不太容易，但最后我们成功了。

不过即使女性在家工作，有时也会出现意想不到的情况。我父亲就曾给我讲过他小时候的故事。我的祖母是罗得岛克兰斯顿小镇上最早通过律师资格考试的女人，她结婚之后有了两个儿子，于是决定不再从事律师工作，回家照顾孩子。后来她在家里的底楼开了一个小旅行社，累积了不少客户。我爷爷是一名足科医生，他的诊所也开在家里的底楼。所以，我爷爷、奶奶都在家中上班，因为他们都希望工作时不用和孩子分开。可实际情况是，即便他们做到了人和孩子不分开，却没有把注意力和心思全部用在孩子身上。爷爷、奶奶工作时，我爸爸和叔叔只能待在二楼自己安静地玩，不许吵闹。我爸爸从这段童年的经历中得出的结论是，也许父母最好还是外出上班，这样他们才能够集中精力工作，下班后再把所有精力放在孩子身上，陪他们一起玩耍。实际上，世上可能根本没有完美的解决方案，但我们总是会想方设法克服困难，尽量把家庭和工作中的任务完成得更好。

有时候女性暂别工作岗位是想着能再回去的，但目前的产假制度既不保证延长带薪休假，也不保证给你预留职位。只有31%的公司支持组内轮班制度，只有48%的公司允许员工在家远程办公。综合以上情况，结果就是很多女性生完孩子后辞职在家照顾孩子，有些人就永远也不可能再回到原来的工作岗位了。

女性主义者夏洛特·帕金斯·吉尔曼曾经建议，职业女性的家庭应当安在没有厨房的公寓里，所有的清洁和烹饪工作都外包给家政服务机构完成，孩子们则交给日托中心照料。其实这样做也不是没有可能，但做父母的，内心深处还是希望年幼的孩子能和最亲密的人在一起，这个最亲密的人，当然最好是自己的爸爸、妈妈。也有人提议父母工作时可以请祖父母帮忙照料孩子，或者雇用政府培训的保姆。还有一种选择是父母双方都兼职工作，轮流在家照顾孩子。

我小时候外婆和我们住在一起，给我们做饭、打扫屋子、照顾我们，这样母亲才能每天去幼儿园教几个小时的课程。外婆给我们的帮助真是太大了。不过并不是每个人都能有幸得到这样体贴又免费的帮助。人们都说一个孩子累垮一家人，所以孩子的抚养问题一定要想清楚。也许你们的社区很棒，能提供托儿服务，这样父母都可以多出一点工作时间，尽量做到事业家庭两不误。不管怎么样，我建议大家最好在恋爱期间就开始讨论这些问题，绝不要拖到打算结婚之后再临时抱佛脚。

孩子还是工作？看女性如何做出选择

你不能假定所有女性都想要孩子，也都想留在家里照顾孩子，你也不能假定想要外出工作的妈妈都不称职。很多女性生了孩子以后依然愿意工作，但社会舆论却让她们觉得内疚，仿佛当了妈妈的人不应该觉得出去工作比留在家里照顾孩子更适合自己。相反，很多丈夫愿意留在家里照顾孩子，但社会舆论同样让他们觉得内疚，因为人们觉得男人应该出去工作而不是在家里带孩子。

我曾经和我的导师克里斯托弗·迪尔茨讨论过这个问题。他说历史上做母亲的人和男性都出去工作，甚至要做的事更多。在大部分历史时期，女性整日在农田里干活，要照顾牲口，还要洗衣浆补。那时还没有洗衣机，女性每天都要辛苦劳作12～15个小时，有时候孩子们也要帮忙一起干活。直到美国出台《童工法》之前，孩子一直都是劳动力。克里斯托弗告诉我，每当有人说母亲外出工作导致孩子受到忽视时，他总是想起昔日的童工。与那时的孩子相比，现在的孩子有鞋穿，有干净的床睡，生活宽裕。他们有父母照顾，童年生活无忧，有自尊，有父母的爱和全心全意的陪伴。他们不用在铁路和煤矿上做苦工，也不用上山采石，又何来忽视一说？现在可以说是孩子们的福音时代了。

我们有时会改写历史或把它过分理想化。在看电影《革命之路》时我就在想，正如电影主角一样，有些全职妈妈的确非常怀念过去那些能在家中展示自己天分和才华的时候，可那个时候她们得不到大众的理解，备受压抑，有的甚至选择了自杀。所以，我们在考虑女性带孩子这个问题时，也要兼顾母亲和孩子作为独立个体的声音，找到解决这个问题的最佳方案。

社会习俗认为放下孩子去工作的母亲是反人性的、没有感情的母亲，而对育儿缺乏兴趣、更愿意外出工作的父亲却不会遭受这样的谴责。在《把培根带回家》一书中，佩本海姆和格莱夫斯采访了一位上班的妈妈，她说："我知道自己不可能成为一个全职妈妈，我的性格更适合在外工作。我喜欢完成设定的工作目标，享受工作的成就感。"

佩本海姆和格莱夫斯还采访了另一位妈妈，她说："我生完第一个孩子之后在家里待了6个月，这段时间对我而言就像一个自我唤醒的过程。这对我很有帮助，因为我觉得自己的心魔被驱走了。我不用再纠结于‘如果这样会怎么样’这种傻问题，因为我知道答案。我的内心得到了真正的解放。我知道如果我外出工作，我会是个更好的妈妈。”

其实女人在一开始就可以和约会的男友探讨孩子与工作的问题，这有利于彼此对共同的未来有个正确评估。另外还有一个好处，那就是在正式要孩子之前就可以开始准备，夫妻双方都朝着商定好的方向提前调整。

许多夫妻对这个问题有分歧，主要是丈夫不想让妻子出去工作。他们想当那个养家的人。格劳莉娅·斯泰纳讲过这样一个故事，说有一位卡车司机过来找她，说女朋友已经和他一起生活了3年，却不愿意和他结婚生孩子，因为他不想让她婚后再出去工作。在一个电台节目里，格劳莉娅邀请男性听众设想一下，假设他们自己是女性，对这种让结婚后的女性留在家里的社会偏见会有什么样的感觉。她说那位卡车司机后来接受了挑战传统的决定，改变了自己的成见，同意女朋友婚后可以一直工作。现在他们已经结了婚，幸福地生活在一起。

孩子还是工作？这是男性的选择

在2008年的《新爸爸报告》中，60%的男性在孩子出生后经历过工作和生活需要重新平衡的矛盾。75%的新爸爸说他们希望有更多时间陪新宝宝，但79%的人认为老板不会同意让他们在家办公。52%的男性反映弹性工作时间对自己来说不现实。而99%的男性声称，上司在知道他们添了孩子后认为这些新爸爸的工作表现会一如既往地好，甚至变得更好。那些可以采用弹性工作时间的爸爸则表明，他们对工作和职业发展的满意度上升了。与26%的女性选择孩子出生后非全日上班相比，只有0.2%的爸爸做出了同样的选择。看来爸爸们的公司并不支持他们请假来照顾婴儿。如果某对夫妻选择了双方共同非全日工作轮流照顾孩子的话，来自雇主的支持就变得非常重要了。也许爸爸们的上司的育儿观念也需要改变。

工作竞争会不会毁灭爱情?

很多专家认为，工作的竞争会毁灭爱情，因为一段爱情容不下两个强烈的自我。如果爱情中夹杂着两个人你追我赶都想超过对方的工作竞争，那两个人既谈不上是一个整体，也没有了对彼此的尊重，双方都会受伤。但这并不意味着女性总要让着配偶，让他胜出。女性也可以超越男性，可以制定约会的规则。竞争无所不在，可能出于升职压力，可能来自经济状况，可能是因为奖励，甚至可能仅仅是游戏或者运动。具有良好自尊和自信的夫妻，应当做到彼此支持对方的成长，不论谁获得成功，都为对方感到骄傲。

写到这里，我想起了我与丈夫伊安的第三次约会。他的同学要庆祝生日，邀请我们一起去保龄球馆玩。我平时很少打保龄球，但那天却状态神勇，一连好几个一发全中。我高兴得上蹦下跳，不住地欢呼。我无意中看到伊安看起来好像有些郁闷，反正不是很高兴。我注意到他盯着地面看了一会儿，然后重新抬起头，好像已经意识到了自己刚才的反应。这时他重新看着我，微笑着紧紧抱住了我。这虽然是件小事，但我当时还是如释重负。我还记得他是如何支持我的写作工作，并在第一本书出版后陪我参加签售会。我需要清楚地知道伊安不觉得我的成功对他来说是个威胁，或者他并不认为这会贬低他的个人价值。实际上，我希望自己的成功也能让他感到喜悦，正如他的成功也让我满心骄傲一样。所以，如果你是一个渴望事业成功的火星女人，那么首先要确认你的伴侣和你一样，对你的事业充满期望。

也许你还想知道你们最看重的任务目标是否一致。在这一点上，婚姻中的男人和女人区别还是比较大的。丈夫一般会希望妻子拿一些收入回家，但把最主要的精力花在照料孩子上。在传统的婚姻模式里，丈夫的首要任务简单说来就一个：工作养家。现在的男人似乎不太介意让妻子去工作，只要这份工作不会影响她照顾家庭生活，包括全包一切生活琐事，如孩子头痛脑热、受伤、上学或举办聚会之类。

社会文化似乎也以这样的标准要求女性。只要人们觉得母亲的工作干扰了她对孩子的照料，就会习惯性地这样批评她："不能好好照顾孩子，你为什么还要生他？"这话听起来好像有点道理，可为什么从来没有人拿这句话去问孩子的父亲呢？

如果丈夫获得升迁需要去外地工作，做妻子的一般会放下自己的生活和圈子跟着他搬家。但如果获得升迁的是妻子，很少有丈夫会愿意这么做。1992年《华尔街日报》有一篇相关报道，根据琼·勒博林的说法，有18%因工作地点改变而发生的搬迁是基于女性方面的原因，如果这些女性已婚，则说明她们的丈夫随之一起搬迁了。伦茨海默国际搬家公司在1996年公布的数据表明，有26%因工作原因造成的异地搬迁由女性客户发起，而且也携丈夫和孩子随迁。随着越来越多的家庭开始由妻子来养家，这方面的性别差异也会继续有所变化。

我认识不少学界女性，她们不断努力争取终身教职，为此她们需要不停地换就职的院校，需要搬迁数次。这种情况下，她们的男友需要做出决定，是跟随女友一起搬家还是分手。我的朋友大多感觉女性在这方面比男性可靠得多。因为对女性而言，放下一切天涯海角地追随爱人是一件既浪漫又勇敢的事，但男人多半不这么想。过去的传统观念是，大部分男人觉得"女人的位置就是待在自己的男人身边"，而不论实际情况和机遇如何。

我采访过的一位男士讲述了他和妻子的故事。他的妻子是一位牧师，需要不时调换教区。这位丈夫就不信奉社会对女性的双重标准，他不认为妻子必须追随他。于是他告诉妻子，自己将会跟随她搬迁四次。他的确遵守了自己的承诺。但是，当他的妻子第五次需要搬家时，他拒绝了。后来他的妻子当了一名咨询专业的教授。

如果恋爱中的男友觉得女友的成功在情感上对自己造成了威胁，竞争就会在此刻发生。有些专家总是警告大家，女性一旦获得太大的成功，就会觉得男友黯然失色。西尔维娅·安·休伊特在《创造自己的生活》一书中采访了著名剧作家温迪·瓦萨斯坦恩，对方回忆起自己第一部剧在百老汇上演时，男朋友如何选择与她分手的往事。她说他们之所以会分手，是因为温迪的成功让男友觉得备受威胁。温迪指出，大部分男性并不希望女人养家的同时再生孩子。她感慨如果自己是男人，伴侣成功的事业绝不会威胁到自己，但也会对爱情和婚姻带来一些影响。

她说："如果我是男人，功成名就之后会去找一位成就非凡且愿意生孩子的女性结婚，我希望她年龄在34岁左右，我会要求她为了我的事业暂停工作，专心抚育孩子。也许我还得再找一份写电影剧本的工作来增加收入，那也没关系，我完全可以那么做。可惜我不是男人。我自己在过去的7年时间里一直想要个孩子。"

为了要一个孩子，温迪已经努力了10年，失败了9次。终于，最后在48岁那年，她通过试管婴儿技术成功受孕。

很多女性反映，男人会被女人的成功吓退。MSN经济频道登载过一篇文章，题目是《对男人而言，你算太成功吗》，作者是克里斯·弗莱斯维克。在这篇文章中，克里斯采访了女企业家温迪·西蒙斯，她拒绝在约会中假装糊涂，尽管据说"傻一点"更符合企业高管们的择妻标准。西蒙斯说："对很多男人而言，头脑简单的女人更容易对付，因为他们的想法很明确：'得由我说了算……'这种事让我很害怕，我不想过那种每天都需要妥协的日子。"

萨莎的故事

萨莎是一位艺术家，她有自己的公司。她与商务人士约会时，经常会感觉到对方对自己的工作不够尊重。一开始，这些男人往往表现得很陶醉，但很快她发现这些人的套路都一样，这些所谓的陶醉和迷恋都只是出于对她工作的新奇感。

对这些在公司上班的人来说，和我约会可能像跟空姐约会一样吧，只不过一旦我的创作思路受阻，工作暂时无法进行下去时，他们就开始觉得艺术家也没什么嘛。如果不巧这个人经历了公司裁员，目前正在实业企业工作——这种事如今好像天天有，他就会换一副口气，觉得我的作品古怪又疯癫，然后就会接着暗示我要“专心工作”，快点把作品完成。他们根本无法理解艺术作品的创作过程。

萨莎后来的男朋友也是艺术家。他做的是音乐作品，非常支持萨莎的职业梦想。事实上，他有时表现得比萨莎自己还关心她的公司状况。他相信萨莎的天分，在她的创作过程中经常帮她一起把握作品。他们俩在一起已经3年了，彼此在情感和经济上都相互支持对方的艺术追求。

虽然萨莎觉得自己约会过的男人中，大多数并不把她的创作当回事，但她还是能感觉到男人喜欢女人有自己的特长并对此充满激情和坚持。她评论道：“男人喜欢女人对他们共同的生活有所贡献。”萨莎也有一些模特女友，她们的目标就是嫁人成为全职主妇。很多男人一开始都比较喜欢模特，但渐渐地就会厌恶她们什么工作都不做，没有任何经济能力，只想让伴侣去努力挣钱养着她们。她注意到和自己约会的男性明显压力较小，因为自己在经济和情感上都很独立，同时对物质娱乐没有过多要求。有自己职业和爱好的女性会显得比较独立且不贪心，这样的女性往往更有魅力。

茱莉的故事

茱莉发现自己在事业上的成功有时会吓走约会对象。茱莉有硕士学位，目前正在攻读博士学位，她还开办了自己的公司，并为此倾注了很多努力和感情。茱莉很自信，她告诉我，她的上一个约会对象非常缺乏安全感，看事情总是很消极。他总是说茱莉阅历太浅，不可能把一个新公司办好。还说她太年轻，才25岁，生意伙伴不太会把她当回事的，茱莉因此决定和他分手。后来她的公司逐渐有了起色，也有了一些知名度，这位前男友又回过头来给她打电话，一副很佩服的样子，但茱莉还是觉得对方并不希望她获得成功。她决定找一个鼓励自己坚持梦想的人。

茱莉现在的男友非常支持她的工作。他是位身材高大的电脑工程师，热爱运动，喜欢BMX小轮车，而且他还承担了90%的家务。他平时在家里负责洗衣服、做饭、收拾屋子。他非常喜欢自己的工作，朝九晚五的他不用加班。他很欣赏茱莉对创业的热情，鼓励她专心做下去。茱莉觉得他身上极好地融合了男性和女性特质，能有这样的男友很幸运。在决定两个人的生活事务方面，茱莉说她个性太强，爱发号施令，幸亏男友很随和，所以经常是她一通指挥，然后男朋友听完后照做，倒也其乐融融。

茱莉告诉我，他们俩是在网站上认识的，当时她贴了个交友广告，我们都觉得这很有意思。他们很快开始正式约会，并且一见钟情。他们相处得非常愉快。茱莉说："我比较喜欢和男生相处，而且也挺有男人缘的。我和男生交往通常都比较顺利，我和我爸爸的关系也非常好。总而言之，男人一般都很愿意跟我在一起。"

这让我想到恋爱不仅仅是"怎么相识"和"交流什么"的问题，它还应当包括"你是谁？""你对异性的看法如何？"这类问题，因为它们才是真正影响爱情中彼此交流的问题。我很高兴能把茱莉的故事收入本书，她的经历说明了成功女性的确可以找到支持自己事业的伴侣，而且也会陪伴她们获得生活中其他方面的成功。

❤ ❤ ❤

认真工作，享受爱情

1. 结婚之前，要坦诚地与伴侣讨论事业对你的重要性，并和他一起确定婚后将以何种方式建立工作与家庭责任的平衡。

2. 和伴侣详细讨论育儿相关事务，并取得一致。

3. 和伴侣讨论搬家的可能，以及在何种情况下谁追随谁。

4. 讨论孩子生病时谁来请假照顾的问题。

5. 讨论两个人中谁可以减少工作时间，非全日上班。

练习

和伴侣进行一次深入的讨论：如果你工作变动，他是否愿意随你搬家？如果他工作发生变动，你又是否愿意随他搬家？在这个问题上，你们两人有谁持双重标准吗？他对你出差有什么看法？他对你收入高过他有什么看法？尽早讨论会对以后的生活有帮助，以免拖到最后想要挽回却已为时过晚。

♡ ♡ ♡

男性和女性都热爱自己的工作。他们有能力同时追求事业梦想和家庭幸福，也会为此得到支持。

第11章　爱情与家庭生活

关于家务分担方面的建议

现代社会中，很多情侣恋爱到一定阶段就会选择同居，同居已经是很普遍的现象了。调查显示，44% 的成年人都和恋人同居过，他们中三分之二的人认为同居是通往婚姻的一个自然阶段。2009 年的美国盖勒普民调数据显示，55% 的民众赞成婚前同居。就社会接受度而言，同居这个词已经不像在我们父辈的时代那样饱含贬义了。

过去的观点认为，婚前同居的人结婚后更容易婚姻破裂。但近些年的研究表明，如果步入婚姻之前两个人能共同生活一段时间，这对确定双方的关系有好处。数据显示，婚前同居与否对夫妻双方以后的离婚率没有任何影响。影响日后离婚率的是夫妻自身的原因，在于他们决定一起生活时有没有承诺要相守一生。但是，决定共同生活却没有许下任何婚姻诺言的恋人，日后离婚的几率要明显高于常人——假如他们以后真结婚了的话。

对某些人来说，恋爱时的同居有一点像“试婚”，双方都可以在真实的生活场景中体会彼此相处是否和谐，感受能不能相互适应不同的情况和生活变化。有时这种试婚的确不那么浪漫，但能增进彼此的责任感，也使他们对一起生活时将要遭遇的矛盾提高了认识。一项研究显示，45% 的同居者最后没有跟对方一起步入婚姻。

恋爱同居还有一些好处，它为男女双方提供了充分了解对方的机会，比如他们有没有相似的生活习惯，能否公平地分摊家务杂事，能否坦诚沟通和相互妥协，以及他们是不是真的希望每天花这么多时间和对方在一起。

婚前同居也有不利的一面，如果同居时双方缺乏对彼此的承诺，或者因为生活在一起导致恐婚，同居反而对爱情发展不利。另外，同居还容易产生老夫老妻的疲惫感，让结婚以后的生活变得缺乏激情。

有些女性也担心同居之后对方又不打算结婚，那自己该怎么办。持这种想法的单身女性会问：“既然能得到免费牛奶，那谁还会去买奶牛呢？”每一位女性都有权利根据自己的情况决定怎么做。如果有女性确定自己想要的是婚姻，她也许会坚决等到结婚之后再和丈夫生活在一起。如果有女性情愿先试一试两个人在一起生活会发生什么，再决定要不要结婚，那也无可非议，因为她们会认为同居才符合双方的利益。

布拉德是一位37岁的单身男士。我问过他对婚前同居这个问题的看法。他的观点很明确："结婚之前当然要先同居一段时间。如果单身男子愿意放弃自己的私人空间和女生同居，绝对表明他们的关系进了一大步。你就这么想，有谁会不试驾一下就买车？没有这样的人。婚姻也一样。同居是婚姻的一种尝试，不试一下就一头栽进去，最后可能会因为不够了解对方而离婚。"

我问他，男性是不是更愿意同居而非结婚。他说：

一起生活一段时间之后，如果双方都很满意，女朋友就可以暗示男方送戒指了。我们男人是这样，只要两个人在一起后女朋友过得挺高兴，也就不会多想什么了。男人其实挺笨的。过日子嘛，一般就想想回家之后可以一起做点什么，心思都比较简单。所以，如果女生准备好了，就需要给男生一个强烈的暗示，好让他明白下一步该怎么做。你可以说你看到了一个很漂亮的订婚戒指，想带他去看看。其实这些仪式都好说，主要看你们俩的关系到哪一步了。如果大家彼此满意，都想继续发展下去，那结婚也是水到渠成的事。

对单身人士而言，做出共同生活的决定之前最重要的一点，是想清楚两个人希望怎样生活在一起。这也是结婚之前必须讨论清楚的问题。以我本人为例，我在恋爱的时候就想好了结婚以后既要事业又要婚姻，但我不愿意把大量时间花在做饭和打扫卫生上。当然，必要的时候我可以做饭，但这并不是我喜欢做的事。我在上教练培训课的时候学会了很有用的一招：如果可能，集中精力做想做的事，其余不重要的可以分配给别人。所以，在我看来，打扫卫生的工作可以包给钟点工，让钟点工每两周来一次就可以。日用品和生鲜可以在网上订购，直接配送到家，这样就又省了每周两小时的采购时间。我知道不是每个当丈夫的都能接受这些，所以应当一开始就开诚布公地告诉对方。我本人有很多可取之处，不希望对方只看重我的家务能力。这对我们双方都不公平。所以恋爱的时候每当男友希望我做饭时，我总会开玩笑说炉子坏了，然后我会认真跟他解释，说明自己想过的生活和对婚姻的设想。我知道这么做有点冒险，因为不是每个人都愿意接受我这样想法的妻子。当然，我也知道自己并不需要每个人都接受我，只要有一个人能接受我的观点就行——那就是我将与之共度一生的人。

我记得有一次和一位男友约会时正巧路过一家生鲜超市，他就开玩笑说我们应当进去买点食材回去做饭。我告诉他我不喜欢做饭。记得他回答说："好吧，那我们就买点速食好了，回去热一热就行。"他真的很懂得妥协的艺术。

如果你们最终决定共度一生，最好双方脑海中都有明晰的共同生活的图景。如果你很清楚地知道自己内心的想法，知道自己想要什么，那么就一定会出现一个同样了解自己的人和你相恋。

我和我丈夫恋爱的时候，他说过一点儿也不介意我不做饭。于是我们大部分约会都是他在厨房里忙，他做的饭也的确比我做的好吃。当然，我也会偶尔下厨，我会做早餐，会热罐头汤，会做冷餐三明治和烤乳酪。所以做饭问题对我们完全没有什么影响。每隔一段时间，我们也会点外卖换换口味。

很多女人都熟悉这句名言："要想抓住男人的心，必先抓住他的胃。"因此她们身体力行，花大量时间烹制三餐、洒扫庭院，每天在家里忙得团团转，就为了抓住男人。结果男人自然乐于终身享用这样的服务，这便成了他们俩潜意识里的婚姻合约。

很多人都希望得到别人的照顾，包括有人给你做饭。事实上很多女性也喜欢有人能给自己做饭，但我实在不认为这应该成为爱情和婚姻的一个诱因。你觉得呢？而且，夫妻双方应当明确家务分工，知道谁应该去做什么事。爱一个人、关心一个人可以有很多种表达方法，你自己和你的家庭当然不会例外。但是不应当以性别角色去设定怎样爱自己的配偶和家人，事实上整天围着他们转也并非培养感情的好方法。

不论你和男友现在是否住在一起，不妨去问问他对这个问题怎么看，也可以观察一下他的反应是否和回答一致。他的家人对此有什么看法？他的家庭是不是很传统？他们会不会对你们俩施加压力，让你们遵照传统去做？你的男友是个独立性很强的人吗？他能否顶住压力表示坚决地支持你？很多情况下，你们会遭遇来自双方父母和亲戚、邻居及熟人的压力，他们都不希望你们特立独行，改变自古以来的男女性别分工。特里莎嬷嬷曾经说过：“如果你忙于评判别人，就没有时间去爱他们了。”对我而言，爱意味着接受对方本来的样子，而不是逼着对方朝你希望的方向改变。我们每个人都有责任创造自己想要的生活。这件事本身就很有挑战性，大家尽力做好自己就可以，不需要到处干涉别人。当然，我们也要认识到，即使在今天，裹挟大家“从众”的压力仍然无处不在。

婚姻中的家庭琐事

同居对恋爱双方的关系发展算得上是一个比较大的挑战，但繁忙的职业女性会发现，成功的婚姻需要你付出比同居更大的努力，因为婚姻需要你不断调整工作、爱情、家庭和子女的关系，重新找回平衡。40% 的成功女性反映说，结婚以后丈夫给自己增加了更多的工作。即便对那些职场上叱咤风云的女性来说，婚后她们也不得不负担大多数的家务劳动。英国的一项调查显示，全职妈妈并不轻松，她们每周平均要花62小时处理家务、照料孩子。学前儿童的妈妈每周则要花82小时！如果在这么重的家务负担下还要外出工作，你可以想象那会是什么样的可怕情景！

斯坦福大学教育学院做过一项关于婚姻满意度的研究，结论是：对夫妻双方都工作的家庭而言，从他们购买家政服务的数量基本可以预测其对婚姻的满意度。

如果这样的家庭不把家务外包出去，夫妻俩都会感到痛苦，对妻子尤其如此。目前美国家庭中丈夫承担的家务劳动相对很少，只有5%的丈夫打扫卫生，9%的丈夫给家人做饭，10%的丈夫会帮家人洗衣服。在一项调查中，则有66%的男人声称自己每天吃什么饭、什么时候吃饭完全由妻子负责。

一项研究甚至显示，女性在事业上越成功，她们分担的家务劳动就越多。这份研究报告的作者分析说，这是因为成功的职业女性往往被认为偏离了传统上该扮演的女性角色，因此会通过多做家务的方式来补偿自己缺失的所谓“女性气质”。

不过，现在的男人在这个问题上有了不少改变，他们已经认识到传统的性别设定不能一成不变。askmen.com 网站上的一项调查表明，45%的男性表示，如果妻子外出工作养家，他们不介意多做家务。根据兰迪·梅因塔在《养家的妻子和她们选择的丈夫》一书中所说，如果妻子的收入是家庭开销的支撑，丈夫的确会在家务上做得更多。根据这些收入丰厚的妻子提供的数据，30%的丈夫承担了大部分家务，18%的丈夫选择和妻子分担家务，另外46.5%的家庭中丈夫不做任何家务。这些妻子中则有25%的人请家政服务人员来帮忙，46%的妻子说她们的丈夫会做一日三餐，27%的妻子说她们的丈夫负责洗全家的衣服。从这里可以看出，如果妻子对家庭收入的贡献更大，丈夫们分担的家务劳动还是会有显著增加的。但是，收入差异应当成为影响夫妻之间家务分担比例的主要因素吗？还是不论二人的收入状况如何，都应该商议出一套家务分配方案，然后照此执行？

前面我们分享过一位叫坎迪丝的医生的故事。坎迪丝接受我采访时讲过她的烦恼，因为她不得不承担几乎全部家务，她感到非常沮丧。坎迪丝平时上班很辛苦，可回到家还得立刻处理攒了一天的家务，并照顾孩子。她丈夫习惯凌晨2点再上床休息，所以每天一大早起来照顾孩子的还是坎迪丝。她知道这种安排不公平，但她也意识到如果婚前他们能就家务分配方案深入讨论过的话，现在提出不满会更容易一些。不管怎样，坎迪丝已经开始请丈夫一起做饭，下一步她计划让丈夫每周至少一个工作日早起照顾孩子，这样她也能享受一天睡到自然醒的特权。

我采访过的另一位女性向我讲述了她表妹的故事。她表妹和男友深深相爱，为了“搞定他”什么事都为他做。他们两个人对彼此都很满意，因此很快订婚了。然后，这位女士发现自己的意大利裔未婚夫从小到大就没有做过任何家务，也完全不会做。他连洗碗机怎么用都不会，也压根儿不想去学。不用说，他们婚后的第一年过得并不顺利。但是渐渐地，在妻子的引导下，这位丈夫也学会了一点点家务，不过进展不大。这位妻子也感慨，觉得她丈夫差不多也就这样了，无论是自己继续宠着他还是受不了了把他一脚踢出门，他都不会再有大的改善了。不过目前为止，他还在家里待得好好的，由妻子继续无微不至地宠着。

这位“懒”丈夫的妻子下定决心，作为男孩的妈妈，一定要教会儿子帮忙做家务，这也是在帮他长大成人，让他变得健康健全，否则就是在给他未来的女友或妻子添麻烦，也是在给儿子自己今后的生活帮倒忙。

一般来说，我们都会和室友事先交流相互的生活习惯，怎么打扫卫生，怎么分担生活杂务以及怎么分摊账单。我想不通的是，和室友都能如此，为什么跟自己的男朋友就不能从一开始就说清楚呢？也许你是那种非常传统的女生，默认应当承担所有的家务劳动。如果这并不是你想要的，那就好好和男友商量，记录下你们达成的家务分配方案，并从一开始就相互督促，严格执行。从长远来看，这样做能使你们心中有数，提前了解共同生活的远景，避免因琐事而起纷争。同时，稳定的协议也能增进彼此间的信任和团队合作精神。

在所有家务中，男人更喜欢烧烤和烹饪，而不是清洁和打扫卫生。但这些也因人而异，没有理由认为有些工作就必须由女人完成，除非那些工作是女性愿意接受的。事实上，很多所谓“女人的工作”都是在传统的性别角色设定下长期形成的偏见，没有任何科学依据。

在我们家，每周日我丈夫和3岁半的儿子负责洗衣服，而女儿和我负责在网上下单，给全家买好吃的和日用品。我们在形成家里的新传统。

男人单身的时候，一般也是自己做家务或者请家政服务人员帮忙，为什么一旦同居或结婚了，就把家务全丢给女友或妻子呢？

这种情况之所以发生，是因为我们谁都不提，结果一切就按传统的性别设定模式开始运转了——女性负责做饭，打扫卫生，洗衣服，收拾屋子，而男性负责修东西。如果你不希望自己家中也如此分配，那就说出来让伴侣知道。你们一起商量决定怎样配合，一起努力让家里变得舒适温馨。一开始就能达成良好的团队合作，也有助于一辈子婚姻和谐，生活安宁愉快。所以，尽管和伴侣详细地讨论吧，确定好谁来做饭，谁打扫卫生，谁负责买菜和日用品，谁负责熨衣服和去干洗店取衣服。

♥ ♥ ♥

关于家务分担方面的建议

1. 恋爱时就深入讨论家务的分配方案，不要等到一起生活之后才来探讨。

2. 认真回顾你们的家务分配方案，确保它并非只由夫妻双方的收入高低决定，两个人分担的家务数量应当大致相当，不应由经济能力决定。

3. 和伴侣确认他是否会做家务，以及他是否愿意学习做家务。

4. 如双方工作都比较忙，那么和伴侣讨论并共同决定是否购买家政服务。

5. 列出家务清单并注明如何分配，这样你和伴侣都清楚应该做什么。

练习

如果你正打算和男友搬到一起共同生活，请深入讨论以后会产生哪些家务劳动和需求。根据家务总量和类型，商议出一个分配方案，记录这个方案，看它以后是否可行。在日常生活中，可以列出家务清单，并注明由谁来完成哪一项。

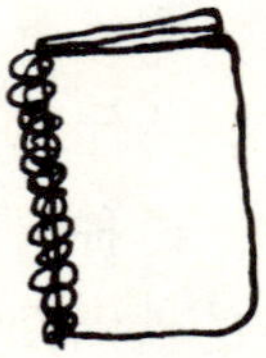

♡ ♡ ♡

我将和伴侣一起分担共同生活中需要处理的一切家务劳动和琐事。

3 他的想法

前面我们已经讨论过，直到今天，火星女人约会时仍然会遇到各种困难。但是对于这个问题，我们一直没有从男性的角度去审视。对很多男性而言，这也是一个全新的话题，他们可能会感到不知所措或不解，因为火星女人进入的是传统意义上属于他们的领域。最近几年，有一些很流行的书和文章，作者是女性，讲述的是为什么如今对女性而言，男性不再是必需的了。

你对这一观点有什么想法？今天的女性经济独立，可以一个人抚育孩子，爱情交往自由，可以自己置业，可以自己旅游，可以选择不婚而只与伴侣同居。老实说，今天的女性的确可以做到不靠男人就实现生活中绝大部分目标。这听起来不错，可是，男人真的就变得可有可无了吗？

我的观点是：不可能。

男性也是有血有肉的人，有心灵，有智慧，有灵魂，还有幽默感。他们可以成为很好的伙伴和朋友，当然也是爱情中宝贵而必需的参与方。作为女人，我们可以从这些方面来学会欣赏男性。

如果你只看到了男性的经济能力，那是对他们的侮辱和看低。过去，男人最被看重的是他们可以养家糊口，这其实让很多男性都不满足。尤其是现在，女性也可以赚钱养家，这让不少男性觉得自己不再受尊重，也不再被需要。这难道是爱情的本质吗？2009年，《纽约时报》登载过一篇文章叫《这是经济的女朋友》，讲述了DABA女友现象。DABA的意思是“约会银行家”，这些年轻女孩只和华尔街的银行家约会。但那几年经济下行，也影响了她们那些华尔街男友的收入。于是有一位银行家的女友成立了一个匿名团体，为这些华尔街银行家的女友和配偶提供社交支持和帮助。女士们可以在这个团体内部相互吐槽，一起抒发心中的郁闷。她们槽点类似，都是诸如“经济不好，银行家男友心情很糟，因此影响了彼此的关系”之类。她们在博客上讨论最热烈的悲惨话题则是“最近每个月的零花钱少了一半”或者“现在住酒店不能再像过去那样点客房送酒服务了”。因为经济下滑影响了银行家男友或丈夫的盈利，所以这些女士的保姆费和去高级餐厅预订餐位的费用也受到削减。她们中很多因为以上原因和男友分手，有的则被男友要求“变成熟一点吧”。有一位女士描述了和她以前的火星型优质男友——一位华尔街金融老手约会时的风光，她说自己到处受到别人的优待，因为她男友是成功的银行家。成功的银行家在女友心中魅力十足。但是，一旦优质男友丢了工作，这种魅力又到哪儿去找呢？

这类事情让我们质疑把经济能力作为选择男友首要标准的合理性，因为经济因素总在不断变化。即便经济收入还是择偶时应当考虑的一个实用而重要的因素，股市崩溃和经济下行也应当让我们意识到它的不稳定，所以，为了婚恋关系更长久，我们还需要兼顾其他因素来共同做出决定。反过来说，一个女人因为完全非自己过错的原因丢了工作，她也一定不想被男友抛弃吧？但也许因为有这样的经历，这些银行家们才得以深深反省自己择偶的标准，从长远考虑，这些女人的性格和承诺都不堪一击。也许这些银行家现在也后悔当初只看靓丽外表就选择了花瓶女郎，结果证明她们内心肤浅，竟然会因为钱而抛弃伴侣，也实在是自己眼光不好，无话可说。

所以男人已经受够了，不想再被看作大钱包。他们希望因为个性、智慧和价值观被女性热爱，正如女性不希望别人仅仅因为容貌而爱上自己一样。男人希望在经历困难时期时，心爱的女人能陪在身边，必要时还能提供支持。

现在很多女性的收入水平也高了，有的受教育程度比男性还高，她们也能自己抚育孩子。所以有些男性会不解，他们不知自己还有什么魅力能吸引女性。对成功的职业女性而言，婚姻的一大卖点可能就在于找到一个支持自己、照顾自己的居家好男人。这让在过去的性别设定环境下受到忽视的那些金星男人一跃成为最受欢迎的类型。但是，恐怕永远都会有女人喜欢火星型优质男友，因为后者更能提供安全感和保护。

男人也在重新定义自己身上吸引女性的特点。过去，他们很清楚在约会中应当扮演什么样的角色或遵循什么样的准则，现在这一切都发生了变化。他们还应当主动约女人出去并支付约会账单吗？他们还应当一个人制定全部的约会安排、接女伴出来并负责送她回去吗？他们是该追求一份高薪工作，还是做一份自己感兴趣但是薪水比较低的工作？他们也分不清楚哪些女人是女性主义者，哪些是传统类型。如果他们不再肯定哪些事能取悦女伴，渐渐地，他们也就不那么喜欢主动出击了。

所以，当现代女性重新定义自身时，男性也在做同样的工作。我们其实是在同一条船上，应当同舟共济，增加交流。而且，随着男性逐渐融入更多的女性能量，他们内心也变得完整和均衡，个性会更随和，也更乐于向女性提供帮助。这样，男女双方在面对变化了的环境时，就能更灵活地加以适应，男性和女性也可以根据不同需求交换养家糊口和照顾家人的责任。

在男女都重新定义自身的时代，最重要的一点是，无论男女，无论是他们身上的男性能量还是女性能量，都需要得到看重。只有这样，男女双方在履行这些责任时才能够得到对方的珍惜。

调查显示，现在的男性更愿意和收入高于自己的成功女士结婚。这样，他们就会有更多时间和机会与孩子相处，照顾家人，培养自己的爱好和追求，发展新的友谊，并增强对内在生命的关注。

所以说，火星女人的出现异于传统，既是因身份认同混乱而导致的危机，又是人类的一次成长机会。火星女人的出现，使爱情交往中的交流方式、家庭财务运转系统、家务分配和育儿职责、性生活以及其他一系列关系都受到影响。男性还需要一些时间来适应这种变化，好好考虑如何调整自己，改善爱情关系。过去，我们对婚姻和爱情的设定都有着固定模式。女人得在后方踏实保障家庭的正常运转，给男人准备三餐，照顾家人，养育孩子，当男人的贤内助，这样男人才能专心工作，挣钱养家。今天，有些男人成了全职爸爸，给妻子驻守后方，照顾家人和孩子，助她们驰骋职场。以后，也许会出现更多的双职工家庭，丈夫和妻子都在外上班，相互助力，相互扶持，也同为孩子的榜样。

第12章　谈谈性吧，亲爱的

性与爱的建议

你可能会好奇，火星女人能否和伴侣有美好的性生活。对这个问题，大部分人的答案是肯定的，但也有一些意想不到的情况。有些专家认为，激情的基础是性别差异，因此，两个同为男性特质主导的人之间，激情和吸引力必然消退。可是这样说有根据吗？现代社会中，爱情和婚姻关系中两性角色发生的变化，必然会对人们的性生活带来不良影响吗？

佩帕·施瓦茨博士在其著作《棋逢对手的婚姻奥秘：爱在于对等》中指出，双方条件对等、特质相近的婚姻在性方面和传统婚姻有所区别。从一方面来讲，这样的夫妻之间性生活更加理想。但从另一方面而言，他们在床上的激情相对要低一些。好的一面是，这些夫妻的性生活更顾及双方的满足感，妻子一般可以更主动地发起邀请，也更倾向于明确表达自己的需求。但从另一方面来说，对等婚姻的基础更像是出于理解和友谊，因而双方之间激情的成分会弱化。施瓦茨博士指出，激情更容易在差异、焦虑、紧张和失衡的状态下得以维持，所以特质相异的情侣和夫妻之间更容易产生激情。这并不是说两个火星男女之间就无法产生激情和浪漫——事实上这完全有可能发生，我们将在后面继续讨论这个问题。

性学家吉尔·麦克德维特认为，特质相同、拥有相似性别能量的伴侣之间，也可以拥有和谐而充满激情的性关系。这是因为最好的性关系源自人内在的自信和良好的感觉。如果双方都认可自己的性感受并愿意分享，美好和谐的性关系便会自然发生。根据吉尔的研究，很多男性都喜欢女性主动发起前戏或性行为。

吉尔就是一位成功的职业女性，她分享了自己当年的约会情景。作为单身女性，性学家的职业以及吉尔获得的相关学位常常会吓走一些男人，让他们不敢继续和她交往。还有一些人则担心作为性学家的她是否也会沉迷于性。另外一些人则会随意打趣吉尔的职业，而不是把它当成一门严肃的学科。

吉尔的建议是女性不能因此就放弃爱情，应当继续寻找尊重自己、尊重自己的职业选择和性需求的伴侣。最终她成功地找到了适合自己的伴侣。她想告诉女性读者，世界上有很多懂得欣赏别人的好男人，请慢慢寻找，不要因为担心会孤独终老就匆忙降低标准。女性应当先做到一个人生活也能快乐，然后再找到那个自己想要的人，这个人得足够自信，既不会被女性表露出的真实自我吓倒，也不会因为她们在床上和其他方面的表现而害怕。

自由的性观点能提升性角色的自由度，提升人们的性体验。根据哥伦比亚广播公司和《纽约时报》的一项联合调查显示，60% 的受访者认为婚前性行为没有问题。美国广播公司新闻网 2004 年发起的“美国人性行为调查”显示，42% 的受访者属于性冒险型。美国人发生第一次性行为的平均年龄是 18 岁，而且有大约四成的年轻人认为不涉及感情的性行为也可以接受。这项民意调查已经过去 10 年，很可能大家现在的观念比那时候更开放了。但是我们还是应当有意识地反思自己的性观点，以免它过度膨胀失去控制。

尽管有这样的变化，传统的性观念仍然深深根植于我们的潜意识中，对我们继续施加影响。杰西卡是一位 40 岁的火星女人，可她依然认为夫妻二人若是性别特质相近就会影响在卧室里的相互吸引力。她本人是成功的职业女性，在婚姻关系中和丈夫比较对等，这似乎在某种程度上也降低了他们俩的性激情。这也许和杰西卡的收入比丈夫高有关系。对此，杰西卡评论道：“我听过帕蒂·斯坦格（本书第 3 章我们提到过她的《嫁给百万富翁》）的一个说法：男人的支付能力会影响你的性生活。因为面对收入少的男人，你会感觉自己像他的妈妈，必须像对待宝宝那样照顾他，这自然会让你在床上兴味索然。当男人担起养家的责任时，他会显得格外有男人味，你也会被他深深吸引。这自然会无比提升床上的激情。”

杰西卡总是希望丈夫能付每月的信用卡账单，因为这让他显得“更有男性魅力”，尽管他们俩有共同账户，杰西卡的收入也高于她的丈夫。

杰西卡的例子老让我想起《第二十二条军规》般的困境。杰西卡说丈夫付账时自己会觉得他更有男性魅力，从而也觉得自己更有女人味。这难道是在表明她和传统女性一样觉得男性应该养家，并在经济上保障妻子吗？这些古老的观念和因此产生的魅力模式到底有没有改变过？尤其让我不解的是，杰西卡本身是火星女人，她和丈夫的婚姻关系对等，两个人在婚姻中承担的角色也不同于传统模式。难道任何时代的进步和潮流的变迁都无法触动性观念的改变吗？也许是因为性心理属于底层的本能，而人类的潜意识是很难改变的吧。

传统的性观念认为，得由男人来提议性行为。即便如此，传统女性有时还是会因为其他目的主动发起性攻势。她们会将性作为秘密武器来调整局面，让丈夫就范，以换取自己想要的东西。比如说在女性网站 Woman’s Day 上就登载了一篇文章叫《以数据论性》，该文章说有 84% 的女性称自己会用性作为奖赏，让丈夫帮忙做家务。有专家说这是一种“无害的贿赂”，对健康的婚姻关系来说，这样做很好。

依安·科纳是一位性治疗师和婚恋顾问，针对上述现象，他认为：“以家事换性事不失为高明的策略。”科纳说，研究证明，井井有条的家居环境更容易激发女人的性激情，对男人而言，“这将是巨大的动力，鼓励他们去洗碗擦地。”但是，为什么女朋友或妻子单纯地请这些男人去洗碗擦地就不能成为他们劳动的足够的动力呢？为什么他们就不可以自己感到分担家务是生活伴侣应尽的责任呢？难道女人就不能和男人一样，只为了自己意愿而发出性邀请吗？性应当成为夫妻关系中讨价还价的工具吗？还是仅仅作为一种表达爱意和欲望的方式?

《爱情准则》一书的几位作者都建议让男性主导房事。她们说：“即使非常想要，你也不能主动要求。记住，在卧室里，你永远得让男人来提议。”她们觉得这一“准则”对婚姻长期适用。

这是否意味着从恋爱到结婚，直到此后的一生，女性都只能被动地等待，等着男人示好，等着他们求爱，等着他们想做任何事?难道在自己的床上面对自己的丈夫，女人都不能主动一次吗?

甚至在婚前性行为这个问题上，也存在着对男性和女性的双重标准。一个风流成性的男人多半会受到吹捧和羡慕，被认为既有魅力又有手段；与之不同的是，一个床伴较多的女性会遭人批评，被认为是淫乱、滥交。在《性奴》一书中，内奥米·麦克柯米克指出，双重标准的性道德对女性的约束远远高过男性。在很多文化中，拥有众多性伴侣是男性社会地位的象征，而女性则被要求婚前保持童贞，以换取利益更大的婚姻。

还有一个说法是女性在性问题上要矜持。如果太快就与男友发生性行为，女性会被认为太随便，“不值得和她长期发展”。我采访过的一位女士第一次约会就和男友一起过夜了，后来他们也结婚了。2011年match.com上的一项调查显示，35%的一夜情最后发展成了长期的恋爱交往。因此，我认为上述担忧已不复存在。

今天仍然有很多婚恋专家追捧这样一个观点：性生活矜持检点的女性更有价值。在《诚实一些，你并没有那么爱他：提高择偶标准，勇敢追寻真爱》一书中，依安·科纳说：“如果女人在性问题上太主动或太随便，会给自己带来潜在的不利影响，相当于直接贬损了自我价值，而把最大的权益让渡给了男伴。但我不是说女性要遵照某种‘规则’来玩性追逐的游戏或干脆克制欲望。那样也没用，反而显得有点像愚蠢的小动作，不是吗？”

《爱情准则》一书建议，女性在约会时应当尽量推迟和男友发生性关系的时间。卡莉·卢卡斯在她的《非政治正确指南：关于女性、性爱和女性主义》一书中指出："有些女性跟男友约会时表现得欲擒故纵、表里不一，今天，她们这么做实际就是想通过不让对方碰自己的方式，鼓励对方主动发起性行为。她们希望通过这种手段，把性主动权牢牢掌握在自己手里。"

你对此的看法是什么？如果你也能等到第八次约会后再和男友发生性关系，而不是第一次就一起过夜，你会因此觉得自己更有价值也更受人尊敬吗？你对男人是不是也持同样看法？

我想知道男性对上面这个观点是怎么想的，以及他们是否喜欢约会时女友总是拒绝做爱。就这个问题，我问过身为单身男性的律师汤姆，想知道他对此的想法。下面是他的回答：

根本不是这样，这简直是有悖常理！打个比方，就像你想卖一件产品，却不努力让客户赶紧过来，还以为他们现在不过来看以后就会更想买。这种办法完全无效。我这话说的是《爱情准则》里边的那些教条。玩这种若即若离的游戏也一样，先装矜持，把男人赶远一点，回头又打个电话让他回来，觉得这样对方会更喜欢自己。完全没用！我是说如果这位女士真的是在遵从自己的性价值观，那没有问题，我们可以等。但如果只是为了玩装矜持的游戏，那她究竟想得到什么？男人只会赶快跑开，再也不会回头。

很多约会专家声称，在约会中懂得拒绝性要求的女性才能获得对爱情的更多掌控权。对此，格劳莉娅·斯泰纳回答道："自由的女性婚前有性生活，婚后能继续工作，这样她才算真正得到了解放。"虽然我一直很欣赏格劳莉娅的观点，在这里我们还是要小心，不能为解放而解放，从一个极端走向另一个极端。字典里是这么解释"解放"的：解除束缚，得到自由。因此，得到解放的女人可以自由地决定自己的生活，不论是在性还是其他方面。结婚之前，只要是完全出于自己的选择，女性可以有性生活也可以没有。同样，结婚之后，只要是出自她的本意，她可以继续工作也可以不再工作。

在性方面，女性可以决定到底是为了愉悦自己还是为了让对方高兴。研究表明，有些女性约会时同意发生性行为是因为害怕失去对方，或者不想让对方失望。恺撒家庭基金会和《十七岁》杂志开展过一项联合调查，结果发现九成女性非常同意或比较同意如下说法：“很多女孩在还没有真正准备好时，会迫于某种压力同意做爱。”

作为婚恋心理学家，我也经常听到成年女性说自己会迫于压力发生性行为。她们并没有受到男友的性骚扰，只是担心如果不同意或者推脱后，对方会失去兴趣，不再和自己继续发展。因此她们会放弃自己内心的想法，同意做爱，并希望这能够有利于两个人的交往。

最近有位男士跟我说，他不知道怎么了，现在的女人怎么都这么想结婚，都不顾一切，第一次约会就急着上床，希望彼此的感情能够因此迅速升温。当然，这可能只是出于他自己的猜测，但的确有一些人会用性讨价还价，换得婚姻和恋爱的承诺。性爱在他们这里不是出于内心的需要，而是交易筹码。

成功的女性可以决定性对自己意味着什么，以及在这方面自己愿意怎么做。得到解放的自由女性即使面对社会习俗的压力，也能自主表达自己的意愿，根据需要决定性爱的频度。只是所有这些选择必须出于自身的原因，符合女性自己的价值观和利益，而非为了回应男方的压力。

还有一件事让女人经常感到有罪恶感，那就是婚前她们约会并发生过性关系的男友的数目。《魅力》杂志在1998年曾经做过调查，说49%的女性都希望自己有过的性伴侣数量比实际要少一些。2004年，美国广播公司新闻网做过一项“美国人性行为调查”，结果显示，美国女性平均每人一生有6个性伴侣，而在男性受访者中，这一数字竟然高达20！这么多年过去了，也许男女之间在性方面的差异缩小了一些。但是如果你看过电影《极品前男友》，肯定会记得安娜·法利斯饰演的女主角。她陷入了极大恐慌，因为发现自己已经和20个男人约会过（当然也上过床），这样她将不得不嫁给下一任男友，才能成功地把床伴数量控制在21个以内！你看，性伴侣的数目是一个多么神奇的数字，居然可以逼着一个女人结婚！只因为美国文化中有这样的说法：床伴数量大于21个的女人将不再被视为“宜婚”。很难想象此类题材的故事能成功地移到一个男主角身上吧？所以，像往常一样，女性被社会习俗所左右，在性爱问题上首先考虑的是别人会怎么想，而不是这对她自身有什么意义。

在电视剧《欲望都市》里，萨曼莎是一位成功的职业女性，乐于和不同的男伴约会，性生活比较活跃。她还有关系很好的闺密，总之过得相当滋润。我们尊重她的选择，也很羡慕她能享受自己的生活。萨曼莎不同于以前荧屏上出现过的女性角色，她非常享受性爱的乐趣，而在以前的电视剧里，这是男人的专利。我觉得萨曼莎这个角色的出现，表明媒体已经注意到她这样的女性群体的存在。

还有一种老旧观点认为，对女性而言，爱和性不可分离，男性则不然。而今天，我的确看到有很多年轻女性，她们的态度就是性爱可以与感情和婚姻无关。有本书叫《单身女孩如何为性而性》，书里讲了女性可以和男人一样，单纯地享受性爱的快乐，而不用联系到其他方面。这本书的作者给了女性一些特别的建议，如“要知道性并不等于爱”，还有“情感和高潮是两回事”。虽然这样的假设很有意思，但是我们还是要想清楚，对自己而言，哪种需求最真实，想明白自己是否想要爱、性和情感相互分离。如果女性希望在彼此承诺的情况下再享受性爱，她仍然可以这么做，但需要和约会的男友确认这一点，以便知道两个人是不是对此有着同样的想法。在这个问题上，女性用不着把孩子连着洗澡水泼出去，你可以和你的伴侣认真讨论，看如何重新调整彼此的角色设定，改变那些不再适用的做法。

在结束本章关于性生活的讨论之前，我想再强调一下，不论你是火星型女人还是金星型女人，永远可以不断调整并改进与恋人的性爱关系。你可留出时间全身心投入到与对方的亲密行为中，有问题时一起去寻求治疗和帮助。你们可以分享各自的性幻想以及性爱方面的需求，一起努力让彼此之间拥有更美好的性体验。

多数恋人在关系确定和同居一段时间后，会经历一个情欲消退期，因为彼此之间新鲜感逐渐淡化，而日常杂务又分去不少精力。此时大部分伴侣需要重新激发彼此的性激情。

对火星女人而言，她们还会面临一个更大的挑战。共同生活之后，男友可能会发现女友的收入更高，社会地位更高，这有可能会降低男友自认的男子气概，进而影响两个人在卧室中的表现。

万一男友一直无法克服上述念头，一定要寻求心理治疗，不然可能会损害彼此之间的关系，甚至可能因为无法许下承诺而分手。

另外，男女双方可以暂时减少工作，一起做些愉快而放松的事情，比如两个人可以出去约会，一起去跳舞或者做运动。我知道有恋人或夫妻会一起去骑车或远足，打保龄球或者跳舞，这些体育运动可以很好地减压，使人从家务和工作的压力中暂时解脱出来。

另外，请记得真诚地赞美你的伴侣，让对方愉快舒适。彼此帮助对方建立自信，建立一套你们自己的方法，以增进双方的价值感，让爱情更和谐。

有时候穿得性感一些也对增进浪漫和激情指数有帮助。如果火星女人能穿上性感内衣，男友一定会暂时忘记这是一位女强人，只把她当作美丽的恋人。当然，这只有在女士愿意的情况下才可以，你得带着性感的精神去试穿那些内衣，而不要觉得受了冒犯或太低俗。

你们还可以尝试分享性幻想，变换做爱地点，或者尝试新体位。有些情侣会一起学习按摩，相互解压又增添情趣。只要你愿意努力，一定能找到更多彼此认同的方法。

还有一件事很重要，那就是别忘了问你的伴侣对彼此在床上的表现是否满意，问他 / 她有什么需求。有时候对方也许就是希望该改变一下性生活的频度，增加一点花样，这些方法都有可能大大增进伴侣之间的亲密度，提高性生活的激情。

❤ ❤ ❤

性与爱的建议

1. 想清楚性对你意味着什么。你接受性、爱相互分离还是渴望只和自己的爱人分享性爱?

2. 如果你希望有承诺的性爱，和男友好好讨论，确保你们对此想法一致。

3. 尊重自己的价值观，根据自己真实的想法做出和性相关的决定，不要迫于谁的压力而同意做爱。

4. 为自己的情绪、欲望和感情而自豪。这些都是你出生即有的神圣权利。

5. 作为女性，你可以自己决定是否要主动求欢，并告诉对方你的性需求是什么。看他对此作何反应。

6. 讨论适合你们的性爱频度，建立一套床上密语体系，看双方能否达成默契，清楚对方的需求，让彼此都更快乐。

练习

留意自己的性生活，知道彼此有需要时怎么表达。如果你主动求欢，告诉他你的欲望，他会如何反应？他如何表达自己的欲望？好好了解这些问题，因为一旦结婚，对方可就是你一辈子的性伴侣！

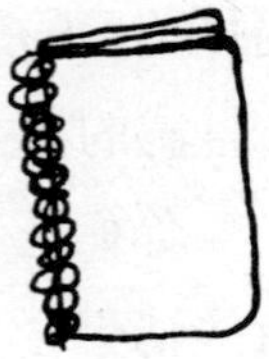

♡ ♡ ♡

我在床上可以主动表现自己的欲望。这对我的伴侣而言也是一样。

第13章　欣赏爱情，赋予爱新的意义

如何赞赏并表达爱意

性别不同，表达爱意的方式也不一样。男人爱上女人，会去买珠宝和鲜花送给她。女人爱上男人，则会给他做饭，为他织围巾，把自己打扮漂亮给他看。很多婚恋专家认为，男人一旦如社会习俗所期待的那样，成功地扮演了恋爱关系中的物质提供者角色并被女方接受，他自己也会感觉到被赞赏和尊敬。他们担心女性太成功会让自己黯然失色，觉得不被需要。专家对此的意见也是希望女性能尽量低调处理职业上的成功，以维护男性的自尊。专家还建议，女性要更多流露出柔弱无助的一面，要多做家务，多做饭洗衣，打扫卫生，总之尽量表现出自己的女性气质，以平衡自己在婚姻关系中过于强势的表现。我一直对这种看法表示怀疑。难道就没有其他办法让男人感受到女性的爱与欣赏吗？很多男士告诉我，其实他们并不指望女性给自己做饭和打扫卫生，虽然这样也非常棒——他们只想得到单纯的爱和赞赏，并觉得性爱是一种理想的表达方式。其实，现代男女在这个问题上的需求已经发生了变化。

另外，男性如果想要拥有更强大的自尊和自我认同，应当重新考虑自己希望因为什么原因得到赞美和尊敬。很久以来，男性习惯于因为职业的成功而受人敬仰，正如女性一般是因为美满的婚姻和可爱的子女被人羡慕一样。就像成功的女性生怕被人贴上“不关心家人”和“坏妈妈”的标签一样，男性也一直不喜欢被说成“怕老婆”或者“吃软饭的小白脸”。男人需要问问自己，不管有多累或多不公平，你是否希望继续把自己的价值建立在事业和金钱的成功之上。

我的来访者萨姆曾经有一份非常专业的工作，做得也很成功。但是突然有一天，公司把这项业务外包了出去，他失业了。萨姆因此非常沮丧，他觉得失去了男人所有的尊严和价值。在家中，妻子和孩子非常爱他，他也非常爱他们。萨姆和父母、亲戚的关系都很融洽，也有不少好朋友。可即便如此，他还是觉得自己失业后变得毫无用处了。我问萨姆为什么只以工作论成功，最后，他终于承认生活中还有很多重要的事，只不过自己太在意别人，怕丢了这份“正经”工作被人议论，所以才感觉这么糟糕。男性经常以职业和收入方面的成就来评定自己的价值，其实他们真的不用这样想。

同样，在恋爱这个问题上，人们也习惯于以容貌来评估女人的价值。我有一位女性来访者就一直对自己的体重耿耿于怀。为了减肥，她简直什么苦都愿意吃。因为超重，她感到很自卑，觉得自己毫无魅力，根本不可能找到相爱的人。虽然减肥让自己变得更健康是好事情，但我还是无法理解为什么就因为体重，就把自己贬得一无是处。我告诉她，她有很多优点，她是个好女儿、好朋友，工作好，取得了不少成绩，还有很多爱好。我跟她打了个比方，如果说她的身上每个特性都像自行车车轮的一根辐条，体重超标只是其中的一根，她还有那么多根完美的辐条呢。其实她也知道自己有优点，只不过从来没有从这么辩证的角度评价自己罢了。别人对待自己的态度折射了你对自我的评价，所以你要好好考虑一下自我评价这个问题，无论男女，都要正确评价自己，善待自己。

我们可以选择继续让社会习俗来评价自己，也可以选择直面自我，客观地认可和评定自我价值。不论是对自己还是对别人，最健康的关系都来自于对自我内心完整的移情化尊重。

我采访过一些男性，问他们作为“家庭主夫”有没有感受到被人尊重。全职爸爸安迪（他的妻子是杰西卡，我们前一章讨论过他们俩的故事）表示自己的婚姻非常美满，也得到了应有的赞赏和尊敬。他对妻子收入高于自己这件事接受得非常好，觉得夫妻是一个团队，凡事应当从整个婚姻关系的共同利益出发。他相信如果自己比妻子收入更多，对方也会愿意为了整个家承担起更多家务和照顾孩子的工作。因为着眼于家庭的未来，安迪也认为妻子的收入是他们整个家庭的收入，不会为此感到别扭。而杰西卡也表现出了对安迪的欣赏和尊重，她有时也给他做饭，经常表达自己的爱意，还会送安迪礼物，给他惊喜。安迪对杰西卡也是一样。他们之间没有因为妻子挣钱养家而产生丈夫“没本事”这种想法，两个人谁都没有过。

我还问了索尔类似的问题。索尔也是一位全职爸爸，他的妻子是一名律师。索尔每天在家照顾孩子，做饭洗衣，收拾屋子。妻子则外出工作，赚钱养家。我问索尔，如果妻子不给他做饭，或者哪天太忙顾不上对他所做的这些事表示感谢，他会不会感到自己的辛苦被忽略？我很好奇忙碌了一天下班回家的妻子，是如何与索尔一起分享对彼此的欣赏的，对此索尔又有什么感受？他说：

我其实算是生活得非常惬意的了，没有什么压力。虽然总是会有点小抱怨，但我知道自己的生活很幸福，外边不知有多少人还希望能和我换换呢！我妻子跟我性格不太一样，她从不抱怨，总体上她更喜欢表现出赞赏宽容的一面……但是，我并不需要她为我做饭或者表示感谢，我不需要她来肯定我或夸我有多好。我非常喜欢和她做爱，她也知道这一点……你看男人这方面总会兴致勃勃，我们俩在性方面一直很好，这是我得到的最好的欣赏。

对此我很惊讶，尤其是当我采访的另一位男士也表达了类似的观点时。他说：

女人会不会做饭是我感到最无所谓的事了。但是性爱不一样，它对我来说不同寻常，它能让我感到对方的爱意。我希望女朋友在外面端庄得体，但在床上能狂野热情。我本人很看重性爱的质量，这是我决定要不要和一个女人交往下去的重要因素。至于家务方面，我本人可以做饭，有时也愿意打扫屋子，并同意请女仆帮忙。

相互赞赏是保持爱情健康成长的关键因素。过去的传统观念是男人负责挣钱，把面包和培根买回家，再把收拾好的垃圾丢出去。女人则负责全套家务，做饭、洗涮、养孩子。大家认为这才是正统的成功的家庭典范。随着社会发展，男女之间的角色差异慢慢缩小，人们反而不知道可以遵从什么样的模式，让伴侣感到爱和安全。我想，不论男方还是女方，在婚恋关系中都应该细心了解对方的好恶和需求，要让对方知道你关心他、在意他。你可以时不时写一封充满爱意的情书告诉他你的感受，当然，用其他任何你喜欢的方式表达也可以。

有时候我的单身女性来访者会问，有人说约会时女性得让对方给予自己更多，而不是相反，因为给予属于男性特质，如果由女性来展示，会显得自己太急迫，似乎为了得到对方不顾一切，而且还缺乏女人味，因而会降低女性的魅力。这个观点正确吗？很多婚恋专家建议女人约会时保持接受者的姿态，只要对男方的殷勤有所反应就好。我认为，恋爱时双方都需要表现出真诚和慷慨，对彼此给予适当回应。那些诸如“只应当由男性赠送礼物给女性”或“由男性主动表现出来的赞赏才得当”之类的想法都太老旧过时了，如果继续坚持，只会产生不好的影响。

赋予爱新的意义

我们在前面已经讨论过，传统的爱情观念中，对于关心和爱意的表达暗含了旧式的性别设定。举个例子，它假定男人应当帮女人修车，开车带她出去，帮她修理损坏的物品，还要给她身体的爱抚。作为回应，女人应当收拾屋子，清洗浆补，言辞间对男人表示顺从，并接受对方的爱抚。

我并不是说这些性别差异分化明显的表达方式不好，只是现在很多情况下，男女双方内心已经融合了均衡的男性特质和女性特质，所以这些以传统性别角色差异为基础设定的表现模式，已经不那么集中。如果一个家庭中的妻子负责养家，也会修理物品，也许她更希望回到家中能吃上丈夫做的饭。一旦男性习惯于每天在家洗衣做饭，也许他们就会慢慢习惯妻子回家给自己带一束鲜花或一件小礼物。让伴侣去做一些我们自己通常不怎么会做的事也不算难，但这不是表达爱的唯一做法，也不会帮你达成内心的平衡。

也许只有当我们不再坚持以性别来区分爱意的表达方式时，大家才会真正开始深入思考爱对我们意味着什么。爱情通常意味着彼此之间的理解和接受。每个人都有不同的想法，每个人认为的理解和接受也不一样。爱与对方的价值观、利益和梦想紧密相连。有时候，爱就是理解、尊重、赞赏和倾听。

最近，皮尤研究中心联合《时代》周刊在全美范围内做了一项调查，这项调查使用了人口统计局的数据。调查结果显示，如今大部分美国人不再出于政治、经济或社会地位的原因而结婚。有93%的人说他们结婚的重要原因是爱情；87%的人回答自己会出于友谊和陪伴而步入婚姻；另有59%的人觉得结婚是为了生育后代，还有31%的人是为了获得稳定的财务状况而结婚。

同样的调查也显示，现代人对伴侣的期望并没有表现出明显的性别差异。无论对男性还是女性，这些期望都保持一致。作为伴侣，最受欢迎的品质是如下三点：是孩子们的好爸爸或者好妈妈；会照顾人且有同情心；把家庭的重要性看得高于一切。排在这三点之后的是性生活的质量，有48%的被采访者认为这也是好伴侣的重要标准。至于家务能力如何，则在好伴侣品质排行榜上垫底。只有32%的男性和28%的女性选择了这一项作为参考指标。虽然单项研究无法反映在这一问题上社会观点的全貌，但它的确从某种意义上说明了婚姻关系中旧式性别设定的影响在降低。

还有一个性别观点也发生了变化，那就是身高问题。过去的传统是女人永远偏好高个子男人，但从1986年到2003年之间，丈夫低于妻子身高的婚姻组合比之前上升了40%。这进一步说明了旧的性别设定在现代人心中正在淡化。一直以来，我得到的信息都是女人希望找一个比自己高或者至少和自己一样高的丈夫，这样才会感到自己比较娇小，得到了保护。但上述数据表明，十多年前这一现象就开始转变。我因此产生了新的希望，也许再过十几年，身高就不再是一个问题了。

在男性的经济能力方面，传统的观点变化相当缓慢。很多人现在还认为结婚前得确认男人是否有钱养家。这一点有数据证实。在我们上面提到的皮尤研究中心联合《时代》周刊在全美范围内进行的调查表明，67%的人认为男人结婚之前具备养家能力非常重要，但只有33%的人对女性有同样要求。从好的一方面说，现在社会总算对男人和女人都有了经济要求，但为什么对男人的要求会高出那么多？在上面讨论过的案例中，有很多妻子养家、丈夫照顾孩子、料理家务的婚姻模式，他们也都很幸福啊。虽然男人必须具备养家能力这一观念已经过时，对现代生活没有借鉴意义，但仍然有着很强的惯性，难以根除。

❤ ❤ ❤

如何赞赏并表达爱意

1. 讨论你们在哪些方面比较传统，哪些方面希望变化。找到你们喜欢的表达爱意的方式。

2. 坦诚地确认是否喜欢对方为自己做的事。如果不喜欢，说明原因，看对方是否同意。

3. 相互交流，探讨爱情对你们彼此意味着什么，以及你们希望赋予它什么新的含义。

4. 相互交流，探讨婚姻对你们彼此意味着什么，以及你们的价值观和需求是否一致。

练习

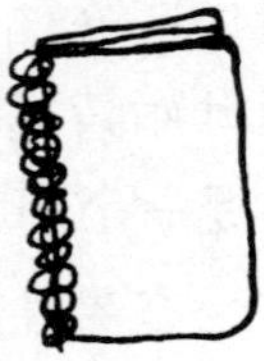

在爱情中，我们很容易套用传统方式来感受爱意和珍惜。有时候因为父母这么做、媒体这么引导或者前男友这样做过，我们就本能地认为爱情就是得到鲜花和珠宝。现在请你留意能够表达爱意和欣赏的其他方式。当看到恋人或丈夫为你做饭、给你写诗或帮你收拾屋子时，你要知道他正在以这种新的方式表达对你的爱。

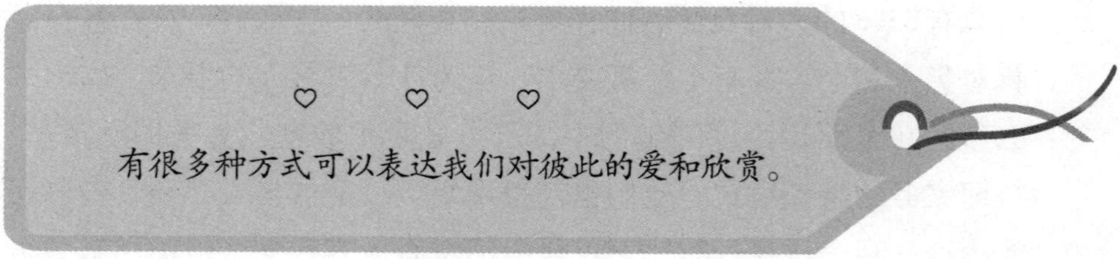

第14章　共同抚育孩子

如何一起养孩子

到目前为止，本书中大部分内容都是关于不要给对方贴标签、尊重彼此的个人需求以及通力合作发展健康的婚姻关系。事实上，没有什么事情比抚育孩子更需要通力合作的了。孩子来到这个世界上时就如同一张白纸，需要通过爸爸、妈妈慢慢去了解家庭和人际交往，了解男人和女人。因此，如果爸爸、妈妈能通力合作照顾孩子，他们长大了就会知道男人和女人都外出工作，他们也都会照顾家庭。在这方面，前方的路依然漫长，但我很高兴地看到，已经有越来越多的家庭这么做了。很多男人积极地参与到孩子的抚养过程中，但他们很难找到一个合适的地方倾诉自己这方面的经历，也很难得到社区对父亲育儿这件事的支持。因此在本章节中，我将讲述他们的经历，并向大家介绍在夫妻共同育儿的研究方面，最近有什么新进展。

研究成果和目前状况

很多职业女性认为，要想一直保持事业成功，就不能要孩子，其中一个重要原因就是她们要承担绝大部分的家务和育儿重担。在美国，只有8%的家庭由丈夫承担主要家务劳动。另外，9%的丈夫会在孩子生病时请假，相比较而言，会这样做的妻子有51%。

但爸爸们也有话要说。他们认为，如果公司对父亲参与育儿不支持，现状很难得到改变。如果其他男性都不会因为孩子的事请假，你因此请假就会显得奇怪。这需要改进公司的相关政策，让员工在工作和个人生活间找到更好的平衡。家庭和工作研究所2001年的报告表明，不论男女，职场人士大多感觉过劳，其中三分之一的人反映工作压力太大，几乎难以为继。目前不景气的经济形势使得这一情况继续恶化，因为很多公司都削减了工作岗位，把原来两个人的工作合并给一个人完成，以降低雇佣成本。很多雇主也不再提供育儿假和病假，因此工作与生活的平衡更难实现。

瑞典从20世纪90年代开始推行育儿假政策，一开始几乎没有几个父亲会主动休这个假。如今，休育儿假的父亲比例高达80%。由此可见，社会的支持能够帮助父母更好地改进育儿模式。

男人容易忽视女人的艰辛，不知道她们得付出多大努力，才能在工作和家务负担中找到平衡。在相关研究中接受采访的传统男性甚至认为，妻子的生活令人嫉妒，因为她们生活自由，没有什么压力和焦虑。这些男人从没有设身处地想过妻子的处境。但在电影《克莱默夫妇》、《妈妈先生》和《三个奶爸一个娃》中，我们看到也有一些男人愿意体会主妇的生活，知道家务劳动多么重要而辛苦。

只有当男女双方都意识到工作和生活的平衡是他们共同的目标时，才会出现更多对等的婚姻关系。佩帕·施瓦茨博士对此做过研究，并写了一本叫《棋逢对手的婚姻奥秘：爱在于对等》的书。这本书记录了她采访的一些信奉婚姻对等和夫妻合作的家庭的案例。这些夫妇都一起抚育孩子，携手分担家务，共同决定家庭事务。他们的婚姻中有一种真正的伙伴关系，对彼此的生活状态都很了解，知道对方面临的挑战。这些夫妻有以下四个共同特征：

1. 在家务和育儿工作量上，他们至少四六开分担，不会差距太大。

2. 彼此都相信夫妻双方在决定家庭事务时权利对等。

3. 他们在家庭财务上也完全平等，双方都可以自由决定花销。

4. 夫妻双方的工作具有同等的重要性。

这些关系对等的夫妇大多属于中产阶级，双方都有工作，年龄大约在28岁到45岁。其中一半夫妇中有一方以前离过婚，而离婚的原因就是以前的婚姻关系中双方太不对等，因此他们不愿意再婚时重复以前的失误。这些夫妻中，如果丈夫收入比较高，妻子收入水平一般也与其相当。这些男人大多从事的是压力不那么大、职位不那么高的工作。他们中有人也有火星型的母亲和姐妹，她们能力很强，令他们尊敬。这些男人也很喜欢小孩，乐意多照顾子女，陪他们成长。根据施瓦茨博士的研究，这些爸爸由于经常跟孩子进行亲子互动，增进了父子间的亲密感情，也大大提高了自己的幸福感。同时，共同育儿使夫妻的感情更加亲密和谐。

研究也表明，爸爸对孩子照顾越多，对孩子和妈妈的好处也越多。根据美国人口调查局的数据，现在全美有大约105,000位全职爸爸。而《嘉人》杂志2010年的调查宣称，拥有一位全职丈夫已经成为女性热衷追求的身份象征。很多满足于家庭生活的全职爸爸也有自己很男性化的职业或爱好，如打扑克或打球，这些兴趣爱好可以成功地释放他们热爱竞争和社交的男性欲望。

在《把培根带回家》一书中，佩本海姆和格莱夫斯采访了一位37岁的全职爸爸，他说："其实我认为自己非常有男子气概。我棒球打得非常好，也热爱其他运动。每当需要填写表格时，在'职业'那一栏，我总是毫不犹豫地写上'全职持家'，而且我对自己的工作感到自豪。持家其实是一项很辛苦的工作。如果有更多的人意识到这一点，就不会对我们这些全职的家庭主妇和家庭主夫有偏见了。"

可惜现在社会对全职爸爸还是有不少偏见，所以他们有时感到很受孤立。佩本海姆和格莱夫斯还采访过另一位全职爸爸，他说："这些人都不知道怎么和我相处……我想他们当中可能有不少人都觉得我好吃懒做，在占妻子的便宜，让她整天里里外外累死累活。那些当丈夫的瞧不起我，当妻子的也一样看法。"

我们为什么不能这么看：全职爸爸和全职妈妈一样，都在辛苦地操持家务，照顾孩子，只不过碰巧他们是男人罢了。在电影《克莱默夫妇》中，达斯汀·霍夫曼饰演了一位非常喜爱照顾儿子的爸爸。离婚时法庭拒绝把孩子的监护权判给他，因为传统上照顾孩子是妈妈的责任，但最后他还是成功地获得了儿子的监护权，因为孩子的妈妈也承认，他和儿子在一起相处得多么好。这部电影提醒我们思考以下问题：妈妈是不是应该永远被认为是那个唯一能把孩子照顾得好的人？

与上面的例子相反，我采访过另一位男士，他的第二任妻子是一位百万富婆。这位先生爱好写作，也有一份正式工作。后来他和妻子商量说想辞职成为一个全职爸爸。虽然妻子收入非常丰厚，他们不会因此有什么财务问题，但妻子还是拒绝了他的要求，坚持要他继续上班。这位先生觉得这是另一种双重标准，因为很多富有男士的妻子可以不用上班，去做全职妈妈，而富有女士的丈夫这么做却很难。

今天，美国有两百万学龄前儿童，在妈妈上班的时候主要由爸爸照顾，尽管这些爸爸并不是全职爸爸。这一变化令人欣喜。研究早已发现，爸爸和孩子相处的时间越多，对孩子的好处越多。在对儿童各方面的照顾中，爸爸的照料能占到40%或更多的儿童，在各项测试和认知水平上都优于平均水平。芭芭拉·瑞斯曼的研究发现，由于某些意外原因突然成为单亲父亲的男性，在家庭功能上，和单亲母亲没有任何区别，他们会和妈妈一样爱孩子，第一时间满足孩子的需求，这些爸爸在社会交往和情感上的表现也和妈妈们没有区别。

芝加哥大学的研究员诺尔玛·雷丁做过一项课题，她发现在对儿童各方面的照顾中，爸爸的照料能占到40%或更多的孩子，与那些爸爸很少照顾的孩子相比，更容易同时在男孩和女孩中都交到朋友，他们也不太容易有那些“男孩就该怎样”、“女孩只能怎样”的固定想法。等这些小孩到了青春期，他们也比那些和爸爸互动较少的小孩心态更开放，对父母共同教育孩子和对等的婚姻接受度更高。柯特瑞恩和亚当斯在加州大学河滨分校做过一项研究，发现如果爸爸能和学龄前子女一起完成做饭、打扫卫生和其他家务，这些孩子会更容易和小朋友相处，朋友更多，更快乐和外向，也不容易和老师发生冲突。不论男孩还是女孩，比起只和妈妈一起做家务的孩子，习惯和爸爸一起做家务的孩子各方面表现会更积极。

诺尔玛·雷丁同时还发现了妈妈在外工作对孩子的积极影响。职场妈妈的女儿比起全职妈妈的女儿，更容易摆脱性别偏见的不良影响。职场妈妈的女儿通常在学校里更自信，更能积极参与课堂讨论，勇于提问，更容易成为同学中的领导者。与全职妈妈的女儿相比，这些女孩更独立，学习、做事的效率也更高。

芝加哥大学的研究者们同时还发现，职场妈妈的儿子更认同两性平等。不论是男孩还是女孩，职场妈妈的孩子更支持“男人可以从事女人的工作”这个观点，而全职妈妈的孩子却不这样认为。

既然爸爸的照料对孩子有这么多好处，爸爸们为什么不能多参与一些呢？难道仅仅是因为习惯、个人喜好或被传统价值观左右了吗？也许这些都有道理。但是我认为，男人之所以在育儿方面投入很少，一个很大的原因是女人不让他们这么做。很多女人一边抱怨丈夫在家务上一点忙也帮不上，一边却又把照料孩子看成妈妈的专利，不相信爸爸们也能做好。

格劳莉娅·斯泰纳讲过一个关于新妈妈如何让丈夫积极参与育儿工作的故事。她和丈夫刚把新生儿带回家时，永远是她一个人给宝宝喂奶、换尿布、洗洗涮涮，忙得没日没夜。而丈夫只管躺在床上睡觉，或者该干吗继续干吗。最后，这位新妈妈受够了。她收拾行李，带着宝宝离开了那位爸爸，整整一周都没有回家。这下当爸爸的吓坏了，他专门请了一周假学习怎样照顾新生儿，也的确学会了这些知识。一周后，妈妈带着孩子回来，爸爸已熟知所有喂奶、换尿布和哄宝宝的技能，成功地和小婴儿建立了很好的父子互动。

当然，在这个故事里，如果那位爸爸没有积极应对妻子的挑战，事情也不会这么圆满地得到解决。但这也是那位妈妈愿意承担的风险，她觉得自己需要摆出一个极端点的姿态来让丈夫明白。她的确也让丈夫明白了，照顾孩子和其他工作一样需要合作，他得学会分担自己的那部分。这位妈妈通过这样的方法促使丈夫快速进入爸爸的角色，并越来越称职，越来越熟练。

我生第一个孩子时是剖腹产，术后我丈夫请了两周假在家照顾我们。这是我们俩第一次当爸妈，又紧张又没有经验，想着这个亲爱的小家伙得完全靠我们照顾，真希望手边能有一本现成的护理手册。在这段时间里，我定时把母乳泵出来储存到奶瓶里，然后抓紧时间休养。我丈夫则学会了给宝宝喂奶、换尿布、洗澡，父子间亲密无间。这段时间对我们俩都无比珍贵，因为从孩子一出生，爸爸、妈妈就开始一起照料他，我们一起学习如何为人父母。当我们的第二个孩子出生后，他又请了两周假照料和陪伴我们，这让我们全家都很安心。

爸爸、妈妈有不同的侧重点。当妈妈的一般比较注重确保孩子安全，当爸爸的更注重如何给孩子更好的经济保障。尽管我丈夫很会照顾孩子，但我的保护欲还是更强一些，不知道这究竟是我的个性还是女人的天性。记得那时我们打算换房子，搬家后保姆就不能再来照顾他们了，他们也得换新的学校。因为丈夫和我都上班，孩子们对学校和保姆的感情都很深，我们对学校和保姆也都非常放心，知道孩子会得到很好的爱护和照料。因此我和丈夫说了自己的顾虑，怕孩子们又要搬新家，又要换新学校和新保姆，一下子变化太大。我丈夫对此不以为然，他只是说："换就换了，我们可以请一位新保姆。"在他看来，这都不算什么问题。但我还是花了很多时间和精力在找新保姆上面，因为我希望能找到最适合我们的保姆，而他只是在最后一次面试保姆时和我一起去了。

这让我想起了电影《欲望都市 II》里一段搞笑的情节。夏洛特和米兰达在讨论婚姻和孩子的问题，这时夏洛特想起了什么，她告诉米兰达，总觉得自己的老公和保姆“有一腿”。米兰达说要失去丈夫太糟糕了，谁知夏洛特带着怯怯的表情回答，失去保姆更让自己痛心。当然夏洛特这么说只是在开玩笑，不过职场妈妈的确理解，要想找到值得信赖的保姆，把孩子放心地托付给她真是太难了。

很多父亲认为给孩子足够的经济保障，比给他们心理或情感的支持更重要。在《一揽子人生：男性的婚姻、工作和父亲身份》一书中，尼古拉斯·汤森分析道，对男性而言，父亲这个角色的四重因素是情感贴近、物质供给、人身保护和经济保障。男人认为，作为父亲，最重要的工作就是为孩子的成长提供良好的物质基础。但随着女性经济能力的提高，家庭财务的压力已经不像过去那么大，男人也可以想一想还能做些什么来丰富“父亲”一词的内涵。

父母双方可以通过集体参与跟孩子有关的活动来对抗社会偏见，照顾孩子不仅仅是母亲的事。虽然在抚育孩子的问题上，不少丈夫和妻子一直通力合作，但社会期待往往倾向于给母亲以更多压力。比方说，万一我女儿忘记戴眼镜，或者需要预约儿科医生，所有的人都会来找我，因为我是她的妈妈，尽管我和其他家人、学校和医生都已经说明孩子的爸爸可以处理这件事，也留了他的电话，但他们还是会先想到我。所以你看，尽管夫妻在家中可能合作得很好，但社会上还是会有不同的做法，对你们共同抚育孩子的努力形成冲击。如果你认定夫妻共同抚育孩子，就不要让别人的想法来干扰你。你有权利过自己想要的生活，他们也可以按照他们的想法做。你只需要坚持告诉对方，孩子的父亲同样能做好这些事，并留下他的手机号码就行了。我见过有人这么做，这极大地提高了当爸爸的自豪感，他们因此更积极地参与到育儿工作中来。

在共同抚育孩子这件事上，你首先要想清楚希望丈夫或男友做些什么。在刚开始恋爱时就可以和他讨论这些，确定你们的想法能一致。有了孩子之后，要给你的伴侣足够的机会来练习如何当爸爸，不要在一边不停地指挥，也不要不住地批评他。如果你实在忍不住要按自己的方式来做，那就自己做好了。最坏的就是不断干扰对方。对男人来说，学习如何当爸爸也是个全新的领域，因此要允许他犯错误，给他鼓励，这样他才能越来越投入，技巧越来越高超。

对共同抚养孩子的夫妻来说，还有一个重要问题就是如何优化分配双方的时间，在照顾好孩子的同时还能保证对工作的投入。这个问题没有统一的、简单的答案，夫妻双方要根据自己的具体情况商量。有时候可以让爸爸值夜班，哄小宝宝睡觉、给他喂奶、换尿布，并在大宝宝做噩梦时负责安抚他，让他喝点水继续睡。有时候也可以由妈妈值夜班做这些事。这种情况下，爸爸可以早起给孩子们梳洗、换衣服，为他们准备早餐，让妈妈再多睡一会儿。如果爸爸、妈妈平时都要上班，他们可以选择周末一起陪孩子，也可以排班轮流照顾孩子，以便让另一个休息一天或者抓紧工作。不管怎样，夫妻双方需要根据家中的实际情况，找出最适合他们的分工方案。如果妈妈放弃母乳喂养，那喂奶这件事情上，爸爸也可以帮上忙了。

在电影《凯特的外遇日记》里，一位极其忙碌的职场妈妈一直非常努力，希望能在自己热爱的工作和深爱的家人之间找到平衡。一切似乎非常完美，因为她很幸运，有个好丈夫，而且她丈夫人很亲切、英俊、富有同情心，非常支持妻子的工作和决定。同时，他还是个好爸爸，在妻子工作和出差时总是乐意照顾孩子们，和他们相处很愉快。总之，凯特和丈夫很相爱，也很平等。除此之外，他们有一位很贴心的保姆，还有漂亮的房子和丰厚的收入。但是，这部电影告诉我们，即便在上述几乎算是完美的条件下，孩子和工作搅在一起也可能让他们手忙脚乱，应接不暇，从而给婚姻带来压力。电影结尾时，妻子同意减少工作，花更多的时间陪伴家人，而丈夫也同意如果家庭需要会同样处理。

在电影《婴儿潮》中，一位曾经是职业精英的妈妈选择回到乡间抚育孩子。当一个她以前梦寐以求的工作机会到来时，她最终还是选择放弃，继续留在乡间，在保持工作和生活平衡的基础上重新开创自己的事业。电影最后，女主角又遇到了一个敏锐感性的好男人，他既有自己的职业，又支持女友追求她的梦想，追求生活与事业的平衡。

如果男人支持女友的事业，他会主动帮助对方获得工作和生活上的平衡。为什么会这样呢？这个问题没有标准答案。不过施瓦茨博士的研究表明，这类平等、友善的男性往往小时候有自己喜欢和尊敬的女性榜样，如自己的母亲和姐妹，家庭关系也趋向于积极健康。

家庭对孩子一生的影响

我有一些来访者，她们之所以成为成功的职业女性，完全是因为原生家庭中父亲的刺激。这些来访者的母亲在家中毫无地位，父亲掌握着家中全部经济大权，所有事情都是他一个人决定，最后还抛弃了她们母女，不再给她们的生活提供任何帮助。这些孩子决定永远都不要重复母亲的人生悲剧，因此努力奋斗，终于成为成功的职业女性。

这只是其中一部分人的情况。还有一些家庭，母亲本身是成功的职业女性，受到母亲的激励，女儿也走上了职业之路，发展得很好。另外一种情况是，女性被美好的生活激发出热情，进而开创了成功的事业。

在我的记忆中，妈妈总能很好地平衡工作和生活的关系。妈妈是一位老师，在一个幼儿园工作，每天上几个小时的课。后来她去一家社会服务学校教授晚间课程，爸爸每天接她下班。再后来她开始学习心理课程，成为一名心理治疗师，这样就可以兼职工作，一方面从事自己热爱的事业，另一方面可以更自由地安排时间，更好地照顾家人。我从妈妈的例子中，得到的最切身的感受就是，女人可以同时实现职业抱负和家庭幸福。

爸爸也把我和妹妹当儿子看待，非常支持我们俩实现自己的职业目标。他会花整个周末的时间看我的书稿，给我提意见，还鼓励我永远不要害怕冒险，不要害怕新的尝试。记得我突然收到邀请去上《早间秀》节目时，正好在怀孕期间，整天穿着肥大的衣服，挺着大肚子，形象欠佳，而且我也没有做过电视节目的经验。我跟爸爸说："也许我最好还是再等一等，多练习练习，多积累一点经验再去上节目，而且我现在上电视也不好看。我怕没有准备好就上节目会毁了自己的口碑。"这个想法受到了爸爸的责备。他说："口碑？什么口碑？如果你不去尝试甚至去犯错误，就永远不会有任何口碑！你得试着去做，看看什么方法可行，什么不可行。除了亲身尝试，没有其他出路。"于是我想，好吧，那我就去试一试，即使失败了也没什么关系。很多女性并没有得到像我这样的鼓励，对失败的畏惧束缚了她们的手脚。爸爸的鼓励和建议增加了我的自信，拓宽了我的眼界。

我还受到一种教育观念的影响，即人要追随自己的目标，而不要被别人的期待左右。要专心做事，让自己变得更好，而不在意别人是不是喜欢这样。我在生活中也看到不少女性止步于成功，因为她们没有上述信念。女性要摒弃那些限制自己的错误观念，重新获得自由和自我发展。我在心理咨询工作中也做过不少类似的工作，帮助女性来访者重新获得这种信念。

在我丈夫的原生家庭中，他父亲在他3岁时就离开了他们，他母亲也就是我现在的婆婆独自把7个孩子抚养成人。那时，我婆婆白天在家照顾孩子，晚上孩子们睡觉之后就去医院值夜班，家里由一位房客朋友帮忙照看。后来她在医院里找到了一份医疗记账的工作，收入稳定，最终把家里的房款付清。她还主动提出给一位建筑承包商免费当助手，学会了装修房子。婆婆63岁退休时，已经拥有很好的经济条件，退休金和各项福利都很丰厚，7个孩子也都事业有成，还有了7个可爱的孙子、孙女。她会经常看望孩子们，享受含饴弄孙的乐趣。这是一位内心真正强大的女性，完美地融合了自身男性特质和女性特质的精华。也许是因为在孩子们成长的岁月里，她不得不一直又当爹又当妈。她真是那种可以前一天拆墙、重新装修和粉刷浴室，第二天一早又神采奕奕地烤一堆饼干，带着7个孙子、孙女准备聚会的女超人。她非常会照顾人，一切以家庭为重，同时又不放弃对工作成就的追求。我丈夫在成长的岁月里，一直得到这位内心强大又均衡的女性楷模陪伴，得到了正面的激励。

这些个人经历使我不禁想到，也许在火星女人和她们伴侣的成长岁月里，家中都有一位强大而能干的女性，给她们做榜样。如果这种假设在更大的社会范围内也同样成立，那就说明原生家庭的楷模力量极大地影响了子女对婚恋关系和夫妻互动模式的看法，这种影响还将通过子女传递给下一代。

快乐的母亲才能养育快乐的儿童

现代研究表明，母亲的幸福感直接影响到孩子的幸福感。现代女性终于可以名正言顺地追求自己的幸福了！在过去，女性总是被灌输这样的观念：身为妈妈，就应该无私地牺牲和奉献。母亲应当牺牲自己健康完整的生活和乐趣，以换来孩子的茁壮成长。为此，妈妈们要放弃工作5到10年，全心全意在家照顾孩子。埃塞克斯大学社会经济研究所做过一项目前为止世界上规模最大的家庭生活状况调查，研究者们发现，影响儿童和青少年满足度的最显著因素，是他们与父母相处的质量，尤其是母亲的幸福感。对孩子们来说，妈妈在婚姻家庭中的幸福感比爸爸的更重要。如果说快乐的母亲才能养育快乐的儿童，那么我们真的需要努力让妈妈们更加快乐。

下面我们全视角地分析一下火星女人的幸福感，她们通常希望能理想地融合工作和家庭生活。我们在前面提到过，能够同时拥有事业追求和家人陪伴的女性幸福感最强。事业能提升女人的自信和独立，让她们保持思维活跃，拥有更多朋友。女人的幸福感与她们花在工作上的时间长短也有关系。统计表明，非全职工作的女性更幸福，因为她们的时间安排相对自由，能更好地在工作、孩子和自身需求之间找到平衡。这可能会让工作强度比较大的职业女性觉得惊讶，不过感觉本来也是因人而异的。总而言之，对女性而言，在工作、家庭和自我需求三方面得以兼顾确实比较重要，你不妨也考虑一下。

为了达到这种平衡，女性需要得到帮助。或者是请丈夫分担更多的家务和育儿重担，或者找到一家价位合适又值得信赖的幼儿日托机构。希拉里·克林顿在她有关儿童教育的著作《举全村之力》一书中这么说道：

请你想象，如果有这样一个国家，所有3~5岁的儿童都能在干净明亮的教室里上课，老师也全部是受过严格培训的育儿专家；请你想象，如果有这样一个国家，抚育儿童不再仅仅是妈妈的工作，而被认为是一项全民工程，孩子也因此得以走出家庭，在更大的社会环境中学习和成长，激发出潜能……

不过到目前为止，美国还不是这样的国家，公众对于母亲是否应该外出工作这个问题还存在不同看法。皮尤调查报告显示，只有

29%的受访人认为父母双方都工作的家庭同样能够做好育儿工作，只有41%的全职妈妈自信能同时处理好工作和育儿的关系。主流的育儿观念影响了公众对于政府补贴日托行业一事的态度，也让很多妈妈对此感到矛盾、内疚和纠结。很多人即使找到了满意的日托机构，仍然会对自己的选择持有疑虑，因而严重影响到工作和家庭事务的平衡，容易焦虑不安和情绪起伏。

全心育儿的爸爸们

如今我们身边也有不少全职爸爸，还有一些虽然也工作，但会花大量时间和精力用来照顾孩子的爸爸。本书的写作过程中，我采访了其中几位，希望各位读者能对他们的想法有所了解。

西德尼和全职丈夫的故事

西德尼是一位女电视制作人，她非常成功，得过艾美奖。有10年时间她一直独自抚养两个儿子。西德尼32岁的时候结束了第一次婚姻，不久认识了一位同事，两人成了很好的朋友。后来，这位朋友向西德尼坦承已经爱上她了。西德尼也承认一开始她被惊住了，不知如何反应，因为她一直觉得自己不会再和谁出去约会了，而且她也很爱儿子，不希望他们受到任何伤害。还有一个原因，作为黑人女性，她从未想过和白人约会，特别是对方还比自己小7岁！但最后西德尼还是决定不要把自己的生活固定在一个圈子里，也不要给自己贴上“只能做什么，不能做什么”的标签，让一切顺其自然，慢慢发展。他们开始约会，后来又搬到一起生活，最后决定结婚。

他们结婚之后，有一天西德尼上班时发现自己怀孕了。此时她已经42岁。她从没有想过自己要重新恋爱，更没有想过再婚，可现在又要有一个可爱的小生命了！5年之后，西德尼再度怀孕，同样也是自然受孕。

西德尼再婚后，第一次生孩子时她是一个制片厂的总经理，全职工作，福利丰厚。而她的剧作家丈夫此时手里没有写作合同，赋闲在家，所以他留在家里照顾女儿更合理。西德尼回忆道，考虑到当时两人的工作状况，他们也知道妈妈出来上班，爸爸留在家里带孩子更合理，但这对他们来说依然是个非常困难的决定。为此，西德尼在办公室里悄悄哭了好几天，因为她真的很舍不得离开小宝贝。

西德尼的丈夫也在努力调整自己的生活状态，以适应女儿出生后的变化。西德尼说，有一次丈夫带女儿去参加一个“妈妈和我”的亲子活动，结果那儿的所有妈妈一边皱着眉头看他，一边还假惺惺地说他能这样照顾孩子真是太好了。那天丈夫回到家中忍不住抱怨：“我这样做和那些妈妈有什么不同啊？我们都是为人父母，在照顾自己的孩子啊！”

我问西德尼，像这样被别人说三道四和其他类似的社会压力，有没有让她觉得做出这种夫妻分工选择很不容易。她说：

有时候这种压力的确很有挑战性，不过我丈夫是艺术工作者，他本就习惯游离于“主流”之外。而我自己，在和他恋爱时就已经学会以更开放的心态接受人与人之间的差异。如果你愿意真诚地感受人的内在本质，就会自然对对方产生亲近感。物以类聚，你会找到和自己志同道合的人。女性不能只听外界的评判行事，要学会相信自身的需求和情感，合适的人自会前来，不对路的就让他走好了，没什么的。

这其实很有哲学意味。相信自己心灵的声音，意想不到的奖赏自会前来，因为你打开心门欢迎它们。在这个等待的过程中，我们自己也得以成长。

索尔的故事

索尔是全职爸爸，也是营地的体育指导员，但后者是一份季节性的工作，他只做夏季那半年。索尔的妻子是律师，收入丰厚，因此他们决定由索尔在家照顾孩子。总体上来说，索尔很喜欢孩子，因此他与孩子相处得非常愉快。他的绝大多数时间都花在了孩子身上，不过现在他女儿已经上幼儿园大班了，儿子也在上学前班，每周去3天，每次待4小时。索尔在家负责洗衣做饭，打扫房间。

我问索尔，他的朋友对他这种生活怎么看。

因为我和他们不一样，不是朝九晚五的上班族，他们有时候的确会取笑我，让我很难堪，但也有不少朋友很羡慕我的生活状态，不过他们不知道如何与成功女性相处。男人都是很要面子的，我也一样，有自己的骄傲，不过不是在这方面。我认为他们有些人的想法很蠢。难道找个收入只有你一半的女人结婚就能让你感觉是家里的老大吗？也有朋友告诉我，他们最多只能和孩子在一起待两天，然后就会迫不及待地回去上班。

我问索尔和孩子在一起的好处是什么，他回答说：

这可以让我拥有大多数男人不可能有的经历。我总是第一个发现孩子们成长过程中的重大变化，比方说我看到了他们第一次走路。我去女儿的幼儿园参加万圣节游行，还认识了她的好朋友。我是孩子们生活中很重要的部分。我给两个孩子分别做了一大本成长书，记录他们生活中有纪念意义的事。我还陪孩子参加聚会，给他们拍了很多录像。有一天等他们长大了，再回过头来看这些，肯定会感叹："哇哦，这太酷了！"

我问索尔，他觉得当全职爸爸最大的挑战是什么。他说：

就是真的太累了，而且很难找到时间和妻子相处或者全家一起活动。和孩子们在一起确实很棒，但是和其他工作一样，你总有疲惫的时候。在外边上班，你总有午餐时间和其他休息时间，可是在家里照顾孩子，你永远不知道什么时候可以休息，或者可以休息多久。我妻子正常情况下会在晚上7点半回来。如果她能按时回来的话，会照顾孩子们梳洗上床，但忙的时候要工作到凌晨1点才回家，早上6点半又起床去上班，这种时候家里就只能靠我一个人。每年有几个月的周末我会在营地当体育指导员，也是朝九晚五，此时妻子会照顾小孩。但是总体而言，我们很难全家凑在一起活动，我几乎没有时间和妻子单独相处。

我每周四晚上去本地的一个运动协会打球，我妻子是每周三和她妹妹一起去上搏击操课。说实话，我有时候真的不太想看到孩子们，因为我们每天都在一起待很长时间。有时候到了下午，我就会盯着时钟看，盼着7点半早些到来，好让妻子接手。洗衣服也很麻烦，我女儿一天要换下来5身脏衣服！而且我还得给他们做饭，洗洗涮涮，每天忙到傍晚一看，房间里又乱得不像样子了。他们俩都是正淘气的年龄，这对我来说比较麻烦。一般来说，男人都不是特别擅长和孩子打交道，就我个人而言，和孩子相处最有意思的部分只是和他们一起出去活动，或者做游戏什么的。

我问索尔，他是否认为自己和妻子都属于那种内心比较均衡的人，我指的是他们的男性特质和女性特质都融合得比较好。索尔回答：

我和一般男人一样喜欢看橄榄球，但是小时候也玩过椰菜娃娃，还上过艺术夏令营。我妻子和我都属于内心很均衡的人，所以我们共同抚育孩子，合作得很好。我们俩都不喜欢让女儿染上公主病——所谓要嫁给英俊富有的王子之类的想法。我女儿老是告诉别人，她不想当公主，她想当王后！好笑的是，她的房间里贴的都是蝙蝠侠和蜘蛛侠，这并不是我让她这么做的，是这小家伙自己不喜欢什么东西都粉粉的。她的确有一套厨房玩具，也有其他女孩的小东西，但是她也很喜欢玩火车、恐龙和超级英雄。女孩的玩具通常有娃娃、化妆用品和毛绒公仔，但男孩有更多有意思的东西可玩。我女儿非常喜欢玩汽车，她还打曲棍球和网球。只有很酷的女孩才能做到所有这些。以后我女儿长大恋爱了，她会是男孩子心目中最酷的那个姑娘。

我问索尔，他们这样让女儿自己选择喜欢的东西，会不会被人批评。

有一次我同意让女儿自己选一个超级英雄的书包，她奶奶就有点担心，怕别的孩子会笑话她，于是奶奶带她去买了个蓝精灵的背包。也许别的孩子会笑话她吧，但我女儿说她会对那些孩子说："离我远点儿，这不关你的事！"她是个很自信的小姑娘。

我们又接着讨论男人学习照顾孩子会经历一个什么样的过程。索尔说：

会犯一些错误，但是不要总记着它们，你要学会原谅自己。

我女儿刚开始学走路的时候，有一次我们去超市，结账的时候她想从购物车里出来。我把她抱出来，结果她撒腿就跑，被我一把拽住。当时我非常狼狈，一边付账一边拎着这个小家伙，她拼命尖叫，所有的人都在看着我。后来再有类似的事，我就想："不管了，让他们看去吧！"有时候我觉得简直一刻都不得消停。一个小家伙在身边乖乖的，另一个又在不停捣乱。啊，简直要疯了！但也有奇妙的时刻，有时他们会一起玩，乖乖的，不吵也不闹。这时我就能坐下来看一会儿电视或者收拾屋子。所以有好有坏，这就是生活。"

最后我问索尔，他对又要照顾孩子又要做家务有什么想法。

我并不介意洗衣服和收拾屋子，只是你忙着照顾小孩时，这些活儿就会越攒越多。我有一位女性朋友，一个全职妈妈，她家里总是清爽整洁，但她告诉我这是每两小时收拾一次的结果。我自己不会这么做。我们也请过钟点工，每两周来家里打扫一次屋子。但我妻子对这个钟点工不满意，我倒觉得无所谓，有人收拾总比没人收拾强吧。我们现在决定再找一个新的钟点工，看会不会好点儿。我会给孩子们做饭，但我妻子是素食主义者，所以她那份得单做，但我不太会做素食。不管怎么说，我还得提高厨艺。有些时候我们也会直接点外卖。

上面提到的这些爸爸为家人奉献了很多爱与辛劳，他们的付出应当得到尊重并被珍惜。

如果你能和未来的另一半坦诚地讨论共同育儿的话题，这会是个聪明的选择。你可以试探一下他对此怎么看。

❤ ❤ ❤

如何一起抚育孩子

1. 恋爱时就可以和对方探讨共同育儿的话题，讲清楚你的想法。

2. 讨论一下你们的童年，看父母的养育方式对你们产生了什么影响。认真思考养育孩子时你们希望在育儿方式上做什么改变。

3. 寻找机会在结婚生子之前练习如何照顾小孩。

4. 讨论并决定要不要参加婴儿培训课，一起学习怎么照顾孩子。

5. 讨论当孩子生病在家、要去医院或双方都在上班走不开的情况下怎么处理紧急情况。

6. 讨论你们的育儿预算，看能否请保姆或者送孩子去日托中心。

7. 讨论你们想要几个孩子，能够养几个孩子。

8. 讨论你们将如何安排家庭活动日和夫妻单独的相处时间。

练习

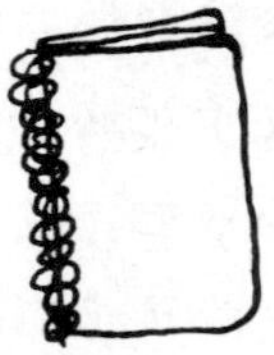

找个你们都在家的时间，坐下来好好讨论如何公平地分担育儿工作。如果丈夫有固定的娱乐时间，有规律地和朋友们出去，你也可以提同样的要求。两个人商量好，一个负责哄孩子睡觉，另一个负责早起给他们准备早餐。这些事情如果你自己不注意并主动要求讨论，对方也不会提。也许你们需要在恋爱时就讨论出一个共同育儿的模式，明确这件事上你希望对方怎么做。

♡ ♡ ♡

我们夫妻身为孩子的父母，将共同承担育儿重任，也共享其中的乐趣。

4 他们愿意

本书最后一部分主要讨论我们在婚姻和爱情中所创造的能量，这个话题涉及三个方面：男性、女性以及爱情本身。爱情创造了新的家庭、工作、共同任务、认知，以及对他人更多的爱。

爱情需要一个超越你们个人需求、喜好和欲望的更高目标，这一点很重要。只有这样，当苦难来临时，你们才能坚守对彼此的承诺、价值观和共同目标，因为这些东西永恒不变，会在更高层面与你们共鸣。很多夫妻最初是因为肉体欲望、性幻想、爱情本能和乐趣分享而彼此吸引的。这些东西只会在较低的层次与你发生共鸣，它们会随着时间流逝而不断变化。

如果你们拥有更高的目标，是情投意合的一对心灵伴侣，爱情就能为大局服务，两个人就能一起创造出巨大的能量。世界上有过很多著名的心灵伴侣，他们一起成就了政治上的非凡壮举或科学上的发明奇迹，他们有着同样的艺术追求。他们帮助对方成就了最好的自己，同时对世界做出了巨大的贡献。

并不是所有的伴侣都拥有相同的使命或者职业目标，有时候他们在一起是为了扶养家庭，或者成就和体现爱情——这也是他们的更高目标。恋爱时，男女双方可以一起展望自己想要什么样的共同生活，想一起创造什么样的新世界。

我写过一本书叫《愿景展望：帮助情侣共同创造梦想生活的100个对话》。这本书帮助恋人们在订婚之前，通过一系列对话来确认他们共有的价值观和存在的主要分歧。你们对未来是否有共同的展望？你们将一起创造怎样的生活？这两个问题非常重要，怎么强调都不为过。这些问题是那本书解答的内容，在这里我不再详述。我们将主要讲述下面两个问题：沟通的重要性，以及如何建立有效的支持系统，以保证婚姻和人生的目标更安全、更坚实。

要记住你的婚姻和爱情如同一株植物，需要不时浇灌。好好照料它，弄清楚怎样才能让它更好地成长。总体而言，爱情需要关心、眷恋和持续不断的维护，即便在结婚之后也是如此。

第15章　沟通的重要意义

亲密关系中沟通尤为重要。当你们初次相见，第一眼互动已经是沟通的开始——从你微笑那一刻，向自己喜欢的人走过去，或者和他打招呼，这些都是沟通。正确的沟通方式首先是诚恳，勇于分享。沟通和交流的基调最初由你自己定，如果你选择玩若即若离的追逐游戏，撒谎、扮扭捏或者掩盖自己真实的一面，那你在一开始就把爱情建立在了欺骗的基础上。

与此不同的是，如果你选择直接走到喜欢的人面前，和他一起聊讲座中听到的趣事，那么在这短短的两三分钟内，你们就已经开始了真实的沟通，你在让他了解自己感兴趣的话题。而他也会立刻意识到你是一位自信、聪明、勇于打破传统的女士，愿意跟你分享自己的意见。你从一开始就表现出自己是火星女人的真实一面，对方可以选择接受你或者说抱歉。如果对方觉得你适合他，他就会直截了当地要你的电话，希望跟你保持联系。我采访过的许多单身男性都非常喜欢内心强大又诚实的女性，因为她们了解真实的自我以及自己究竟想要什么。

有一种习惯说法，是男人往往会从坚定又自信的女人身边逃开，因为他们不想这么快结婚，这种女人意志太强，给人的压力太大。但火星女人可不是什么样的人都想嫁。她会想办法多认识不同的人，慢慢地分辨他们，直到挑出满意的终身伴侣。身为男性，你能清楚地感觉到她在做什么。她是在有意识地甄别谁是最适合自己的人，而不是随随便便抓一个就算完事。

因此，火星女人会从一开始就显示出自己的力量，并不刻意隐藏。我其实建议她们在一开始的一两个月里多放松，单纯享受与人交往的乐趣。这种悠闲的节奏可以让她多见几个人，看看对方是否适合自己。如果约会的某位男友问她有没有同时在见其他人，她也应当如实相告。火星女人通常应当这么回答："我希望自己能做出正确的人生决定，而选择合适的男朋友是一项非常重要的人生决定，因此我会起码花4个月时间来好好地了解对方，之后再决定要不要和这个人深入交往下去。”如果这是你的真实想法，当然就得这么说清楚。如果你的确这么做了，这段沟通就非常有效，它表明你是一位有原则而且非常自信的女士，你会等来那个符合自己要求的意中人，而不会看到一个帅哥就猛扑过去，心里想着以后再慢慢改造他直至符合自己的理想。说到这一步，约会的男友应该知道你的立场了。如果他希望成为你的正式男友，自会满怀热情坚持不懈地继续追求。

正如我们以前讨论过的，这并不是说你不能主动打电话约他。电话本来就是双向的沟通工具。如果你想起什么事可以两个人一起做，千万不要犹豫，只管提议好了。这也能从一开始就让他知道你是一位自主意识很强的女士。如果他对此表示不可接受，那最好还是早点分手为妙。如果约会时你们都能诚恳地表现出自己真实的一面，你很快就能找到最适合自己的恋人。

迈向固定的恋爱关系

现在你已经跟好几个候选人约会过了，可以决定和谁继续往下发展了。如果这是一个工作面试，选定的这个人应当符合主要的职位描述，再加上一条——你很喜欢和他相处。此时，职业本能会帮助你找到正确的答案。仔细考虑你对男友或丈夫有哪些具体要求，把这些要求完整地记录下来，列成一份清单，然后一一对照那些候选人，看谁最符合清单上记录的选项。这样结果就很清楚了。

说到这里必须再提一下，你可能也并不是光看此人有没有哈佛MBA学位，相比丰厚的收入、名贵的汽车和名下拥有信托基金，这个人是否更符合你的情感需求才是更重要的条件。你需要知道你所选择的这个人，能否跟你一天天相处得越来越好，相互尊重，彼此信任，是否跟你拥有共同的价值观、对未来的一致展望和相同的职业道德。你需要了解对方能否着眼于你们之间长期发展的关系，并希望你们各自的力量彼此相辅相成。你还应当了解到，长期关系中难免会有波折，你们都要学会考验来临时如何进行有效的沟通。

一旦选定了继续发展的男友，你们约会的频度将大大增加。对火星女人而言，这意味着在保障工作进展顺利的同时，要优先考虑你们的交往。也许你得仔细检查时间表，找出合适的时间，同时满足工作和生活的需求，并给自己的个人生活、朋友和家人留出一定的独享时段。我对此的建议就是详细写下你的时间安排，然后认真执行。

一旦做出合理的时间安排，你就可以与男友分享，进一步确认和商量，看它是否还需要优化。不要粗暴地把你的安排直接扔给男朋友，他不是你的雇员。你需要让他知道他对你很重要，但你的生活中还有其他重要工作要完成。让他知道你会尽量安排好时间跟他见面，而且你也会接受他的意见。也许你还可以抽出几个工作日的晚上和他约会，但周末留一天时间给自己。当然，我这里只是在举例说明，也许你的时间安排压根就不会有什么问题。只是根据我的经验，火星女人一般都非常忙碌，如果不把时间安排得更合理，她们可能会出现以下两种情况：要么忙得完全忽略了男友，要么就太投入到爱情中以致损害了职业发展。因此，比较明智的做法是事先做好时间规划，弄清楚什么活动是可以期待的，什么事情是时间不允许的。有些火星女人需要经常出差或远程办公，她们甚至都没想到这也可能影响和男友的相处。其实爱情中大部分问题都可以得到妥善解决，只是你要切实体会对方的感情、反馈和建议。这一点非常重要，因为爱情的发展依靠两个人互动，任何人单方面去构架都不现实。

还有一点，男性在建议哪天见面时通常口气比较肯定，所以女人经常觉得不论如何都得答应，否则会让对方感觉被拒绝了。其实情况不是这样。两个人交往需要相互沟通和妥协。双方都需要在保持自己原先的生活和事务优先级的基础上，融入对方的生活。这才是尊重对方的做法。我看到过争吵得非常激烈的情侣，因为一方认为恋爱中的人应当像连体婴儿般生活在一起，对方应当把此事看得高于一切。但另一方并不同意。你可以非常珍视彼此的关系，觉得恋人非常重要，但还是应当保留自己的个人生活。

你应该让你们的爱情生活更美好，而非任凭它吞噬自己原先的生活。你和恋人正在一起努力创造这种爱情能量，你们创造的能量不同于其他任何人创造的。这种爱情能量将围绕着你们，给你们荣耀和幸福，同时创造出更好的东西。还是那句话，你并不是在找一位使自己变得完整的伴侣，你的内心已足够完整而强大，生活也多姿多彩，你只是想有一个人来和自己分享。

提前规划好工作和约会的时间并排好优先级很重要（即使是很小的活动安排）。我曾经见过一些职业女性，她们不懂得拒绝，结果很被动地让男友午夜来访，一周来4次。但是她们第二天凌晨5点就得起床去工作，男友这样的突然袭击完全打乱了她们的时间安排，她们每天筋疲力尽，没体力去健身房，连工作会议的材料都来不及准备。约会过于密集，结果就是拖垮了工作，也拖垮了激情。爱你的人应当理解你的需求，支持你的职业梦想。他会着眼于你们之间的长期发展，所以你不用心急，也不用担心。如果你遇到上述情况，我建议要放慢节奏。如果时间太晚，你累了，需要休息时也一定得让他知道。按时起居、工作、健身、会朋友，保持自己正常的生活节奏，慢慢来，你才能更好地享受甜蜜的爱情。开始时可以每周只见几次，每次时间不长。等你们都慢慢适应了对方的融入，再逐渐增加见面次数。

如果你的工作需要出差，那刚开始约会时也要和对方及早沟通。你们可以商量出自己的办法，即使在旅途中也保持联络和亲近。今天我们还可以很方便地通过电话、电子邮件、短信、即时通信软件和社交媒体保持联络。保持联络的方法有很多，重要的是让男友知道你心里念着他。

一般在交往之初，恋人之间的感情都很甜蜜，温柔的情意、热烈的性爱，彼此依恋，相互示好，你们之间几乎没有沟通难题。但是随着时间流逝，总会有一些争论和误会，此时沟通技巧就显得尤其重要，因为它能帮助情侣顺利克服这些困难。下面我将列举情侣之间发生误会和争论的主要原因，以及有助于他们达成相互理解的沟通技巧。

沟通技巧

虽然我并不同意约翰·格雷关于男女来自不同星球的说法，但我还是要说，其实每个人都来自不同的星球，无论男女。这是因为我们每个人在不同的家庭环境中长大，性格和经历都不一样。每一对相爱的男女都有很大差异，因此我们需要学会倾听和尊重不同的声音，只有这样，爱才能延续。下面我简单介绍几种有效的沟通技巧。

妥协

恋爱双方在相处中会面临很多个人差异，这会对他们的关系产生一定的压力。我遇到过不少一起来做婚姻咨询和爱情咨询的夫妻或情侣，其中一方非常整洁，另一方则有点邋里邋遢。一开始这并不是什么大问题，因为约会时很多时候都是出去吃饭，偶尔才在其中一方家里过夜。但随着两人进一步交往，他们在一起的时间越来越多，开始需要相互协调。爱整洁的女友有时候会认为男友不尊重自己的劳动，总是把东西乱放，随手归置一下都不愿意。而爱邋遢的男友也很委屈，觉得女友是控制狂，总是要求自己一下子把原来的习惯都改掉。这种情况下最好的做法，就是要求对方有所改变时，能以尊重的语气和态度去表达，不至于让对方觉得自己是做错了事或受到了批评。双方都要意识到他们是一个整体，很多问题都有不同的解决方案。

在上面这个案例里，一个解决方案是两个人达成共识，同意在女友家中时尊重她爱整洁的习惯，等到以后两个人一起生活时，可以请钟点工帮忙收拾屋子。有些家庭会把不同类别的物品分别放在不同的储藏空间，如门口放个鞋柜归置鞋子，浴室里放个洗衣篮放脏衣服，再在每个房间都搁一个废纸篓。也许有些生活差异太大，的确无法协调，但大部分婚姻和爱情都需要一点彼此妥协的精神，这样才能爱得更长久，过得更幸福。

尊重和赞赏

约翰·格雷的书中花了很多篇幅列举男性和女性的差异，其中一项是女性需要得到尊重才会感到幸福；对男性而言，他们的幸福点在于被人赞赏。在真正均衡对等的爱情中，男性和女性都需要得到尊重和赞赏。在日常交流中，情侣之间要善于发现重视彼此的机会和场合，也要及时肯定和感谢对方为爱情所做的贡献。双方都因为内在的品质被对方看重，因为他们对爱情的付出和接纳被对方认同。

给予和索取

在健康的现代婚恋关系中，男女双方都既是给予者又是接受者。而在传统观念中，男性永远是给予方，女性则是被动接受方。心理分析学家哈利·斯塔克·萨利文说过："爱就是满足对方的需求，如同你满足自己的一样。"

恋爱中的女性和男性都渴望彼此给予和付出。与一般女性相比，火星女人可能更注重自我，不太注重照料对方。她们习惯于在外部世界中设定目标并完成，所比较强势，不太善于妥协。

约翰·格雷在书中描述男人和女人的区别时提到：最让女人挣扎的是如何保持自我，同时服务于他人的需求。而最让男性纠结的则是如何做到不以自我为中心。我觉得在现代社会中，情况已经不是这样。在健康均衡的爱情和婚姻中，双方都要保持自我，同时顾及对方的需求。双方都可能遇到的挑战就是给得太多或要得太多。然而通过坦诚的沟通和交流，这一问题能得到及时解决。

举例说明，我以前为一位女士做过咨询，她经常去男友家中过夜，但对方很少到她家里来。她这样做原本是为了想让对方更方便一点，但给自己带来了负担。我向她指出了这一点，于是她同意向男友提出今后一半时间想在自己家里过夜，另一半时间再到他那儿去。她的男友欣然同意，他们的关系继续发展，变得更加均衡。如果在这件事情上她的男友表示不同意，那我们就需要进一步分析其中的原因了，这是否意味着他内心的想法是让女友在这段交往中付出更多？如果碰到这样的疑惑，最好还是早点弄清楚，不然只能忍住不满，强打精神和对方相处。如果这样，结婚后她就得一辈子受累。这么做很不值得，尤其是你要的其实只是在给予和索取之间求得平衡。

负起责任

爱情交往中最常见的矛盾就是两个人相互指责对方给自己添麻烦。这需要双方都冷静下来，承认自己的不足之处，争取努力改进，这样两人的关系才会进一步发展。我在做婚姻咨询时，也经常告诉来访者："夫妻相处不是为了改变对方，双方努力都是为了让自己变得更好。"

所以，若是下次你们遇到了类似的矛盾，不妨先问问自己："我从中学到了什么？要是我去做会有什么不一样？"愿意这么做表明了一种成熟的态度，即愿意为了爱情更美好而改进自己的做事方式。这样也能让彼此沟通更顺畅，双方感情更稳固。

调和自我意识之争

很多专家都说过，在两个男性能量主导的人之间，爱情不会生根发芽，因为他们都有过于强烈的自我意识。我不认为这句话绝对正确，但的确，两个有强烈自我意识的人都需要学会妥协与克制，学会彼此尊重，建立团队合作。两个都觉得自己完全正确的人怎么可能一起开公司？他们必须走出彼此竞争的思路，加强合作，否则不能成功。对于两个都是男性特质主导的恋爱中的火星男女而言，道理也一样。

一旦你们陷入“必须要显得正确”的困境时，双方都需要马上意识到这一点，及时停下来，倾听对方的声音。要想做到这一点，不妨暂且把自己的立场放到一边，先听听对方怎么说，他的话也许一部分有道理。这并不意味着你得放弃自己的观点和信念，这只是一个技术手段，为的是让自己心态更开放，真正听清楚对方想要说什么。坚持这样做以后，再遇到类似的情况，你的伴侣也会做同样的事，他会理解你的立场，倾听你的声音。之后你们也许还需要花一些时间好好把问题想清楚，然后再坐下来好好聊聊，或者相互妥协，或者想出能融合你们想法的第三种解决方案。

在商议折中的时候要注意你的语气和声调，这非常重要。火星女人在工作中习惯于领导下属，多用祈使句发布指令，她们习惯的语气也是直接的命令式。但是工作中的沟通不同于恋人间的交流，你可以向男朋友提出要求，但不能以命令的方式。下面，我们举例说明语气的区别。说法一：“阿历克斯，你愿不愿意周一早上去倒垃圾？”说法二：“阿历克斯，我决定让你以后每周一去倒垃圾，听到了吗？”同样的内容，完全不同的语气，当然会有完全不一样的效果。

爱情交往就是两个人一起合作，没有任何一方可以说了算，因此最重要的是双方都能表达自己的意见。注意一下，看自己的声音、语调和语气改变之后，有什么不一样的事情发生。如果爱是你们想要创造的，那么从今天起，有意识地注意自己说话的内容和语气，让言语中充满爱。

定期回顾沟通效果

我总是建议来做婚姻咨询的夫妇，每月回顾自己的进展并讨论婚姻目标是否需要调整。我提议把这种回顾做成例会，事先设定时间，到时候逐条对照，看哪些方法有效，哪些方法还需改进。我发现，如果不事先设定流程让参与者心里有数，他们很容易离题，只揪着让人生气的事吵来吵去，毫无效率，完全是浪费时间。

正如在工作中需要做绩效评估和流程跟进一样，婚姻和爱情交往也需要花时间和精力进行过程梳理。我建议你做这件事情时带上笔记本，写下你们都同意的处理分歧的方法、度假计划和季度目标、财务计划、如何处理孩子问题（如果这个问题存在）、事业上有什么想法，以及你们将如何分担家务。当然，恋爱初期还不需要这样的回顾会议，可是一旦到了你们深入发展、决定共同生活之后，这样的定期回顾将变成极其有用的工具。一旦这个需要出现，你们就可以形成制度，按时做下记录，每期对照，回顾你们对彼此的承诺和共同目标实现到哪一步，你们的团队合作效果如何。这种回顾是很好的习惯，建议婚后继续保持。

练习

和伴侣意见分歧时，练习如何相互协商。在笔记本上写下你们打算如何顾及对方的需求和感受。坚持练习这项宝贵的技能。你们婚前要充分讨论可能存在的分歧。如果还需帮忙，不妨预约几个月的婚姻咨询课程或参加非暴力交流课程。还有，多花点时间和伴侣讨论爱情中更高的目标和共同的愿景，共同定期回顾彼此约定的更高目标和共同愿景。

我的伴侣和我对爱情有共同的目标，也都能发出平等的声音。即使存在分歧，我们也尊重彼此的意见。

第16章 婚姻中的替代关系和第三方支持

人类进入新千年，女性各方面的权利都有了很大改善，在生活中，她们也比以往有了更多选择。如今的女性不一定要找个人结婚再生两个孩子，我们周围发生的很多故事也印证了这种变化。下边我就举卡特丽娜的例子和大家讨论一下。

卡特丽娜的故事

卡特丽娜今年46岁了，离婚那年她40整。她没有生过孩子，刚离婚那会儿也不知道年过四旬如何再开始恋爱，不过她倒是从没有想过男人会觉得自己的岁数已经不再适合怀孕。于是她开始尝试网上交友，朋友们的建议是起码要见10个人之后才能知道能不能爱上谁。卡特丽娜开玩笑说自己却是见了第一个人就爱上了，不过她还是在之后的两年内陆陆续续同20个人约会。她在这些约会中有很多体会，明白了自己最看重的伴侣品质是什么。卡特丽娜和现在的男友也是在婚恋网站认识的，现在他们已经约会3年了。

这位男士以前离过婚并有一个孩子，他表示自己以后应该不会再想结婚或者生小孩了。在这方面，卡特丽娜和他的想法完全一致，所以在第一次约会时他们就这个共同的想法彼此深入交换了意见。卡特丽娜喜欢住在自己家里，喜欢继续工作，和朋友聚会，喜欢保持原有的生活。她也希望经历爱情与浪漫，在这一点上现在的男友可以满足她的要求。而且他真的很喜欢和卡特丽娜约会，经常做出很棒的约会计划，一直让卡特丽娜很开心。有时候卡特丽娜也会认真筹划，约会时给男友一个惊喜。所以尽管过了3年，他们之间的激情一点都没有消退，关系反而越来越好了。

卡特丽娜提到和前夫在一起时，经常是她在公司忙了一整天，回到家后发现屋子里也是一团糟，前夫什么都不做。前夫没有做到自己婚前承诺的那样，卡特丽娜也逐渐萌生了分手的想法。渐渐地，他们之间感情越来越淡，最后只能离婚。卡特丽娜认为，也许是因为他们之间有婚姻的承诺，以至于自己怎么照顾，他都认为理所当然。直到最后，她前夫还是没有明白她为什么要离婚。

和现在的男友约会以来，卡特丽娜和对方都分别住在各自家里，时不时见面享受一下相伴和性爱的乐趣。他们都期待下一次约会，同时也都对各自的生活状况很满意。卡特丽娜说等他们俩岁数真的都大了，也许会考虑搬到一起共同生活，但目前为止双方都对现状表示满意。

我还跟卡特丽娜一起讨论了如今女性在选择恋爱的对象——是选择孩子的父亲，还是选择自己所爱的男友——这个问题上已经有了更大自由度。甚至在男友的年龄、种族和宗教信仰问题上，女性也有了更大的回旋余地。卡特丽娜就比他的男友大13岁，但是因为他已经有了孩子，所以这个年龄差距对他们而言不是太大的问题。

卡特丽娜还说，尽管和男友已经这样相处了3年，彼此感觉很幸福，可自己的女友们还是催自己早些采取下一步行动。她们的想法是："所有的恋人都住在一起，为什么你就不愿意和他一起住呢？"卡特丽娜和男友学会了忽视各种社会压力，坚持选择对自己最合适的做法。她认为和男友的关系在很多方面满足了自己的需求，给了自己很多爱、乐趣、浪漫享受、陪伴和足够的个人空间，她甚至和男友的孩子建立了良好的关系，时常能有孩子的陪伴，但又不需要成为那个对他负有最大责任的人。她说自己还渐渐学会了不去期待男朋友满足自己所有的愿望。打个比方，有时候卡特丽娜希望能有人一起讨论自己读过的书，而他却不想这样，此时卡特丽娜就选择和女友一起读书和讨论。卡特丽娜的经历表明，成功而强大的职业女性可以建立起反映自己的需求、欲望和价值观的生活和爱情，在这一点上她们能比身边的一般人做得更好。

如今，爱情中的男女都有了比以往更多的选择，这对我们来说既有帮助又有挑战。爱情交往的难度比以往有所增加，因为彼此可能搞不清楚对方到底在做什么。如果双方都决定婚后继续工作，那谁来照料家庭？这就是为什么我建议在这种情况下要寻求第三方帮助，并重新设计第三方加入之后家庭结构发生的变化的原因。

但我们都很清楚，无论是火星型女人还是普通男性，男性特质主导的人一般倾向于拒绝帮助和指导。男性能量主导的人更喜欢独自完成任务。但是懂得适时地寻求帮助，知道把手中积压的工作分配出去，能帮助你集中精力处理目前的状况，并争取做到最好。获得良好的家政支持可以节约大量家务时间，让家庭中的男女双方都工作得更好。

平衡工作和生活

这一部分我们会探讨双职工的家庭会采用什么方法来减轻家庭负担，让生活和家庭关系更平衡。

我们首先谈谈做饭这件事。我们大部分人的收入不够请一个全日住家服务的大厨，但我们其实还有很多费用低得多的选择。也许你能找到合适的钟点工上门服务，负责每周给你们买菜，再在厨房忙上3个小时给你们全家人煮出几餐放在冰箱里冻好，费用也不会那么昂贵。无论采用什么方法，你和家人都会因此吃得更好，而且每周至少省了你们夫妻10个小时的买菜做饭时间。

在做饭问题上还有一个省力的方法，那就是订购超市的生鲜到家服务。这些超市也提供新鲜熟食，你只需要在微波炉里热一下就可以享用了。

育儿问题是职场夫妇面临的极大挑战，它可比吃饭重要得多，因为它关系到孩子的情感能力、社会能力和体能发育是否正常。如果能有家庭成员或者同事、朋友帮你照料孩子最好了，除此之外，你还可以寻求可靠的托儿机构。在那里，精心筛选过和培训过的专业人士会向父母提供育儿服务。还有一个办法是依靠网络搜索并面试合适的保姆。你可以通过仔细查看她们前任雇主的推荐信，调查她们的犯罪记录等方式仔细挑选合适的人，还得通过试用期的密切观察，看保姆和孩子相处得如何，综合评判考量。总之，找保姆这件事你的确需要多费心，但通过这些方法总能以合适的价格找到好保姆，那也值了。

有些夫妇愿意选择日托中心这样的集体托儿机构，费用也比请保姆更低一些。本书将不再深入讨论每种育儿方式的优劣。但是，我想在此强调一下，对很多双职工家庭而言，如果其中一方不能放弃工作，通常就会采用上述的托儿机构的方法，而且一般来说这相当有效。有的公司在公司内部建有附属幼儿园，这样家长可以在午餐休息或其他有空的时间探望孩子。

我采访过的一个妈妈，通过和小区里的其他妈妈互换托儿时间的方法解决了这个问题，同时还省了不少钱。具体做法是她自己每周照料和女儿同龄的一个小女孩两次，作为回报，那个小女孩的爷爷、奶奶每周也照料她女儿两次，双方费用互免。因此，若是你和邻居或孩子玩伴的父母比较熟，这对你来说也许是个好主意。

至于其他家务劳动，比较简单的做法是每周请一位钟点工来打扫屋子，清洗衣物。当然，这方面的费用相差也很大，但只要你耐心找，总能找到薪酬合理且可信赖的人来帮忙。这么做最大的好处在于你请的人可以代替你完成那些费时费力的家务劳动，而你和伴侣则多出了好几个钟头时间，可以快快乐乐地陪伴孩子。

职场父母还需要培养一个重要的习惯：给彼此留下单独的相处时间。我强烈推荐平时日程安排比较满的职场父母养成这一习惯，你们不仅是孩子的父母，也是夫妻。比较理想的做法是每周有一个晚上夫妻单独约会，如果实在没有时间，从每两周约会一次开始也是不错的尝试。为了挤出更多时间，你们也可以和熟识的夫妇约好轮流看护两家的孩子。轮到对方看护时，你们夫妻二人可以趁此时间外出约会。到了下个星期两家再换过来，你们负责看孩子，对方夫妻外出。这样的安排不需要付出任何额外费用，但你们因此有机会每月两次一起出去跳跳舞、吃吃饭，或者一起看场电影。

外出度假对职场父母也很重要。有很多适合家庭的度假目的地，价格适宜，包括游轮、露营或亲子度假村。你们也可以选个合适的套房，全家到海边住上一周。白天在沙滩上遛达，开着车随处逛逛。如果条件允许，像这样时不时从繁忙的日常工作和生活中暂时脱离出来，对父母来说也是很好的放松。这样做不仅能让大人重新恢复活力，增加家庭生活的乐趣和家人之间的互动，也能给全家人创造新鲜有趣的回忆。同样，如果经济状况允许，设立一个家庭旅游专项资金账户也是个不错的主意，打个比方，你们可以每月往里边存500块钱，到了年底，账户里就有了6000块钱，足够全家出去开心一下了。要想顺利实施“家庭旅游专项资金账户”的计划，最重要的是和配偶坐下来认真讨论和规划最适合你们家需求与目标的做法。在笔记本上写下上面我列举过的问题，再添上其他你认为需要考虑的问题。然后选取一个目标，比方说“每年存6000块钱作为旅游专项资金”，然后写下为了实现该目标需要做哪些努力，这样夫妻双方就能对要做的事了然于胸，全家也能明白怎样做才能达成上述目标。

如果你们平时都很忙，除了雇保姆帮忙处理家务，还需要准备一套备选方案，以应对不时之需。你需要保存至少两个备用保姆的电话，以防现在的保姆突然生病；你需要知道打哪家洗衣店的电话，他们可以上门取单。这样，在保姆突然辞职或决定休假一个月时，你也不至于惊慌失措。我甚至建议你们每月开一次会，回顾各项家庭计划和目标的落实情况，并及时记录下来。你可以问自己如下问题：“孩子快乐吗？第三方支持方案有没有效果？生活和工作平衡得怎样？我们还希望尝试什么？我们的备选方案够用吗？”如果一切顺利，这样的会每次只需要15分钟，但能在突然情况发生时省去你好几周不能按时上班的焦虑和麻烦。

第三方解决方案

现代家庭单位的形式已经不像过去那么单一，夫妻双方均为职场人士的情况也很常见，也许在将来的某一天，婚姻将逐渐消亡，但就目前的情况而言，婚姻仍然是家庭的主要组成形式。为了每个家庭成员的切身利益，有必要明确和细化家务替代支持方案。前面我们提到过，斯坦福大学教育学院做过一项针对婚姻满意度的研究，研究者发现，双职工家庭购买的家政服务数量成为预测其婚姻满意度最重要的因素。如果夫妻双方都外出工作且有孩子，周到的家政服务对其生活的影响至关重大。

比如说我们家订购了超市的生鲜到家服务，这至少省了每周3小时的买菜时间。我们还每两周请一次钟点工为我们收拾屋子，清洗衣物，这样我和丈夫周末的时间就可以陪孩子们玩，全家一起放松。丈夫和我在外工作时，我们请了保姆在家照顾孩子们。孩子的爷爷、奶奶每周也会过来一次，全家团聚，因此我们的家庭生活充满了爱、支持和陪伴。老实说，即使有了这么多帮助，丈夫和我仍然常常感到筋疲力尽。幸亏孩子们成长顺利，表现良好，一路给了我们很多惊喜。

不是每个人都能得到如此多的帮助，但只要有机会，尽可能尝试把可替代性工作分配给其他人，以便自己把有限的时间和精力用于最要紧的人和事情上。

替代传统婚姻的家庭模式

在过去的50年间，以传统婚姻为基础的家庭数量出现大幅下降，而替代传统婚姻的家庭模式却出现了上升趋势。这也深深影响了当代人的婚恋观念。皮尤研究中心2011年的调查显示，传统婚姻正呈现进一步下降趋势，相关的婚恋观也在改变。历史上，婚姻一直是男女性别分工的实现方式，人类通过这种方式养育后代，使得夫妻双方在年老疾病时能够得到照应。现在，这些理由虽然仍然存在，但越来越多的人却是为了浪漫的爱情而结婚。

皮尤调查报告显示，这些替代传统婚姻的家庭形式正在不断增长，并获得了社会的认可。事实上，39% 的被调查者甚至认为婚姻是过时的陈腐观念。34% 的人认为，出现多种多样替代传统婚姻的家庭模式是好事，他们对家庭的定义也比较宽泛：他们中 86% 的人认为单亲家庭也算家庭的一种，63% 的人认为男女同性恋的家庭都应算是家庭的类型，还有 88% 的人认为不要孩子的夫妻也算是完整的家庭。

即使对于传统婚姻，参与调查的人也表现出了更加现代和平等的观念：62% 的人所欣赏的婚姻是丈夫和妻子一起工作，一起分担家务和养育孩子的责任。在 19～29 岁的年轻人群中，上述婚姻理念更加受到拥戴，他们中 72% 的人认为这样的婚姻才是理想的生活状态，只有 22% 的人偏好传统的男主外女主内的家庭模式。2009 年的皮尤调查报告显示，对于“现代社会中的女性是否应当回归传统的家庭职责”这一问题，75% 的受访者给出了否定的回答。由此可以看出，社会公众对传统性别分工的观念正在往更加平等的方向发展。

然而，尽管现代社会中人们有关家庭的观念更加宽泛，仍然有很多人渴望结婚生子。调查显示，有 46% 的未婚成年人表现出想要结婚的愿望。在 50 岁以下的女性和 60 岁以下的男性人群中，62% 的人仍然希望生育或再生育。30 岁以下未生育人群中，76% 的人表示将来会选择要孩子。而在接受调查的 30～49 岁未生育人群中，45% 表示仍然愿意要孩子。不婚人群中也有三分之一表示想要自己的孩子。

上述调查结果清楚地表明，现代人希望结婚生子的比例仍然很高，只不过现在的婚恋观和家庭观都跟以前不同了。单身人士也不再像过去那样受到非议和歧视。我们知道，有很多成功人士都选择单身，而且过得很幸福。

写这本书时，我想到了上世纪80年代一部叫《谁来当老板》的电视剧。这个节目在当时很超前，它率先向观众提出了传统性别设定模式正在发生变化这一趋势。男女主角刚认识时是室友，女主角是职业女性，男主角是家政服务人员，随着故事发展他们成为情侣，最后决定结婚，他们都很尊重彼此。后来男主角放弃家政服务的工作，选择重新回到学校成为一名教授，他的职业女性妻子决定支持丈夫，于是他们的家庭关系发生了调整，成了夫妻双方双火星型结构。这种夫妻双方拥有相同能量特质的婚姻状态，远远超前于那部电视剧播出的年代，它通过媒体向大众展示了一个成功的范例：当两个了解并热爱自我的人相遇并相爱时，会产生什么美好的可能。

下面我将简述如今出现的几种替代传统婚姻的家庭模式。

全职爸爸

如今，男性面临的“挣钱养家”的压力大大降低，他们甚至有机会成为出色的“全职主夫”。实际上，“全职主夫”型家庭的数量，在美国所有的家庭模式数量中占了五分之一。随着这种趋势的不断发展，无论父母双方谁在家看孩子，谁外出上班，很快大家都会觉得无所谓，因为这两件工作同样重要，都会得到对方和大众的尊重。

夫妻拥有各自的居所

如今，夫妻之间的物理距离也在发生变化。过去，我们认为婚姻意味着双方必须在一起生活，但现在有些婚姻情况则不同。我本人就采访过一对极为成功的夫妻，两人都是气场强大的职场精英，人格独立强势，工作也繁忙紧张。妻子是好莱坞演员，丈夫是加拿大一家公司的CEO。他们俩婚后住在各自家中，每两周见一次面。在此期间，他们都同意不要孩子。这样的安排让他们彼此都很满意，也方便二人的工作，现在他们已经幸福地生活了30年。

最近，有不少文章讲述，即使在同一个城市，很多已婚夫妇选择拥有各自的居所而非生活在同一屋檐下。有一对夫妇向我解释道，尽管他们彼此相爱，但还是宁可各住各家，保持自己原来的生活习惯。他们轮流照料孩子，每周有三个晚上约会见面。这种安排双方都很满意。最近我的一些女性来访者也表示，她们希望能结婚生子，但也希望继续保留个人空间。可以想见，既然已经出现不少替代传统婚姻的家庭模式，那么婚姻和同居关系中再出现什么新形式，也不会令人惊奇了。

与父母一起生活

随着新一轮的经济衰退不断发展，2011年有5100万美国人选择和父母生活在一起，同时有数据显示，有420万美国家庭三代或四代同堂。和父母住在一起能有效缓解经济压力，节约生活成本，而且有利于解决育儿问题。事实上，很多社会和文化传统的常态是子女和父母、祖辈共同生活在一个大家庭里。如今的新趋势似乎表明人们在回归这项传统。数代同堂的好处很多，其中很重要的一点就是祖辈能在育儿方面给予职场父母很大的支持，同时他们也能更好地融入孙辈的成长过程。

生活在特殊社会群体中

以色列有一种集体农庄叫做基布兹，执行的是集体生活的概念。基布兹的孩子接受农庄的集体保育，所有成年人，无论男女，均地位平等。每个人都承担集体分配给他们的工作任务。单身母亲往往选择生活在一起。有时候她们会合租整幢房子甚至整栋公寓楼结伴过日子，轮流照顾孩子，彼此帮助，相互支持。在世界上的其他地区，也出现了越来越多的特殊社会群体，这些特殊社会群体让少数派或某些特殊人群可以抱团取暖，相互支持。

父母都全职在家的家庭

一位朋友的姐姐和姐夫在投资中获得了极其丰厚的回报，因此夫妻双方都在家中全职照顾一对儿女。这种情况可能非常少见，但我还是决定在这里列举出来，因为它代表了父母双方全职在家共同分担家务和育儿任务的情况。如果能考察这一情况将如何影响下一代对性别分工和不同性别能量特质的理解，肯定会很有意思。

职场父母付费购买家政服务

前面我们已经比较深入地讨论过职场父母的育儿问题。在美国，有超过一半的家庭是双职工，而且这一比例还在不断攀升。鉴于双职工家庭已经成为这个时代的常态家庭模式，新的育儿托儿模式肯定会不断涌现。

恋爱中的单亲妈妈

如今有很多女性选择成为单亲妈妈，她们希望独立生活，自己抚育儿女，但仍然愿意约会或保持认真的长期恋爱关系。最近我读到这样一位单亲妈妈写的文章，说她遇到了一位单亲爸爸，他们相爱并结婚了，但他们选择继续和自己的孩子住在各自原来的家里，不过他们会定期约会，到对方那儿过夜，也会安排统一的家庭日一起聚会。

我并不是说上面提到的这些家庭生活模式就一定适合你，只是觉得并非所有的长期爱情和婚姻关系都像《反斗小宝贝》里那样，只有一种可能。上述这些替代传统婚姻的家庭模式在媒体和社会公众视野里仍然鲜有展现，因此如果你想去体验其中的一种，一开始就要做好被别人当做异数的心理准备。

在《由内而外地恋爱》一书中，我解释过家族中长辈和父母对于婚姻和爱情的理解，会怎样影响我们自己的婚姻关系。因此，如果我们自己不明确指出旧式婚恋关系的不足并表明自己的新立场，我们的下一代在探索他们的人生之路时，就会再次经历我们曾走过的弯路。

如果你立场坚定，你完全可以选择创造自己的新模式。这样，你在媒体上、在生活中都能树立新的榜样。人们也将认识到在满足伴侣个人需求的同时，还有很多方法可以寻觅到浪漫的爱情和幸福的家庭。要做到这一点，关键在于了解自己的需求，并让自己找到那个和你需求一致的人。要知道“凡事皆有可能”，尤其是在爱情中。只要适合自己，遵从内心的选择，你和伴侣都应当接受你们选定的家庭模式，哪怕它与传统的家庭模式不那么一致。

同性恋和非同性恋父母及情侣关系

有的人会选择和一个人共同抚育孩子，但和另一个人保持爱情关系。在电影《近乎完美》里，麦当娜饰演的女主角决定和自己最好的同性恋朋友要一个孩子，后来她又邂逅了相爱的男友。这时，他们的家庭关系就必须围绕儿子、儿子的同性恋爸爸和新继父的不同需求进行调整。最近我还看过另一部电影叫《和朋友生孩子》，讲的是两个朋友决定一起生一个孩子。媒体是不是也渐渐发现了社会意识中的某些变化？体现这种变化的影视节目越来越多。在电影《欲擒故纵》中，詹妮弗·安妮斯顿饰演的女主角和朋友有了孩子，却和另外的人约会，同时决定让同性恋好友当自己孩子的教父，总之，孩子生活在一大群背景、性格毫不相同的人中。但也是由于这些不同的人，孩子得到了更多的爱，生活也变得更美好。这里我想重复一下，我并不是在提倡某种特定的生活方式，我只是注意到社会中存在着这些不同的潮流，且它们还在不断发展。我相信这些不同的潮流会影响到将来社会中的家庭结构，以及爱情和婚姻中双方的责任和义务。

练习

成功女性经常会觉得自己能应对所有的任务，但情况不总是这样。你要学会休息。坐下来，和你的伴侣一起列一份清单，写出你们想得到的帮助，详细讨论你们可以分配给他人完成的工作，看看你们能否就上述清单和方案达成一致。及时回顾这些方案，看是否让你们的生活变得轻松。

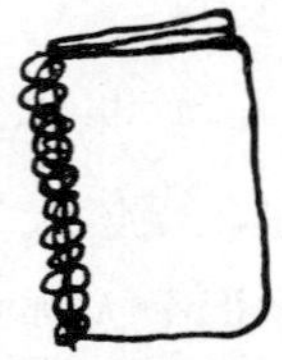

♡ ♡ ♡

我的伴侣和我愿意接受一切帮助，只要它符合我们的价值观，并可以让我们的家庭拥有更均衡的幸福生活。

后　记

婚恋关系中的“新常态”

在如今的美国，一半婚姻都以离婚告终。要想使这个数据得到显著改变，夫妻双方都必须有足够的自信，并发自内心觉得满足，认可自我的价值。

约会时，无论男女，都会一方面对对方欲擒故纵、若即若离的游戏感到无趣，另一方面又害怕自己本来的样子难以吸引对方。有时候，我们会被对方的假装拒绝和伪装弄得身心俱疲，甚至不愿意继续尝试约会。

如今的女性比过去展现了更多力量，我希望这种情况能够继续发展，并以此传播爱。男性也有很多美好的东西可以在爱情中分享，如果我们双方都能更加意识到女性的力量，婚姻和爱情会更加健康，更令人欣喜。

我们要通过自己的行为和选择，切实地告诉孩子如何建立甜蜜的爱情和幸福的婚姻，而不是通过讲述浪漫的睡前故事或直接盲从媒体，把过时的婚恋模式强加给他们。让我们一起创造属于个人和社会的共同的期望，以建立更加真实、健康、充满爱意的情感联系吧！

15世纪的英格兰诗歌中流传着一个不同寻常的故事，叫《高文爵士和瑞格蕾尔小姐的婚礼》。简单地说，这个故事讲的是亚瑟王受到巨斧骑士格罗姆的挑战，必须回答出一个问题："这个世界上女人最想要的是什么？"否则亚瑟王就要面对最悲惨的命运。于是亚瑟王和他的侄子高文爵士走遍全国，想要找到问题的答案。他们走进森林，遇到一个十分丑陋的老太婆瑞格蕾尔小姐。亚瑟王问她是否知道这个问题的答案，她说知道，但必须得让一位骑士和她结婚才会告诉他。高文爵士同意娶她，于是老太婆告诉他们，这个世界上女人最想得到的就是自主权，能主宰自己命运的权力。亚瑟王得救了，可高文爵士必须遵守诺言，去娶这个可怕的瑞格蕾尔小姐。婚礼当晚，新娘要求高文爵士吻她。他照做了，却突然发现怀中的老太婆变成了一个绝代佳人！此时瑞格蕾尔小姐告诉高文爵士，自己受到了诅咒，白天和夜晚只能有一半时间恢复美丽的模样，另一半时间就只能是那个丑陋的老太婆。她问丈夫是希望自己白天美丽还是夜晚美丽。这时高文爵士坚定地看着妻子说：“必须回答这个问题的人是你，因为这是你自己的决定。”这时，瑞格蕾尔小姐所受的诅咒解除了，因为丈夫尊重她，给了她最想要的自主权。她终于可以永远展现出美丽的容颜了。

我喜欢这个故事，它暗含的寓意是女人必须了解自己的意志，不能被外貌或其他社会期待所左右。当真爱来临，可以自由展现真实自我时，女人才会永远美丽，爱情也才会茁壮成长。其实，对男性而言，这个道理也是一样的。

我们首先应当花时间了解自己、爱自己，然后才谈得上寻找相爱的人来陪伴自己的生命旅程，这才是成熟的做法。通过融合我们内在阳刚的男性特质和阴柔的女性特质，我们不再轻易把缺失的部分强行投射给伴侣，从而导致纷争、畏惧甚至关系破裂。只要我们能真正接受和热爱真实的自我，就能以同样的方式更好地去爱对方。

致以最诚挚的爱，

保奈特

火星女人互助团体

女性是情感动物，长久以来我们紧密相连，从团体的陪伴中汲取姐妹情谊，相互支持。但在当代社会，人们越来越疏于联络和交流，也少了集体的归属感。尤其是职业女性，把主要时间和精力用在了工作和出差中，生活比较孤立。对她们而言，支持和理解就显得至关重要。职业女性经常会被全心投入家庭事务的女性孤立，她们经历的挑战也不为全职太太所理解。《挣脱你的规则》一书的作者呼吁职业女性抱团取暖，因为在职场的晋级阶梯上，女性的身影总是很孤单。也是出于同样的原因，职业女性需要找到和自己想法一致的姐妹，共同探讨爱情中遇到的问题，以及如何才能找到真正的伴侣来支持自己的梦想，实现工作、婚姻和家庭生活的平衡。

本书的一个前提是单身职业女性经常感觉自己像是来自另一个星球的人，完全无法融入旧式约会传统和性别模式之中。她们需要和有类似想法的姐妹联合起来，因为大家都有过相似的情感经历，遭遇过相同的阻碍，也拥有同样的价值观、目标和梦想。有相似灵魂的陪伴本身就会让人宽慰很多，这样的互助团体也让成员之间彼此负有责任，相互督促，共同实践本书中提到的概念、目标和建议。

如果你已经加入到这样的互助团体，你会知道拥有明确愿望与开放心态的女人团结在一起会迸发出多么强大的力量。团体成员之间的相互理解、相互映衬、共同分享、互相鼓励和关注能促进彼此之间紧密相连、相互肯定。我强烈建议职业女性与自己的朋友和同事一起建立起这样的互助小组，也可以加入本地已有的此类组织当中，大家相互扶持，共同探讨婚姻和爱情中出现的新问题。

互助小组成员可以每周聚会一小时，每次从本书列举的16个专题中选取一个进行专项讨论。小组成立初期，有6名成员就可以开始活动，以后可以逐渐扩大为12名。每次聚会讨论结束时，大家可以一起重申本次讨论的主旨以及小组的共同目标，做到所有成员心中有数，认识一致，这有助于在小组内部创建出强大的互助能量。每周的聚会中，可以拿出15分钟时间专门讨论爱情交往中出现的具体行为和相关问题，以及它们如何体现了你内在的能量均衡与外部世界的关系。你们可以倾听彼此的经历，并基于每对情侣潜在的共同价值观、共担的家庭和子女抚养责任、共同的梦想、共享的沟通方式和共同目标等，对组内成员的恋情发展给予反馈和建议。

我计划将来在曼哈顿亲自授课，举办学习小组对上述问题展开讨论。如果你不在美国，但也想参与我的讨论，可以报名加入我举办的远程研讨会和在线研讨活动。想确认活动详情，请登录我的网站 www.whenmarswomendate.com 或给我写信，我的电子邮箱是 kpaulet@verizon.net。你也可以在本地朋友间成立学习互助小组，利用本书作为教材，循序渐进地进行讨论。由小组成员轮流做组长，负责不同专题。

如果你已经成立了互助小组并开始运转，请写信让我知道你们一起讨论的收获是什么，并请告诉我你们所在的地区。你还可以到我的网站上传你们小组聚会的照片。我的梦想是在各地都能成立火星女人互助团体，并帮这些团体建立起联络网。不仅如此，我还希望这些火星女人的互助团体能和各地富有温情而又内心均衡的男性团体建立起良好互动。

我将为火星女人和爱她们、支持她们的男性成立一个约会网站。这个网站的男性会员必须满足一个条件：珍视事业型女性。网站会根据这项要求筛选过滤掉不合格的申请者。网站同时还提供问卷，供男士们区分自己是火星型还是金星型，这样火星女人用户就会明确知道自己交往的男士属于什么类型，这将帮助他们更好地处理交往中发生的各种情况。

我还希望将来能再成立一个火星女人爱情培训网站，由婚姻幸福的成功女士现身说法，对希望拥有美好婚姻的单身职业女性进行爱情咨询。

再次感谢你阅读本书。请让我知道你所取得的进展！